GIRBIG – MIT KURS AUF LEUNA

WERNER GIRBIG

...mit Kurs auf Leuna

Die Luftoffensive gegen die Treibstoffindustrie und der deutsche Abwehreinsatz 1944–1945

MOTORBUCH VERLAG STUTTGART

Einband und Schutzumschlag: Siegfried Horn

ISBN 3-87943-725-4

1. Auflage 1980

Eine Abteilung des Buch- und Verlagshauses Paul Pietsch GmbH & Co. KG.

Satz und Druck: Verlagsdruckerei Carle, 7143 Vaihingen/Enz
Bindung: Großbuchbinderei Franz Spiegel, 7900 Ulm.
Printed in Germany.

Inhalt

Dankwort

Für die freundliche Unterstützung und Hilfestellung, wertvollen Hinweise, Überlassung von Unterlagen und Privataufzeichnungen sowie für persönliche Mitteilungen möchte der Autor folgenden Institutionen und Personen seinen verbindlichen Dank abstatten: Bundesarchiv (mil), Freiburg; Deutsche Dienststelle (WASt), Berlin; Firmenarchiv Hoechst AG, Frankfurt; National Archives, Washington, D.C., USA; Magistrat und Gemeindeverwaltungen (Verbandgemeinden) Butzbach, Camberg, Hünfelden, Taunusstein, Zell/Mosel; Johannes D. Bellmann, Hermannsburg; Oskar Bösch, Toronto, Kanada; Gerhard Bracke, Braunschweig; Georg Peter Eder, Wiesbaden; Hans Martin Flender, Siegen; Roger A. Freeman, Dedham, England; Walther Hagenah, Frankfurt; Klaus Kirchner, Erlangen; Prof. Dr. James H. Kitchens, Huntsville, USA; Norbert Krüger, Essen; Rolf Ole Lehmann, Lütjenburg; Alois Loos, Liederbach/Ts.; Eugen Lux, Offenbach; Hans Ring, Übersee; Hans Schäfer, Frankfurt; Kurt Scherer, Frankfurt; Herbert Scholl, Schliersee; Ernst Schröder, Bonn; Dr. Alois Stadtmüller, Glattbach; Gerhard Stamp, Nassau; Jörn Ulrich, Fachbach; Werner Vorberg, Wied; E. A. Wilhelm, Lübeck. Dank auch an den Motorbuch Verlag, Herrn Schilling, für die Herausgabe dieses Buches.

Werner Girbig
Hattersheim

»Der Gegner hat uns an einer unserer
schwächsten Stellen angegriffen. Bleibt es diesmal dabei,
dann gibt es bald keine nennenswerte Treibstoffproduktion mehr.
Wir haben nur noch die Hoffnung,
daß auch die andere Seite einen Generalstab der Luftwaffe hat,
der so planlos denkt wie der unsere!«

Speer am 19. Mai 1944 auf dem Obersalzberg zu Hitler,
sieben Tage nach dem Beginn der alliierten Treibstoff-Offensive gegen das Reich

Vorbetrachtung

Das Fehlen geeigneter eigener Erdölquellen und das damals noch nicht bekannte Verfahren zur Herstellung von Treibstoff durch Steinkohlehydrierung ist nicht zuletzt der Grund, weshalb das Deutsche Reich noch zu Beginn der dreißiger Jahre im Hinblick auf den Bedarf an Treibstoff, speziell Flugbenzin, ausschließlich von Ölimporten des Auslandes abhängt. Schon 1927 stellt das Ammoniakwerk Leuna bei Merseburg nach entsprechendem Um- und Ausbau einer ersten Anlage Benzin aus Braunkohle her. Da dies aber den Bedarf bei weitem nicht deckt, müssen neue Methoden zur synthetischen Treibstofferzeugung entwickelt werden, denn der außergewöhnlich schnelle technische Fortschritt vorwiegend auf dem Gebiet des Kraftfahrzeugwesens und der Luftfahrt verzeichnet eine besonders hohe Nachfrage nach Benzin.
So gelingt es der I.G. Farbenindustrie aufgrund der früheren Forschungsergebnisse und Erkenntnisse von Friedrich Bergius, später von Franz Fischer und Hans Tropsch, die sogenannte katalytische Druckhydrierung und die Kohlenwasserstoffsynthese großtechnisch in Betrieb zu nehmen. Im wesentlichen sind es diese beiden Verfahren; beide gehen von der Kohle aus. Synthetischer Treibstoff kann demnach hergestellt werden – ganz global ausgedrückt – einmal direkt durch Wasserstoffanlagerung bei hohem Druck und hoher Temperatur und dabei Umwandlung der Kohle in flüssige Kohlenwasserstoffe, die Bestandteile des Benzins (Bergius-Verfahren), oder indirekt durch Vergasung der Kohle bei mäßigem Druck und geringer Temperatur zu Kohlendioxid und Was-

sergas, aus denen dann flüssige Kohlenwasserstoffe aufgebaut werden (Fischer-Tropsch-Verfahren).
Mit der Errichtung solcher Werke zur synthetischen Treibstofferzeugung beginnt man bereits sehr früh; zu Kriegsausbruch arbeiten sieben Hydrierwerke mit einer Kapazität von zusammen etwa 1 200 000 Tonnen pro Jahr:

Leuna	I. G. Farbenindustrie	seit 1927 (1.Umbaustufe)
Böhlen	Braunkohle-Benzin AG (Brabag)	seit 1936
Magdeburg	Brabag	seit 1936
Scholven	Scholven AG	seit 1936
Welheim	Stinnes AG, I. G. Farben	seit 1937 (teilweise)
Zeitz	Brabag	seit 1938 (teilweise)
Gelsenberg	Gelsenkirchener Benzin AG	seit 1939

Hinzu kommen die noch im Bau befindlichen Hydrierwerke Lützkendorf, Pölitz, Wesseling, Brüx und Blechhammer, die aber alle erst nach Beginn des Krieges oder noch später ihre Produktion aufnehmen. Wenn auch in den nachfolgenden Aufzeichnungen bei vielen der erwähnten Anlagen von Hydrierwerken gesprochen wird, so sind eigentlich nur diese vorgenannten zwölf Anlagen als Hydrierwerke mit aller dazugehörigen verfahrenstechnischen Ausstattung zu bezeichnen.
Da mit Beginn des Zweiten Weltkrieges das Ausland seine Lieferungen – abgesehen vom rumänischen Öl – natürlich sofort einstellt und das Reich jetzt nur noch auf die Eigenproduktion angewiesen ist, hängt also alles von den Hydrierwerken ab. Allein schon die Luftwaffe würde aber mit ihren Forderungen an Flugtreibstoff weit über dem liegen, was diese Werke herstellen können. Zwar ist eine verhältnismäßig große Reserve vorhanden, die sich in den ersten Kriegsjahren durch Beutebestände noch vergrößert. Durch Sparmaßnahmen und Umstellung verschiedener Werke ausschließlich auf Flugbenzinherstellung ist dieser Bestand

schließlich Anfang Mai 1944, kurz vor Beginn der alliierten Treibstoff-Offensive, auf 540000 t Flugtreibstoff gestiegen.
Exakte wirtschaftspolitische und wissenschaftliche Studien zur deutschen Treibstoffversorgung sind bereits in den sechziger Jahren veröffentlicht worden. Eine eingehende Betrachtung dieser Aspekte soll auch nicht Gegenstand der vorliegenden Aufzeichnung sein, so daß hier nur ganz allgemeine Angaben gemacht werden. Die Aufzeichnung bezieht sich im großen und ganzen nur auf die Luftoffensive der Alliierten gegen die deutsche Treibstoffindustrie und die Abwehr dieser Einsätze ab Mai 1944.
Es ist bekannt, daß Treibstoffwerke schon gleich nach Ausbruch des Krieges auf den Zielplänen der Royal Air Force stehen, aber ein anhaltender Einsatz gegen diese Objekte bleibt bis 1944 jedoch aus. Die englischen Pläne schlummern vorerst in den Panzerschränken. Weshalb also greifen die Alliierten die deutschen Hydrierwerke und Raffinerien erst ab Mai 1944, über dreieinhalb Jahre nach Kriegsbeginn an? Eine Frage, die sich immer wieder stellt, wenn man die verheerenden Folgen der später dann durchgeführten Luftangriffe auf die Mineralölindustrie betrachtet. Gerade aber die Zerschlagung der Treibstoffwerke, gefolgt von der Ausschaltung des deutschen Verkehrsnetzes und die Dezimierung der Luftwaffe sollen letzthin wesentlich dazu beitragen, den Krieg zu entscheiden – und nicht das Bombardement gegen die Zivilbevölkerung und die Städte, wie man weiß.
In den ersten Monaten des Krieges kommt es nur zu einigen strategischen Luftoperationen gegen Treibstoffziele im Ruhrgebiet. Der erste Angriff dieser Art erfolgt in der Nacht zum 16. Mai 1940. Noch im Januar 1941 erhält das RAF Bomber Command die Weisung, einen Großeinsatz gegen die Hydrierwerke im Reich zu unternehmen, doch die »Schlacht im Atlantik«, der Angriff auf die U-Boot-Stützpunkte, führt zu einer Ablenkung von den Ölzielen. Und später ändert sich die Taktik völlig, als ab März 1942 die Engländer die Städte anzugreifen beginnen. Bis zum späten Frühjahr 1944 unternimmt der Gegner zwar eine ganze Reihe von Einsätzen gegen Treibstoffziele, die jedoch nicht als ein konsequent durchgeführter Angriff auf diesen wichtigen deutschen Industriezweig anzusehen sind.
Auch die Amerikaner befassen sich schon seit 1941 mit einer Ein-

satzplanung, die Angriffe auf die deutsche Treibstoffversorgung vorsehen; sie sind aber vorerst nicht in der Lage, zu einem wirklich empfindlichen Schlag auszuholen. Ihre Bomberstreitmacht, die bis etwa Ende 1943 ohne Begleitschutz in das Reich einfliegen muß, ist zahlenmäßig noch nicht stark genug. Die meisten Hydrierwerke befinden sich zudem teilweise außerhalb ihrer Reichweite.

Während die Engländer ihrerseits einen deutschen Gegenschlag befürchten, rechnen die Amerikaner mit hohen eigenen Verlusten, die sie bei einer solchen Offensive durch die deutsche Jagdabwehr erleiden würden. So steht zunächst als erstes die Zerschlagung der Luftwaffe, speziell der Jagdwaffe, im Vordergrund. Nachdem schließlich alle Voraussetzungen erfüllt sind und die 15. US-Luftflotte von Italien aus am 5. April 1944 mit den Angriffen auf das Ölzentrum auf dem Balkan beginnt, eröffnet auch die in England stationierte 8. US-Luftflotte am 12. Mai 1944 ihre Treibstoff-Offensive.

Ab diesem Zeitpunkt bis zum Kriegsschluß werfen die Alliierten über 218 000 Tonnen Bomben auf Öl- und Treibstoffziele ab, davon über 101 000 Tonnen auf die Hydrierwerke.

Beginn des Luftkrieges gegen die Treibstoffindustrie des Reiches

Mai–September 1944

FREITAG, 12. MAI 1944

»...Die Spitzen der feindlichen Kampfverbände haben unseren Gau erreicht und befinden sich im Anflug auf Frankfurt!« so lautet die Durchsage des Drahtfunks, als um 12.15 Uhr in Camberg/Ts. die Alarmsirenen aufheulen. In mehreren Wellen gestaffelt kommen die Amerikaner aus dem Raum Koblenz, das immer stärker anschwellende Geräusch der Motoren dringt den Bombern voraus, minutenlang bevor die Formationen zu erkennen sind. Schließlich befinden sich die Viermotorigen über dem Städtchen Camberg. Kleine dunkle Punkte, immer größer werdend, sind zur gleichen Zeit heran – deutsche Jäger. Bordwaffengeknatter mischt sich mit dem Wummern der Kampfflugzeugmotoren, und plötzlich bleibt eine Fortress nach wirksamem Beschuß hinter dem Verband zurück, brennend kreist sie zweimal über dem Ort, stürzt dann in der Nähe des Tennisplatzes ab. Etwa acht Fallschirme stehen am Himmel. Und noch drei weitere B-17 gehen in die Tiefe, sie zerschellen auf den entlang der Autobahn verlaufenden Feldern.

Das ist der Auftakt zu einer der großen Luftschlachten über dem Reichsgebiet im Jahre 1944, zugleich eine der heftigsten, die sich über dem Rhein-Main-Gebiet abgespielt haben. Der 12. Mai 1944 ist ein besonderes Datum. An diesem Tag eröffnen die amerikanischen Luftflotten ihre geplante Offensive gegen die deutsche Treibstoffindustrie, nachdem Anfang des Jahres die Zer-

schlagung der Luftfahrtindustrie und der Luftwaffe das primäre Ziel gewesen war.
Von den südostenglischen Basen starten die drei Bomberdivisionen der 8. US-Luftflotte mit insgesamt 935 viermotorigen Kampfflugzeugen; ihre Versammlung nimmt die deutsche Funkaufklärung bereits ab 8.30 Uhr auf. Über zwei Stunden später, ab 10.30 Uhr, verlassen die ersten Maschinen der 3. Bombardment Division die britische Insel. Als letzte überfliegen die Liberator der 2. Division um 11.09 Uhr die englische Küste. In mehreren großen Verbänden nähert sich die Armada dem Festland, dessen Küste sie ab 11.08 Uhr zwischen Dünkirchen und Ostende überqueren wird, um mit Südostkursen weiter bis in den Raum Koblenz-Frankfurt/Main zu fliegen. Von da ab soll dann die Masse der Bomber auf Ostkurs gehen und über Schweinfurt bis in den Raum Bayreuth vordringen. Das Ziel: Angriff auf die Treibstoffindustrie um Halle, Naumburg, Jena und Leipzig. Ein nach Nordosten abbiegender Verband wird Zwickau angreifen, ein anderer Teilverband von über 200 Maschinen fliegt über Eger und den Raum Prag einen Angriff auf das Hydrierwerk um Brüx im »Protektorat«.
Schon seit längerem haben die US-Luftflotten der Zerschlagung und dem Angriff von Ölzielen ihr Interesse gewidmet, jedoch lagen die zahlreichen einzelnen Werke und Anlagen zu weit verstreut auseinander, um mit einer zum früheren Zeitpunkt noch begrenzt vorhandenen Streitmacht wirksam angegriffen werden zu können. Jetzt, nachdem die amerikanischen Bomberflotten ihre volle Stärke erreicht haben und man die deutsche Jagdwaffe nahezu dezimiert wähnt, rückt die Ausschaltung der treibstoffproduzierenden Industrie an die erste Stelle in der Zielrangliste. Treibstoffmangel, so waren die Überlegungen, würde nicht zuletzt auch die Aktivitäten der Luftwaffe beeinflussen und deren Abwehroperationen einschränken.
Nachdem ein Einsatz am 21. April wegen schlechter Wetterbedingungen wieder abgebrochen werden mußte, beginnen die Amerikaner nun am 12. Mai ihre Treibstoff-Offensive gegen das Reich. Auf deutscher Seite gelangen zum ersten Mal seit Aufstellung der Reichsluftverteidigung alle Tagjagdverbände mit insgesamt 470 Jägern und Zerstörern gegen die amerikanischen Einflüge zum Einsatz. Das bedeutet die größte, vom I. Jagdkorps jemals an ei-

nem Tage über dem Reich der 8. US-Luftflotte entgegengestellten Abwehrstreitmacht. Dementsprechend heftig entwickeln sich auch die Luftgefechte an diesem 12. Mai 1944.
Bei ausgezeichnetem Wetter – wolkenlos bis 3/10 Quellbewölkung – dringen die Bomberströme gegen 11.45 Uhr über die Reichsgrenze vor. Seit dem Küstenüberflug des Gegners befinden sich die deutschen Jagdeinheiten in Alarmbereitschaft, so daß schon vor Erreichen der Ardennen und der westlichen Eifel die Kampfverbände Feindberührung mit Jägern des II. Jagdkorps melden. Schon um 10.20 Uhr hörte die RAF-Funkaufklärung einen Divisionsbefehl ab: den Befehl zur Einsatzbereitschaft für die III./JG 26 ab 10.45 Uhr. Es ist dies das erste Anzeichen deutscher Gegenmaßnahmen. Die Gruppe startet dann zum Abwehreinsatz und verzeichnet zwischen Lüttich und St. Vith drei Fortress-Abschüsse, darunter einen durch den Kommandeur der III./JG 26, Major Mietusch, und einen Herausschuß durch Oblt. Reischer, den Kapitän der 11. Staffel. Im Verlauf des Luftkampfes verliert die 9. Staffel Uffz. Rickert, dessen Messerschmitt bei St. Vith abgeschossen wird, bevor die Gruppe nach Cambrai-Epinoy zurückkehrt, wo die Maschine von Uffz. Langhammer von der 7./JG 26 anschließend beim Ausrollen in einen Bombentrichter gerät und der Pilot sich bei dem erfolgten Bruch Verletzungen zuzieht.
Sehr wohl rechnen die amerikanischen Luftflottenstäbe damit, auf hartnäckigen Widerstand seitens der deutschen Luftwaffe zu stoßen, wenn es um Angriffe auf die für das Reich so primär wichtigen Treibstoffwerke gehen wird, obwohl zu diesem Zeitpunkt des Einfluges – 12. Mai – die eigentlichen Ziele den Deutschen noch nicht bekannt gewesen sein können.
Zu den ersten Einheiten, welche heute Gefechtsberührung mit dem Westeinflug bekommen, zählt auch die II./JG 1, die auf dem Platz Störmede in Sitzbereitschaft den Einsatzbefehl der 3. Jagddivision erwartet. Um 11.13 Uhr ist es dann soweit, die Focke-Wulf starten innerhalb von sieben Minuten und sammeln mit den beiden anderen Gruppen des Geschwaders über Paderborn mit dem Auftrag, in 6000 Meter Höhe in Richtung Gießen zu fliegen. Doch dann wird der Verband plötzlich von 50 bis 60 Thunderbolt und Mustang angegriffen. So treten im Raum Gießen bereits die ersten Kampfverluste ein, als Ofw. Treptau von der 2. Staffel ver-

wundet mit dem Fallschirm abspringen muß. Ein Flugzeugführer der 7./JG 1, Fw. Gebser, zerschellt mit seiner G-6 im Gebiet des im Südosten von Gießen gelegenen Schiffenberges. Der amerikanische Jägerangriff erfolgt so überraschend, daß für eine Gegenwehr kaum mehr Zeit bleibt. Eine weitere Maschine der 2. Staffel wird vom gegnerischen Bordwaffenfeuer getroffen. Es ist die schwarze »13« von Uffz. Neukötter, der bei dem Absturz fällt. Dem Oberfähnrich Just gelingt es, seinen Verfolgern in südwestlicher Richtung zu entkommen. Er erreicht Limburg, aber bei der Landung auf dem Platz Linter rammt ihn unglücklicherweise eine andere Focke-Wulf, wobei der Oberfähnrich verletzt wird.
Somit hat die 2. Staffel, bevor die Piloten die Bomberverbände zu Gesicht bekommen, bereits drei Ausfälle zu verzeichnen.
Unterdessen erhält die II. Gruppe neue Kursanweisungen, welche sie über Koblenz hinausführt. Im Südwesten, noch über dem Eifelraum, sichten die Flugzeugführer in den graugefleckten Focke-Wulf dann einen mit Südostkursen vordringenden, aus etwa 50 B-24 und B-17 bestehenden Bomberpulk. In sicherer Entfernung fliegen die Deutschen Parallelkurs, überholen den Gegner und kurven über dem Moseltal ein. Oblt. Eder, im Stab der II./JG 1 fliegend, greift mit der Gruppe sofort geschlossen von vorn an. Neben ihm hängt die Maschine seines Rottenfliegers Stuckenbrock, etwas weiter ab die A-8 von Uffz. Gold und Uffz. Bierbaum.
Aus 500 Meter Entfernung eröffnet Eder das Feuer aus allen Waffen, der Abstand zu der von ihm beschossenen, im untersten Pulk rechts außen fliegenden B-24 schrumpft in wenigen Augenblicken auf 100 Meter zusammen. Da sieht er die hellen Stichflammen aus dem Rumpf des Bombers hervorbrechen. Sekunden nur, ehe sich die Liberator nach vorn neigt und noch in der Luft zerplatzt. Es ist Eders 44. Luftsieg. Seine Rottenflieger, der Gefreite Stuckenbrock, schießt im selben Augenblick eine andere B-24 aus dem gleichen Pulk heraus. Die Zeit: 12.18 Uhr. Beide Piloten können den Weg ihrer Abschüsse nicht beobachten, da sie sofort von den Begleitjägern in eine Kurbelei verwickelt werden. Wegen eines durch gegnerische Treffer verursachten Motorfressers muß Eder den Luftkampf abbrechen und schafft es gerade noch, seine gelbe »4« in Mannheim-Sandhofen hinunterzubringen.

Die Ammoniakwerk Merseburg GmbH, besser unter dem volkstümlichen Namen »Leunawerk« bekannt, gehört ab 1925 zur IG-Farbenindustrie und ist eines der vor Kriegsbeginn produzierenden sieben Hydrierwerke mit einer Kapazität von seinerzeit etwa 400000 jato. Ab 1. April 1927 wird in Leuna im ersten Abschnitt einer Großversuchsanlage Benzin aus Braunkohle gewonnen, ein Hydrierverfahren, welches man später auf die Verarbeitung von Steinkohle ausdehnt. Die abgebildeten Ansichten von Leuna entstanden im Frühjahr 1940. (Firmenarchiv Hoechst AG)

Anfang 1938 wird die »Norddeutsche Hydrierwerke AG« gegründet, die man später in »Hydrierwerke Pölitz AG« umbenennt. Der Bau des Werkes im Norden von Stettin bei Pölitz erfolgt noch in der ersten Hälfte 1938. Vorgesehen ist, auf der Oder von Oberschlesien herangeführte Steinkohle zu hydrieren. Das Werk Pölitz nimmt 1941 seine Produktion auf. Das obere Bild zeigt die im Bau befindliche Hochdruckkammer, im unteren Bild Hochdruckgefäße unter einem Kammerkran. (Firmenarchiv Hoechst AG)

Auch die Rotte Uffz. Milde/Uffz. Weber ist erfolgreich. Beide Flugzeugführer der 5. Staffel haben die am weitesten links fliegenden B-24 anvisiert. Milde erzielt Treffer in Kanzel und linken Innenmotor, die linke Tragfläche bricht weg, so daß der Bomber steuerlos abzutrudeln beginnt. Rottenflieger Uffz. Weber hat zur selben Zeit eine zweite Liberator in Brand geschossen, die Viermotorige bleibt daraufhin etwa 200 Meter hinter dem Pulk zurück. Einen endgültigen Absturz kann auch Weber nicht beobachten, weil ihn eine plötzlich von hinten angreifende Thunderbolt zum Abdrehen zwingt.
Eine der abgeschossenen Liberator geht in der Gemarkung Pünderich an der Mosel nieder, doch vorher kann sich die Besatzung mit dem Fallschirm retten und gerät in Gefangenschaft. Wer den Abschuß getätigt hat und ob es sich um einen der gemeldeten Herausschüsse handelt, ist leider nicht mehr zu ermitteln.
Über Wehlen an der Mosel setzt Uffz. Joscht von der 5. Staffel zu einem Frontalangriff an, doch wird ihm das amerikanische Abwehrfeuer zum Verhängnis. Er stürzt mit seiner schwarzen »5« tödlich getroffen in die Tiefe. Und auch die 4./JG 1 muß Verluste hinnehmen. Vier Flugzeugführer fallen, Uffz. Blanck wird bei Cochem am Schirm hängend abgeschossen. Ein leider nicht seltenes Ereignis im Luftkampf mit amerikanischen Jägern.
Bis weit in den Süden erstrecken sich die Gefechte mit den Begleitjägern, die alles versuchen, die deutschen Maschinen von den Bombern abzudrängen. Etwa 20 Kilometer westlich von Idar-Oberstein, bei Thalfang, unterliegt Uffz. Braun im Duell mit den Amerikanern, und Fw. Kahl wird sogar bis in den Raum St. Wendel verfolgt, wo ihn die tödlichen Garben treffen.
Die 6. Staffel ist unterdessen noch am Bomberstrom. Fw. Bindseil kann eine in der Mitte des Kampfverbandes fliegende Liberator herausschießen, muß aber wegen Sammeln der eigenen Formation weitere Angriffe abbrechen. Als die Maschinen der II./JG 1 nach ihrem ersten Durchgang nach links wegziehen, drängt die Meute der Thunderbolt sofort nach. Lt. Buchholz, der etwas zurückhängt, kurvt ein und geht trudelnd bis auf Bodennähe hinunter. »Nach dem Abfangen«, so kommentiert er später seinen ersten Luftsieg, »sah ich eine P-47 hinten über mir. Durch abwechselnd scharfes Herumreißen meiner A-8 nach rechts und links gelang es

mir, mich dicht hinter den Gegner in Schußposition zu setzen. Beim ersten Feuerstoß beobachtete ich Treffer in Motor und Kabine und sah Einzelteile wegfliegen.« Nach dem folgenden Feuerstoß legt sich die P-47 plötzlich gerade, um im Tiefflug wegzugehen. Eine dritte Garbe zeigt Rauchentwicklung an der rechten Fläche. Die Thunderbolt wird immer langsamer und setzt nach einigen Sekunden auf der Kuppe eines Hügels auf, rutscht abwärts und kommt kurz vor den ersten Häusern des am Fuße des Hügels liegenden Dorfes zum Stehen und explodiert. Buchholz sieht auf die Instrumente: 12.20 Uhr.

Damit geht der erste Ansturm der deutschen Jäger zu Ende. Zwei Bomberabschüsse, drei Herausschüsse sowie der Abschuß einer P-47 durch die II./JG 1 stehen sieben gefallenen und einem verwundeten deutschen Jagdflieger gegenüber.

12.30 Uhr. Die 1. Bombardment Division überfliegt den Rhein, die 2. hat das Moselgebiet gerade verlassen, und die 3. steht mit seinen Verbänden über dem Raum Frankfurt.

Nachdem die erste Angriffsphase des Abwehreinsatzes südwestlich von Koblenz eingesetzt hat, beginnt jetzt die zweite Phase des Luftkampfes im Raum nördlich von Frankfurt/Main, wo ausgedehnte und hart geführte Gefechte auf beiden Seiten erhebliche Verluste fordern. Etwa zwischen 12.15 Uhr und 13.00 Uhr sind die Fortress der beiden Spitzengruppen des 4th Combat Wing ununterbrochenen Angriffen deutscher Jäger ausgesetzt, wobei die Bomberverbände stark auseinandergezogen werden. Eine B-17 geht nach Rammstoß mit einer deutschen Maschine verloren. Col. Wandevanter, der die voranfliegende 385th Bombardment Group führt, befiehlt seiner Einheit die Marschgeschwindigkeit zu drosseln, damit die restlichen Formationen sich wieder sammeln und aufschließen können. Eine Entscheidung, die sich dann beim Bombenanflug auf Zwickau auszahlen soll, denn 97% der Bomben liegen, wie sich später herausstellt, im Bereich des Zielraumes.

Im Dreieck Gießen–Fulda–Frankfurt treffen drei Gefechtsverbände der Reichsluftverteidigung auf die nach Osten vorstoßenden Viermot.-Verbände und deren Jagdschutz. Das gesamte »Udet«-Geschwader JG 3 ist im Einsatz, die I. und II./JG 11 aus dem norddeutschen Raum sowie drei Gruppen des JG 27. Auch die II./JG 53 aus Eschborn, vor deren »Haustür« sich die Kämpfe

praktisch abspielen, ist in der Luft. Insgesamt vier massierte Jägerangriffe muß der 4th Combat Wing über sich ergehen lassen. Elf Fortress werden von den Deutschen zum Absturz gebracht. Das verhindert jedoch den eigentlichen Auftrag nicht, denn alle drei Combat Wings der 3. Bombardment Division greifen später die Anlagen bei Brüx mit großem Erfolg an, während die Liberator der 2. Division ähnliche Wirkung gegen Zeitz und Böhlen erzielen, desgleichen die Fortress der 1. Division gegen Merseburg und Lützkendorf.
Kurz nach 11.00 Uhr startet die III. Gruppe des JG 3 mit 22 Bf 109 vom Platz Wörishofen. Sie erreichen die Amerikaner, als diese den Raum Frankfurt mit Ostkursen überfliegen. Major Dahl und der Staffelführer der 7./JG 3, Lt. Hörschelmann, schießen je eine Fortress ab, die deutschen Maschinen werden aber anschließend von einer Vielzahl von Begleitjägern nach Norden verfolgt und in Luftkämpfe verwickelt. Hörschelmann, Fhr. Gottfried und Fw. Puchwein fallen in diesem Gefecht. Dahl selbst kann sich von den Gegnern lösen und mit seiner lahmgeschossenen Maschine in Mannheim-Sandhofen landen.
Inzwischen hat auch die IV. Sturm/JG 3 Feindberührung. Die Gruppe ist um 11.25 Uhr in Salzwedel aufgestiegen. Über der Wetterau im Nordosten Frankfurts treffen die Staffeln auf drei große Pulks mit etwa insgesamt 200 Viermotorigen. Der erste Abschuß erfolgt um 12.30 Uhr durch Ofhr. Nolting, der eine Fortress von vorn angegriffen und dabei Treffer in Kanzel, Flächen und Motoren erzielt hat. Lt. Rachner, der die 12. Staffel führt, und Uffz. Zimmermann sehen die B-17, Noltings 6. Luftsieg, nach unten ausscheren und daraufhin in steilem Winkel abstürzen. Aller Wahrscheinlichkeit nach handelt es sich hierbei um jenes Kampfflugzeug, welches in der Gemarkung Am Köppel der Gemeinde Bodenrod, westlich von Butzbach heruntergekommen ist. Die Besatzung, deren Fallschirmabsprung wegen weiterer Angriffe nicht beobachtet werden konnte, gerät in deutsche Gefangenschaft. Nach dem Aufschließen der einzelnen Maschinen schießt Ofhr. Nolting sieben Minuten später eine andere Fortress aus dem zweiten Pulk heraus, einkurvende Begleitjäger verhindern aber einen weiteren Angriff auf den Bomber.
Zur gleichen Zeit, 12.37 Uhr, stürzt eine andere Fortress vor

Camberg ab. Der Schütze ist Lt. Hagenah von der 10./JG 3, der damit seinen 5. Gegner in der Luft bezwingt. Aber auch er kommt nicht ungeschoren davon, denn nach dem Angriff auf die Bomber wird seine Maschine von den Bordwaffengeschossen einer Mustang so schwer getroffen, daß ihm nur noch eine Notlandung in der Gemarkung Dornholzhausen bei Bad Homburg übrigbleibt. Der größte Teil der Gruppe aber landet gegen 13.10 Uhr auf dem Fliegerhorst Fritzlar um aufzutanken.

Die II./JG 3, um 11.20 Uhr nach Sitzbereitschaft vom Platz Sachau gestartet, hat 70 Minuten später Feindsichtung im Norden von Frankfurt/Main. Die Staffeln fliegen zunächst parallel zum Bomberkurs, ehe sie mit einer Rechtswendung einschwenken und die Amerikaner ebenfalls von vorn angehen. Infolge Überhöhung kommen viele Piloten erst am zweiten Bomberverband zum Schuß. So auch der Schwarm von Fw. Hoyer. Eine rechts außen fliegende B-17 wird von Hoyers Rottenflieger Uffz. Geisthövel angegriffen. Treffer in beiden Backbordmotoren setzen die Viermotorige in Brand. Um den weiteren Verlauf kann sich Geisthövel nicht mehr kümmern, er erhält plötzlich einen Bordwaffenvolltreffer zwischen Motor und Flächenanschluß, worauf die gelbe »15« steuerlos in Rechtsspiralen abzustürzen droht. In letzter Sekunde kommt der Unteroffizier frei und springt in der Nähe von Rod a.d. Weil mit dem Schirm ab. Währenddessen beobachtet Uffz. Barisich, 4./JG 3, den senkrechten Absturz der Boeing um 12.40 Uhr im Planquadrat PR, im Osten von Camberg. Auch eine in Niederbachheim bei Dachsenhausen abgeschossene B-17 geht möglicherweise auf das Konto des JG 3. Die Trümmer der Fortress fallen auf die Scheune des Pfarrhauses und setzen dieses in Brand. Alle zehn Besatzungsmitglieder springen mit dem Fallschirm ab.

Obwohl dem JG 3 hoher Anteil am gesamten Abwehrerfolg zukommt, sind die eigenen Ausfälle nicht unerheblich. Fünf Piloten fallen, drei werden verwundet, mindestens fünf müssen mit dem Schirm aussteigen. Es zeigt sich auch am 12. Mai, daß die Abschußerfolge über dem Reich immer wieder nur mit einem hohen Blutzoll erkauft werden können.

Gleichzeitig mit den Kampfverbänden sind über die Scheldemündung starke amerikanische Jagdeinheiten bis in den Raum Güters-

loh–Paderborn vorgedrungen. Sie haben die Aufgabe, sich über Mitteldeutschland mit den Bombern zu treffen und ihnen während der eigentlichen Angriffe auf die genannten Ziele zusätzlichen Schutz zu gewähren. Zudem werden diese Jagdformationen Bordwaffenangriffe auf Flugplätze in Thüringen fliegen.
Ein Teil des von Rotenburg und Hustedt gestarteten Gefechtsverbandes der I. und II./JG 11 gelangt auf seinem Flug nach Süden gerade in dem Augenblick über dem Paderborner Raum an, als auch die Nordabschirmung der Amerikaner dort eintrifft. Bei Salzkotten kommt es zum Gefecht mit der 4. Staffel, in dessen Verlauf ihr erfolgreicher Kapitän, Hptm. Sommer, tödlich abgeschossen wird. Mit bis dahin 20 Luftsiegen, darunter 14 viermotorige Bomber auf seinem Abschußkonto, erhält er nach dem Tode das Ritterkreuz.
Immer noch befinden sich die Amerikaner über dem Rhein-Main-Gebiet. Der Gefechtsverband des JG 11 hat über dem Limburger Raum Berührung mit den Kampfflugzeugen, der Jagdschutz drängt die Angreifer jedoch sofort in die Defensive. Lt. Günthenke wird verwundet, Fw. Mielenz stürzt nach Luftkampf tödlich ab. Es sind vorwiegend die Mustang und Thunderbolt der 353rd und 56th Fighter Group. Letztere meldet nach der Rückkehr vom Einsatz insgesamt 18 Abschüsse bei einem eigenen Verlust von drei P-47. Capt. Rankin von der 56th Group schießt allein fünf Messerschmitt ab. Der die 353rd Group führende Col. Duncan bezwingt eine FW 190 und beschädigt zwei weitere, ehe er mit schweren Treffern in seiner Thunderbolt den Rückflug antritt.*)
Nach heftigen Gefechten der Maschinen des JG 11 mit den Begleitjägern über dem westlichen Taunus gelingt auch hier vereinzelt ein erfolgreicher Durchbruch, was der Abschuß von mehreren Viermotorigen bei Kirberg und Ohren, westlich von Idstein beweist. Einer der gegnerischen Jäger hat während dieser Gefechte eine Messerschmitt des Gruppenstabes II./JG 11 getroffen. Fw. Kastenhuber versucht vergebens zu entkommen, die Maschine schlägt in Rückenlage flach auf einem Acker der Gemeinde Strinz-Trinitatis bei Idstein auf.

---

*) Diese Zahlenangaben beziehen sich auf den gesamten Einsatz am 12. 5. 1944

Nicht weit vom Aufschlagort entfernt findet man den toten Flugzeugführer, der noch einen – leider verspäteten – Fallschirmabsprung versucht hatte.
Über Nassau tragen der Gruppenkommandeur Major Rall und sein Rottenflieger Fw. Kutzera im Luftkampf Verwundungen davon, so daß sich die Ausfälle des JG 11 am 12. Mai schließlich auf drei Gefallene und sechs Verwundete erhöhen.
Am selben Vormittag sind gleichfalls starke Verbände der amerikanischen 15. Luftflotte aus Italien im Anflug gemeldet worden, was für die im süddeutschen Raum und um Wien liegenden Einheiten der 7. Jagddivision erhöhte Alarmbereitschaft bedeutet. Dann aber gehen die Amerikaner vor Mailand wieder auf Gegenkurs, so daß nun auch die III./JG 3, I./JG 5, I. und III./JG 27 für einen Abwehreinsatz gegen den Westeinflug zur Verfügung stehen. Die Staffeln des JG 27 sammeln über Passau und fliegen in Richtung Frankfurt/Main, wo es im Untermaingebiet zu ersten Feindberührungen kommt. Im Norden von Aschaffenburg, bei Daxberg, schießt der Kommodore Oberstlt. Rödel um 12.37 Uhr eine Fortress ab und erzielt damit seinen 90. Luftsieg. Nur drei Mann der Besatzung kommen mit dem Fallschirm aus der brennenden Maschine heraus.
Da die II./JG 27 aus Merzhausen, dem Jagdabschnittsführer Mittelrhein unterstellt, ebenfalls gestartet ist, befinden sich nun alle drei der Reichsluftverteidigung unterstehenden Gruppen des JG 27 zusammen im Einsatz. Zwischen Gießen und dem Raum nördlich von Frankfurt verzeichnet das Geschwader insgesamt 21 Viermot.-Abschüsse und acht Herausschüsse, sowie zwei Jägerabschüsse, allerdings auch hier nicht ohne eigene Verluste. Bei Frankfurt springt Major Franzisket, Kommandeur der I./JG 27, verletzt mit dem Fallschirm ab, desgleichen der Ogfr. Desinger, 3. Staffel, bei Gießen und Oblt. Laufhütte, Kapitän der 3. Staffel, bei Fulda. Drei Piloten werden im Luftkampf tödlich abgeschossen: Uffz. Krebs bei Oberstedten/Ts., Fw. Haunschild und Lt. Kuehl, beide 9./JG 27, bei Gießen. Die Verlustbilanz des Abwehreinsatzes weist für das JG 27 somit vier gefallene und sieben verwundete Flugzeugführer aus.
Hptm. Meimbergs II. Gruppe des »Pik-As«-Geschwaders JG 53 hat drei Verluste. Nach Luftkampf mit der Jagdeskorte stürzt

Uffz. Schlaffer direkt über dem Stadtgebiet von Wetzlar tödlich ab. Bei Seitzenhahn im Taunus macht Fw. Gugelbauer, nachdem ihm während der heftigen Kurbelei der Sprit ausgegangen war, eine Notlandung, wobei er Verletzungen erleidet. Und schließlich muß Uffz. Benig von der 6. Staffel im Raum Gießen aus seiner brennenden gelben »10« abspringen.

Inzwischen, gegen 13.30 Uhr, befindet sich die 1. Bombardment Division südlich von Gotha, die 2. im Raum Schweinfurt und die 3. im Südwesten von Chemnitz.

Mindestens vier Me 410 der in Königsberg/Nm. gestarteten II./ZG 26, welche den auf Brüx angesetzten Kampfverband angreifen soll, gehen im thüringisch-sächsischen Raum verloren, vermutlich durch Feindberührung mit den nach Osten vorgedrungenen amerikanischen Jagdeinheiten der Nordabschirmung. Der Zerstörergruppe gelingt es nicht, sich von den gegnerischen Jägern zu lösen, ausgedehnte Gefechte verhindern ein geschlossenes Vordringen zu den über dem Erzgebirge bereits im Rückflug befindlichen, als einzige ohne Jagdschutz fliegende Kampfformationen des Brüx-Verbandes. Nur wenige Besatzungen des ZG 26 haben ostwärts von Karlsbad noch Gefechtsberührung. Über dem Siegerland treffen Maschinen der Einmot.-Nachtjagd auf den selben Kampfverband, und im Verlauf einer kurzen Begegnung verlieren die Amerikaner einen weiteren Bomber, der schwer beschädigt in einem Nadelwald zwischen Rudersdorf und Dillbrecht, etwa zehn Kilometer vor Siegen niedergeht. Von der nur siebenköpfigen Besatzung sind drei gefallen, vier werden verwundet gefangengenommen.

Und noch einmal kommt es zu Kontakten, als die deutschen Jäger im Raum Frankfurt und Koblenz sowie über dem Westerwald im zweiten Einsatz an die gegnerischen Rückflüge heranzukommen versuchen, ehe am späten Nachmittag dann dieses große Kampfgeschehen zu Ende geht. Dazu ein den Rückflug der Amerikaner betreffenden Auszug aus dem Luftlagemeldebuch der Stadt Langen vom 12. Mai 1944:

14.14 Ein Teil der Rückflüge im Raum Gießen, Kurs W.
14.27 Aus dem Raum Fulda/Gießen anhaltende Rückflüge.
14.40 Rückflüge durch den Raum Gießen/Hachenburg halten an, Kurs W.

14.44 Weitere Rückflüge mehrerer Maschinen zwischen Frankfurt/ Bad Nauheim, Kurs NW.
14.53 Der Weg des Bomberstromes geht nördlich des Warngebietes vorbei.
14.59 Durchflüge starker Verbände zwischen Frankfurt/Fulda halten an.
15.12 Rückflüge nördlich des Warngebietes zwischen Bingen und Koblenz mit Kurs W.
15.24 Rückflüge haben den Rhein erreicht und stehen südlich Koblenz, Kurs W.
15.27 Rückflüge erfolgen weiterhin nach Westen. Warngebiet feindfrei.

Nicht unerwähnt bleiben soll die Tatsache, daß am 12. Mai auch Einsatzteile zweier weniger bekannter Fliegerverbände zur Abwehr der amerikanischen Einflüge gestartet sind. Ihre Aktionen bleiben ohne Erfolg, aber auch sie kommen nicht ohne Verluste davon. So geraten einige Maschinen des mit den unterschiedlichsten Flugzeugmustern ausgerüsteten Erprobungskommando 25 vermutlich an den Brüx-Verband der Amerikaner. Eine Me 410, welche gegen 13.40 Uhr von diesem Einsatz zurückkehrt und offensichtlich Kampfschäden davongetragen hat, geht etwa einen Kilometer ostwärts des Platzes Plauen bei der Notlandung zu Bruch. Ihre Besatzung, Lt. Kaschuba/Fw. Bredewein, findet den Tod.

Seit Oktober 1943 führt Ritterkreuzträger Hptm. Kennel die I. Gruppe des Schlachtgeschwaders 152, einen mit FW 190 ausgerüsteten Schulverband, der auf dem Platz Proßnitz, keine 20 Kilometer südwestlich von Olmütz im »Protektorat« liegt. Von dieser Gruppe sollen sich wenige Maschinen am Einsatzflug beteiligen, und auch hier ist nicht exakt bekannt, an welche Gegner die Fokke-Wulf geraten. Ein Flugzeugführer kehrt mit Verwundungen zurück, Ofhr. Sponnagel stürzt mit seiner weißen »6« bereits beim Start ab und wird dabei verletzt.

Um 16.30 Uhr ist der große Bombereinsatz praktisch vorüber; zu diesem Zeitpunkt haben sämtliche Verbände der Amerikaner die Festlandküste hinter sich gelassen. Die letzten deutschen Jäger haben im Raum St. Hubert und bei Brüssel noch einmal erfolglos versucht, einige Nachzügler, bereits angeschlagene Kampfflugzeuge anzugreifen.

Spielt sich die Luftschlacht des 12. Mai in der Hauptsache über dem Rhein-Main-Gebiet ab, so können die Bomberströme dann –

zwar erheblich angeschlagen und zum Teil auseinandergezogen – ihre eigentlichen Ziele ohne nennenswerte Gegenwehr bombardieren. Die in Leuna, Lützkendorf, Böhlen und Brüx entstandenen Schäden erweisen sich als ungewöhnlich hoch. Hinzu kommen geringe bis mittelschwere Gebäudeschäden, hervorgerufen durch Bombenabwurf auf Koblenz, Frankfurt, Camberg und Naumburg. In Leuna sinkt die Tagesproduktion nach dem Angriff von 5860 t auf 4820 t, jedoch kann die bereitstehende Reserve von 574 000 t Flugtreibstoff (das entspricht etwa drei Monatsproduktionen) diesen Ausfall ausgleichen. *Noch* ausgleichen, denn die beiden folgenden Angriffe der Amerikaner am 28. und 29. Mai lassen die Produktion in Leuna bereits auf die Hälfte reduzieren; Leuna und Pölitz stehen zu 100 % still. Ähnlich sieht es bei den anderen Werken aus. Nach einem im Wehrmachtsführungsstab erstellten Bericht vom Juni 1944 waren auch die Werke Brüx und Zeitz-Tröglitz zu 100 % und Böhlen zu 50 % zunächst ausgefallen. Der erste Einsatz gegen die Treibstoffindustrie des Reiches kostet die Amerikaner nach Angaben der US Army Air Force insgesamt 46 viermotorige Kampfflugzeuge. Das I. Jagdkorps meldet hingegen zunächst 81 sichere Abschüsse, davon 72 Bomber und neun Jäger sowie neun wahrscheinliche Bomberabschüsse*). Auf deutscher Seite sind 28 Flugzeugführer und Besatzungsmitglieder gefallen, 26 wurden verwundet.

Im gesamten gesehen bleibt die Feststellung, daß es trotz örtlicher Abwehrerfolge nicht gelang, das Vordringen der gegnerischen Bomberströme nach Mitteldeutschland und einen schweren Schlag gegen die Treibstoffindustrie zu verhindern. Und es sollen nicht die letzten Angriffe der Alliierten gewesen sein.

---

*) Über die Hintergründe der oft erheblich voneinander abweichenden Zahlenangaben auf beiden Seiten ist oft genug diskutiert und geschrieben worden. Durch den Verlust oder das Fehlen von entsprechenden Unterlagen, die für eine Auswertung und Gegenüberstellung herangezogen werden könnten, sind die möglichen Ursachen für das Zustandekommen so unterschiedlicher Angaben wohl nie mehr restlos zu klären. Den Erfahrungen nach dürften die »echten« Ziffern, also Verlustangaben des Gegners und eigene Erfolgsmeldungen, in zahlreichen Fällen irgendwo in der Mitte liegen, während beispielsweise die Erfolgsangaben der Amerikaner, vornehmlich die der Bomberbesatzungen, sich fast immer als zu hoch erweisen (z. B. 75 Jägerabschüsse am 12. 5. 1944).

Einsatz Nr. 353 der USAAF am 12. 5. 44

Ziele:
G. Basser KG und Werkflugplatz, Zwickau
Sudetendeutsche Treibstoffwerke, Brüx
IG-Farbenindustrie AG (Leuna), Merseburg
Wintershall AG, Lützkendorf
Braunkohle-Benzin AG, Böhlen
Braunkohle-Benzin AG, Zeitz
Wanderer Werke AG, Chemnitz (Zweitziel)
Gelegenheitsziele: Gera, Merseburg (Bahnanlagen)

	Ziel	Maschinen gestartet	Maschinen über d. Ziel	Angriffszeit	t Sprengbomben	Verluste
1. Bombardment Division						
94th Combat Wing (B–17)	Merseburg	227	217*		450,7	
40th Combat Wing (B–17)	Merseburg			13.48–		
41st Combat Wing (B–17)	Merseburg			14.08		5
94th Combat Wing (B–17)	Lützkendorf	115	88		170,5	
1st Combat Wing (B–17)	Lützkendorf					
2. Bombardment Division						
96th Combat Wing (B–24)	Böhlen	143	89		193,9	
20th Combat Wing (B–24)	Böhlen			14.02–		
2nd Combat Wing (B–24)	Zeitz	142	111	14.10	260,4	3
14th Combat Wing (B–24)	Zeitz					
3. Bombardment Division						
4th Combat Wing (B–17)	Zwickau	63	73		181,4	
45th Combat Wing (B–17)	Brüx	245	140	13.38–	310,5	38
13th Combat Wing (B–17)	Brüx			14.13		
		935	729		1567,4	46

* + 11 B–24

Erfolge:
75 Abschüsse
1 wahrscheinlicher Abschuß
24 Beschädigungen
9 Bodenzerstörungen
13 Bodenbeschädigungen

Verluste:

43 B–17	5 P–47
3 B–24	7 P–51
46	12

davon 34 durch Jäger
3 durch Flak
2 durch Unfall
7 unbekannt

1. BD				
91st	BG	B–17G	42–97567	
92nd	BG	B–17G	42–30644	
457th	BG	B–17G	42–31607	
(1. BD)		B–17G	?	
(1. BD)		B–17G	?	
2. BD				
44th	BG	B–24J	42–110042	
93rd	BG	B–24D	42–72828	
389th	BG	B–24H	41–28715	
3. BD				
94th	BG	B–17G	42–31704	
95th	BG	B–17G	42–39884	
96th	BG	B–17G	42–31014	
96th	BG	B–17G	42–31343	
96th	BG	B–17G	42–31621	
96th	BG	B–17G	42–31718	
96th	BG	B–17G	42–97167	
96th	BG	B–17G	42–97382	
96th	BG	B–17G	42–97654	
96th	BG	B–17G	42–102452	
96th	BG	B–17G	42–102571	
96th	BG	B–17B	42–107123	
96th	BG	B–17G	42–107189	
100th	BG	B–17G	42–31504	
385th	BG	B–17G	42–31787	
388th	BG	B–17G	42–31549	
447th	BG	B–17G	42–38164	
447th	BG	B–17G	42–97179	
447th	BG	B–17G	42–97794	
447th	BG	B–17G	42–97815	
447th	BG	B–17G	42–102395	
447th	BG	B–17G	42–107020	
447th-	BG	B–17 G	42–107072	
452nd	BG	B–17G	42–31345	
452nd	BG	B–17G	42–37947	
452nd	BG	B–17G	42–39937	
452nd	BG	B–17G	42–39941	
452nd	BG	B–17G	42–39976	
452nd	BG	B–17G	42–97143	
452nd	BG	B–17G	42–97209	
452nd	BG	B–17G	42–97235	
452nd	BG	B–17G	42–97361	
452nd	BG	B–17G	42–97371	
452nd	BG	B–17G	42–97786	
452nd	BG	B–17G	42–97864	
452nd	BG	B–17G	42–107089	
(3. BD)		B–17G	?	(4. CW)
(3. BD)		B–17G	?	(4. CW)
56th	FG	P–47D	42–74750	
56th	FG	P–47D	42–75109	
56th	FG	P–47D	42–75162	
78th	FG	P–47D	42–26025	
352nd	FG	P–51B	43–6929	
353rd	FG	P–47D	42–76352	
354th	FG	P–51C	42–102997	(9th AF)
354th	FG	P–51B	43–12183	(9th AF)
357th	FG	P–51B	42–106777	
357th	FG	P–51B	43–6634	
359th	FG	P–51B	43–24833	
359th	FG	P–51C	42–103343	

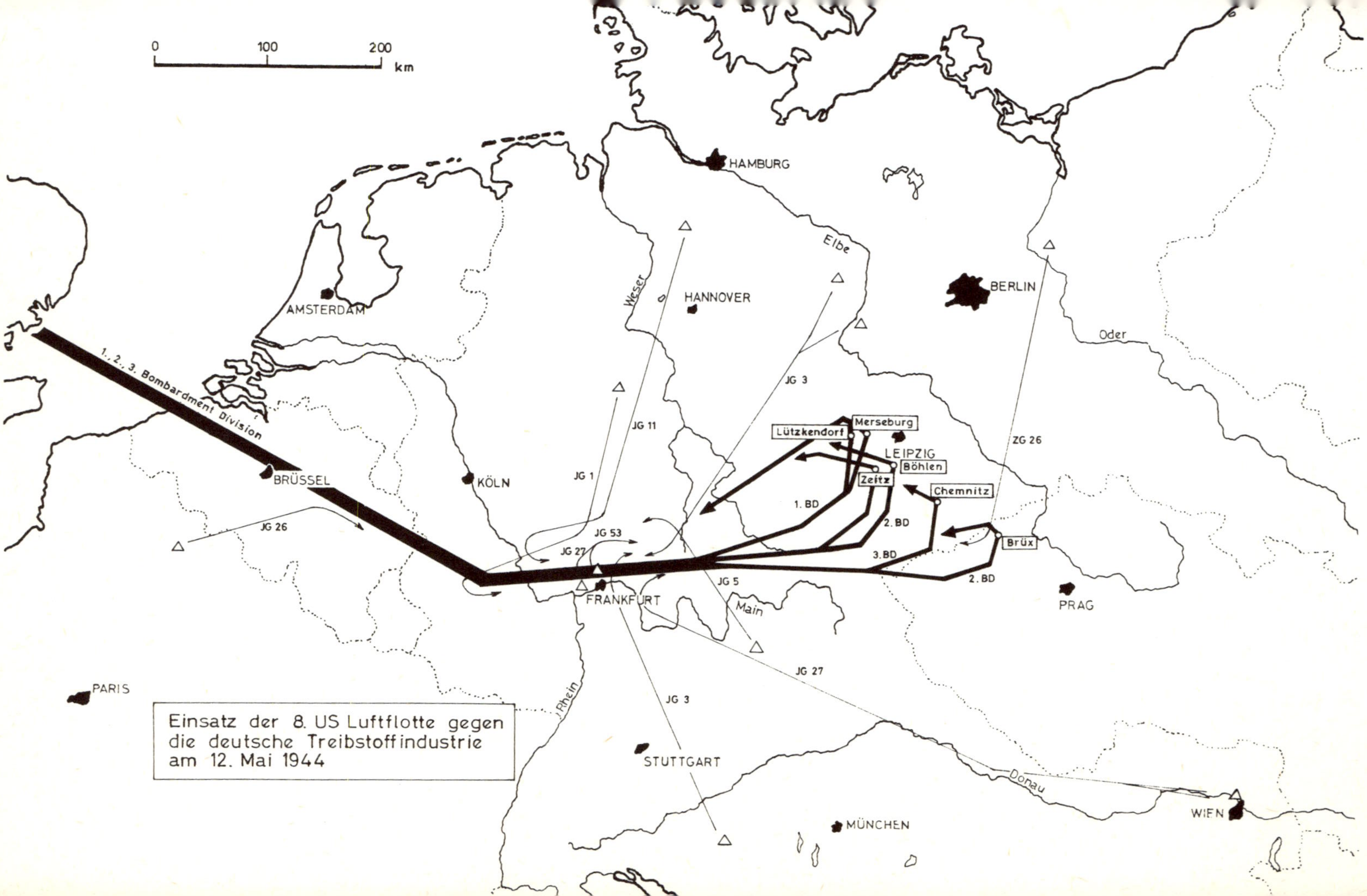
0
100
200
km
1., 2., 3. Bombardment Division
AMSTERDAM
HAMBURG
HANNOVER
BERLIN
Weser
Elbe
Oder
BRÜSSEL
KÖLN
JG 1
JG 11
JG 3
JG 26
JG 53
JG 27
JG 5
FRANKFURT
Main
Lützkendorf
Merseburg
LEIPZIG
Böhlen
Zeitz
Chemnitz
Brüx
1. BD
2. BD
3. BD
2. BD
ZG 26
PRAG
PARIS
Rhein
JG 3
JG 27
STUTTGART
Donau
MÜNCHEN
WIEN
Einsatz der 8. US Luftflotte gegen
die deutsche Treibstoffindustrie
am 12. Mai 1944

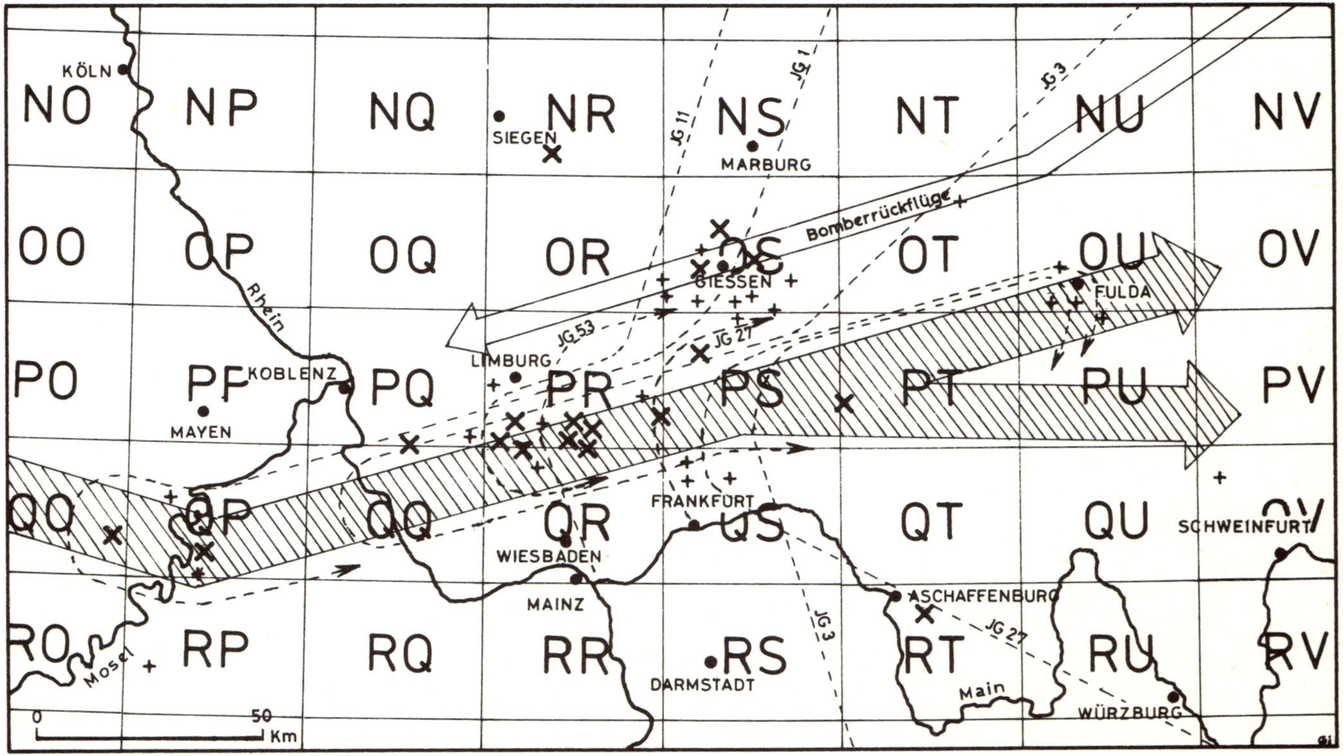

Verlauf der Luftschlacht am 12. Mai 1944 über dem Rhein-Main-Gebiet

✕ bekannte Viermot.-Abschüsse

\+ deutsche Verluste

Verluste im Tageseinsatz am 12. Mai 1944

Verluste Tagjagd

	gefallen	verwundet	Ausfälle insgesamt	Maschinentyp	Verlusträume
I./JG 1	1	2	3	FW 190 A–8	Gießen, Wetzlar
II./JG 1	5		5	FW 190 A–7/A–8	Moselgebiet
III./JG 1	1		1	Bf 109 G–6	Gießen
JG 1	7	2	9		
I./JG 3		1	1	Bf 109 G–6	Gießen
II./JG 3	1	1	2	Bf 109 G–6	Rhein-Main
III./JG 3	4		4	Bf 109 G–6	Rhein-Main
IV./JG 3		1	1	FW 190 A–8	Rhein-Main
JG 3	5	3	8		
I./JG 5	1		1	Bf 109 G–6	Nordhessen
I./JG 11	1	1	2	FW 190 A–7	Limburg
II./JG 11	2	5	7	Bf 109 G–5/G–6	Limburg, Idstein, Salzkotten
JG 11	3	6	9		
III./JG 26	1	1	2	Bf 109 G–6	St. Vith
I./JG 27		6	6	Bf 109 G–6	Frankfurt
II./JG 27	1		1	Bf 109 G–6	Gießen
III./JG 27	3	1	4	Bf 109 G–6	Wiesbaden
JG 27	4	7	11		
II./JG 53	1	2	3	Bf 109 G–6	Rhein-Main
II./ZG 26	4	3	7	Me 410 A–1	Thüringen
Erp.Kdo 25	2		2	Me 410 A–1	Plauen
I./SG 152		2	2	FW 190 A–5	Proßnitz
	28	26	54		

Abschußmeldungen deutscher Jäger:

	Bomber sicher	Bomber Herausschuß	Jäger
JG 1	2 B–24	3 B–24	1 P–47
JG 3	10 B–17	1 B–17	1 P–51
JG 26	1 B–17	2 B–17	
JG 27	21 B–17	8 B–17	2
	34	14	4

Bei einem gleichzeitigen Angriff von Bomberverbänden der 15. US-Luftflotte gegen die rumänischen Erdölanlagen um Ploesti holt die in England stationierte 8. Luftflotte Ende Mai zu einem großen Doppelschlag gegen die Treibstoff- und Rüstungsindustrie in Mitteldeutschland aus. Zunächst fliegen am 28. Mai 930 viermotorige Kampfflugzeuge*) aller drei Bomberdivisionen mit entsprechend starkem Jagdschutz insgesamt neun Ziele an, die in der Zeit zwischen 13.00 und 16.00 Uhr bombardiert werden: die Hydrierwerke von Magdeburg-Rothensee, Schwarzheide in der Lausitz, Leuna, Lützkendorf (Wintershall AG) und Tröglitz bei Zeitz in Sachsen, ferner die Junkerswerke in Dessau, die Motorenwerke Laucha sowie die Zellstoff-Fabriken bei Nockwitz in Sachsen.
Ein von 59 Fortress durchgeführter Nebenangriff richtet sich gegen Köln, während zahlreiche Jagdverbände der Amerikaner im mitteldeutschen Raum den Einsatz der Kampfverbände mit Tiefangriffen gegen Flugplätze und Verkehrsanlagen einleiten.
Gegen den Köln-Verband sind die Messerschmitt der III./JG 1 angesetzt, der gegnerische Begleitschutz drängt sie aber sofort nach Süden ab. Hierbei fällt ein Pilot der 9. Staffel im Kampf mit den Mustang, die den im Tiefflug zu entkommen versuchenden Ofw. Timm zwischen Bergheim und Elsdorf abschießen. Bei dem Angriff auf die Dom-Stadt verwenden die Amerikaner übrigens zum ersten Mal Gleitbomben vom Typ GB-1, die für großflächige Ziele wie Verschiebebahnhöfe oder Industrieanlagen gedacht waren und bereits außerhalb der gefürchteten Flakzonen abgeworfen werden sollten. Wegen ihrer Größe und Form – die Sprengkörper waren an Holzrahmen mit Höhen- und Doppelseitenleitwerk angebracht – konnte nur je eine Bombe unter den Tragflächen einer B-17 hängend mitgeführt werden. Wie auch der 28. Mai zeigt, bleibt jedoch der erwartete Erfolg aus und es ist danach nur noch bei ganz wenigen Abwürfen solcher Gleitbomben geblieben.
Diesmal kann das I. Jagdkorps rund 330 Flugzeuge für den Abwehreinsatz bereitstellen, von denen 266 Feindberührungen ha-

---

*) Einsatzdaten der Historical Division, Alabama. Nach Angaben in der offiziellen Geschichte der USAAF waren 1282 Viermot. gestartet.

ben. Im Raum zwischen Hannover und Magdeburg treffen kurz nach 14.00 Uhr die I. und II./JG 1 auf die Spitzenformationen des großen Bomberstromes und es sind vorwiegend die 401st und 457 th Bombardment Group der 1. Bomberdivision, deren Fortress die erste Angriffswucht der deutschen Jäger zu spüren bekommen. Den drei Herausschüssen, welche um 14.07 Uhr die 4. Staffel des JG 1 im Raum Eilsleben verzeichnet, folgen vor Magdeburg um 14.08 Uhr zwei Bombervernichtungen durch Uffz. Steeb, 6. Staffel, und dem Kapitän der 5./JG 1, Oblt. v. Kirchmayer. Bleibt die II. Gruppe vorerst noch ohne Verluste im Kampf, so fällt Oblt. Kotiza von der I./JG 1 bereits im ersten Anflug auf die Bomber. Und dann erleidet bei Helmstedt auch der Gefreite Schmidt tödliche Verwundungen. Ein weiterer Pilot der 3. Staffel, Ofhr. Knoll, gelingt bei Womirstadt der Fallschirmabsprung.
Um 14.09 Uhr schießt Fw. Bindseil eine B-17 aus dem Verband heraus, zwei Minuten später folgen zwei Fortress-Abschüsse durch Uffz. Wurl und Uffz. Golinger. Beide Focke-Wulf werden noch im Abdrehen von gegnerischen Jägern verfolgt, und da erhält die gelbe »4« Golingers einen Motortreffer, der den Unteroffizier von der 6. Staffel bei Magdeburg zum Aussteigen zwingt. Er kommt mit Verletzungen davon. Die II. Gruppe hat somit bei nur einem eigenen Maschinenverlust innerhalb von drei Minuten insgesamt vier Abschüsse und ebensoviel Herausschüsse erzielen können.
Vorwiegend spielt sich der gesamte Abwehreinsatz zwischen Magdeburg und Braunschweig im Westen sowie zwischen Magdeburg und Halle im Süden ab. Dabei bietet der fast wolkenlose Himmel sowohl dem Gegner als auch den eigenen Abwehrkräften weiträumige Sicht. Die nun gleichfalls im Einsatzraum eingetroffenen Gefechtsverbände des JG 3, JG 11 und JG 27 versuchen in 7500 Meter Höhe zu den mit West- und Südwestkursen anfliegenden Bomberformationen vorzudringen, was immer wieder zu ausgedehnten Kurbeleien mit den Begleitjägern führt, welche die deutschen Staffeln und Schwärme an ihren Vorhaben hindern.
Ebenfalls an der linken Flanke der Bomberverbände, nördlich des Kampfgebietes im Raum zwischen Salzwedel und Gardelegen, stoßen nun auch die Messerschmitt der von Herzogenaurach aufgestiegenen I./JG 5 auf hartnäckigen Widerstand seitens der

Der erste Luftangriff, mit dem die Amerikaner am 12. Mai 1944 ihre strategische Treibstoff-Offensive aufnehmen, richtet sich neben den mitteldeutschen Hydrierwerken auch gegen Brüx im Sudetenland. Obwohl der Bau des Werkes im Nordwesten von Brüx noch vor Kriegsausbruch beginnt, kann erst 1942 ein Teil der Anlagen in Betrieb genommen werden. Das brennende Hydrierwerk während des ersten Großangriffes. (National Archives, Washington)

Anfang 1935 beginnt man mit dem Bau der Hydrieranlagen von Böhlen und unmittelbar nach Kriegsausbruch wird die Gesamtproduktion auf Flugbenzin umgestellt. Hier ein Aufklärerfoto vom brennenden Werk Böhlen-Rötha nach dem Angriff vom 12. Mai 1944. (National Archives, Washington)

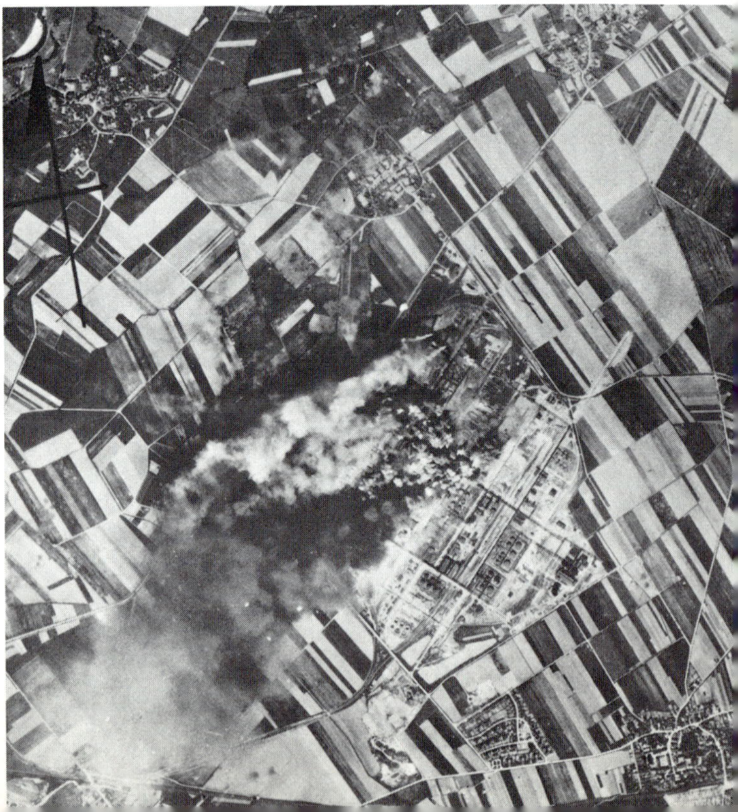

Das ab 1937 gebaute Benzinwerk Zeitz-Tröglitz der Brabag soll hauptsächlich Dieselöl produzieren. Teilweise schon Ende 1938 in Betrieb genommen, erreicht das Werk aber erst im Krieg seine volle Kapazität. 12. Mai 1944, im Nordteil der Anlagen ist soeben eine weitere Bombenserie niedergegangen. (National Archives, Washington)

Bombereskorte. Die seit Februar 1944 in der Reichsluftverteidigung kämpfende Gruppe des Eismeer-Geschwaders, welche erst am Vortage beim Abwehreinsatz im Straßburger Raum ihren Kommandeur Hptm. Carganico verloren hat, büßt nun zwei weitere Flugzeugführer ein. Fw. Englert und Uffz. Doll werden von den amerikanischen Jägern tödlich abgeschossen. Über Groß Apenburg bei Salzwedel trifft es den Ofw. Klein, Bordwaffengeschosse einer P-51 schlagen in seiner gelben »3« ein, der Pilot springt nach einem Schuß in das rechte Knie aus 9000 Meter Höhe ab.

Währenddessen streben die Gefechte südlich von Magdeburg ihrem Höhepunkt zu. Die Staffeln des JG 3 erzielen mehrere Abschüsse, doch allein die I. Gruppe meldet vier eigene Fallschirmabsprünge. Zwei Piloten, Uffz. Herdy und Uffz. Spittler, fallen im Luftkampf mit P-51. Bei der IV. Gruppe hat schon der Start in Salzwedel zu einem tragischen Ausfall geführt, als eine zweimotorige italienische Savoia die Focke-Wulf von Uffz. Käding rammt. Der Flugzeugführer kann nur noch tot geborgen werden.

Während der 13th Combat Wing der Amerikaner keines seiner Kampfflugzeuge durch Jägerangriffe einbüßt, verliert der 94th Combat Wing, welcher der 1. Bomberdivision voranfliegt, eine ganze Anzahl Viermotoriger. Allein sechs Fortress der 401st Bombardment Group mit dem »S« im Dreieck – die Verbandskennung auf dem Seitenleitwerk der B-17 – werden die englischen Basen nicht mehr erreichen. Eine weitere Fortress dieser Einheit, von der nicht bekannt ist, ob sie von Flak getroffen wurde oder ob es sich um einen der zahlreichen von Jägern getätigten Herausschüsse handelt, geht beim Rückflug auf dem Kanal nieder und macht eine Notwasserung.

Noch ist die Luftschlacht über dem Magdeburger Raum nicht zu Ende. Zwischen Dessau und Halle stürzen sich nun die Gruppen des JG 27 auf den Gegner, der die Junkerswerke zum Angriffsziel hat. Rund 40 Minuten andauernde, erbitterte Duelle mit den amerikanischen Begleitjägern, konzentrierte Durchbrüche zu den feuerspeienden Bombern fordern auf beiden Seiten schwere Verluste. Die Amerikaner büßen dabei 17 ihrer Bomber ein, darunter drei der 457th Bombardment Group. Uffz. Weth fällt bei Dessau, südwestlich von Bernburg Uffz. Büsing. Die 4. Staffel meldet zwei

Gefallene, Uffz. Franke und Lt. Wunnicke. Was besonders auf deutscher Seite immer wieder schwer wiegt ist der Verlust von erfahrenen Verbandsführern. So auch heute der Tod von Hptm. Bock, dem Staffelkapitän der 7./JG 27, bei Helmstedt. Hptm. Jansen, der die 1. Staffel führt, kommt über Halle mit Verwundungen davon. Bei insgesamt sieben Gefallenen und zwei Verwundeten erzielt das Jagdgeschwader 27 über Mitteldeutschland 13 Viermot.-Abschüsse sowie einen Jägerabschuß.
Nur eine der 16 Fortress der 457th Bombardment Group, die im Angriffsverband gegen die Junkerswerke fliegt, erreicht ihr Ziel. Die anderen kommen vom Kurs ab und bombardieren Ausweichziele. Drei Bomber werden abgeschossen, darunter die Maschine von Lt. Stohl, der nach seinem heutigen 25. Flug – wie es bei der US Army Air Force üblich ist – aus dem Einsatz gezogen werden sollte. Das Schicksal entscheidet anders. Hingegen treffen die Liberator der 2. Bomberdivision, geschützt von fünf Fighter Groups, im Raum Merseburg-Zeitz kaum auf Gegenwehr der Deutschen und greifen ihre Ziele ungehindert an.
Als gegen 16.00 Uhr der Kampftag zu Ende geht, hat sich abermals erwiesen, daß es der deutschen Luftverteidigung trotz örtlicher Erfolge kaum möglich ist, die Angriffe amerikanischer Kampfverbände auf die Rüstungsindustrie gravierend zu beeinflussen. Nahezu ohne Behinderungen wirft der Gegner seine Bombenladungen ab und verursacht damit überall ernsthafte Schäden an den Produktionsanlagen und auch in Wohngebieten nahegelegener Städte.
Die 8. Luftflotte verzeichnet nach eigenen Angaben einen durch Jäger und Flak erlittenen Verlust von 32 viermotorigen Bombern; das sind rund drei Prozent der angreifenden Streitmacht. Eine Einbuße von 320 Mann fliegenden Personals*) aber müssen die Amerikaner auch trotz ihrer bald den Höhepunkt erreichenden Kampfkraft ernstnehmen. Bezeichnend ist, daß dabei die Eskortgruppen des Gegners immer wieder mit ungewöhnlich niedrigen

---

*) Im allgemeinen bestand die Besatzung der beiden Kampfflugzeugtypen B-17 und B-24 aus zehn Mann. Mitunter ergaben die von deutschen Bergungskommandos durchgeführten Untersuchungen an Brüchen und Abstürzen, daß sich weniger als zehn, nicht selten aber auch bis zu zwölf Besatzungsmitglieder an Bord befunden haben.

Ausfällen davonkommen, wie beispielsweise der Einsatz der 353rd Fighter Group am 28. Mai zeigt. Der Jagdverband landet um 16.43 Uhr wieder auf seinem Feldflugplatz Raydon in Südostengland – von den am Feindflug beteiligten 44 Thunderbolt kehrt nur eine nicht zurück. Für die deutsche Jagdwaffe stellt sich nicht so sehr das Problem der Bomberbekämpfung als in erster Linie vielmehr die Schwierigkeit, mit der immensen Übermacht alliierter Jäger fertig zu werden.

Beanspruchen die zum Abwehreinsatz aufgestiegenen Jagdeinheiten den Abschuß von 36 Bombern und 11 Jägern, so müssen sie gleichzeitig einen Verlust von über 40 eigenen Maschinen hinnehmen, entsprechend 15 Prozent der Flugzeuge mit Feindberührung. 18 Piloten fallen, 13 sind verwundet, wobei das JG 27 den größten Anteil an diesen Ausfällen trägt.

Nicht zuletzt die Aufnahme der Angriffe gegen Hydrierwerke und Raffinerien verdeutlicht aber auch, daß sich im Mai der Luftkrieg am Tage spürbar verschärft hat und daß bei konsequent weitergeführten Unternehmungen dieser Art die Gefahr einer Behinderung der Truppenversorgung sich bereits abzeichnet. Produktionsverzögerungen, ausgelöst durch die mehrfachen Angriffe auf Flugzeugwerke, sollen noch dazukommen.

Der Beginn der amerikanischen Treibstoffoffensive hat in der Tat der Kriegsführung des Reiches einen empfindlichen Schock versetzt, was daraufhin teilweise zu bezeichnenden Reaktionen führt. Im Zusammenhang mit den Auswirkungen der vernichtenden Schläge gegen die Syntheseanlagen wird von seiten der Obersten Luftwaffenführung und von Hitler selbst zum ersten Mal den Verbänden der Reichsluftverteidigung ein Versagen offen vorgeworfen, dabei außer acht lassend, daß gerade im Mai die Jagdflieger hervorragende kämpferische Leistungen erbringen und eben die gleiche Wehrmachtsführung andererseits es nicht erfaßte, der Jagdwaffe rechtzeitig geeignete neue Flugzeugmuster zu geben, um damit die Möglichkeit wirksameren Eindämmens von Tagesangriffen zu gewährleisten. In diese Zeit hinein fällt übrigens auch der Befehl des Reichsmarschalls vom 28. Mai 1944, daß aufgrund einer Entscheidung Hitlers das Düsenjagdflugzeug Me 262 ausschließlich als Schnellbomber einzusetzen ist.

Verluste im Tageseinsatz am 28. Mai 1944

Verluste Tagjagd

	gefal-len	verwun-det	Ausfälle insgesamt	Maschinen-typ	Verlusträume
I./JG 1	2	1	3	FW 190 A–7/A–8	R. Hannover
II./JG 1		1	1	FW 190 A–8	Magdeburg
III./JG 1	1	1	2	Bf 109 G–6	R. Köln
JG 1	3	3	6		
I./JG 3	1	3	4	Bf 109 G–6	R. Magdeburg
II.JG 3		1	1	BF 109 G–6	Halberstadt
III./JG 3	1	2	3	Bf 109 G–6	Papenrode/
IV./JG 3	1		1	FW 190 A–8	Weferlingen,
JG 3	3	6	9		Salzwedel
I./JG 5	2	1	3	Bf 109 G–6	Salzwedel/ Gardelegen
I./JG 11	2		2	FW 190 A–7/A–8	Magdeburg
II./JG 11	1		1	Bf 109 G–6	Magdeburg
JG 11	3		3		
I./JG 27	1	1	2	Bf 109 G–6	Halle/Bernburg
II./JG 27	3		3	Bf 109 G–6	R. Helmstedt
III./JG 27	2	1	3	Bf 109 G–6	Dessau/Zerbst
IV./JG 27	1		1	Bf 109 G–6	R. Leipzig
JG 27	7	2	9		
II./JG 53		1	1	Bf 109 G–6	R. Helmstedt
	18	13	31		

Verluste USAAF

32 viermotorige Kampfflugzeuge

davon	1. Bombardment Division	12
	3. Bombardment Division	20

MONTAG, 29. MAI 1944

Vierundzwanzig Stunden nach dem Bombardement und den heftigen Luftkämpfen des Sonntag sind die Amerikaner erneut über dem Reich. Auf ihrem Angriffsplan stehen diesmal neben Rüstungszielen um Leipzig auch die Focke-Wulf-Flugzeugwerke bei Tutow, Cottbus und Sorau sowie weiter im Osten bei Posen. Zu-

dem fliegt eine der drei Bomberdivisionen mit 224 Maschinen die Treibstoffanlagen von Pölitz bei Stettin an. Gleichzeitig mit den Operationen der Kampfverbände werden mehrere Jagdgruppen bis in den Raum Frankfurt/Oder reichende Tiefangriffsflüge gegen Flugplätze und Eisenbahnziele durchführen.
Doch zunächst erhält die 7. Jagddivision in Schleißheim die Meldung über den Anflug starker amerikanischer Bomberformationen aus dem Süden, was hauptsächlich für die in der Ostmark stationierten Teile des JG 27 und JG 302 höchste Alarmbereitschaft bedeutet. Gegen 9.00 Uhr stehen die gegnerischen Verbände im Großraum Graz. Drei Pulks von insgesamt rund 530 Viermotorigen, von denen zwei die Messerschmitt-Werke bei Wiener Neustadt und der andere den Flugplatz Wöllersdorf angreifen werden. Der Geschwaderstab des JG 27 mit Oberstlt. Rödel an der Spitze sowie die I. Gruppe unter Führung von Major Redlich starten von Fels am Wagram aus zum Abwehreinsatz, gefolgt von den Bf 109 der IV. Gruppe, während gleichzeitig die Messerschmitt der I./JG 302 in Seyring aufsteigen. Auch Teile der in Wels liegenden Zerstörergruppe II./ZG 1 nehmen am Einsatz teil. Diese Gruppe befindet sich dort seit Anfang Oktober 1943 im Bereich der Reichsluftverteidigung, sie soll im Juli auf die Bf 109 umgerüstet und dann in III./JG 76 umbenannt werden.
Sofort nachdem die Deutschen im Raum Amstetten Feindsichtung haben, versuchen Begleitjäger vom Typ P-38 und P-51 ihnen den Weg zu den von Westen her den Wiener Raum anfliegenden Bombern zu versperren, und in wenigen Augenblicken nehmen die Luftkämpfe ihren Verlauf. Die ersten beiden Liberator werden um 9.38 Uhr westlich von Melk und vor St. Pölten durch Ofhr. Schmitz vom Geschwaderstab und durch Lt. Winkler von der 1. Staffel abgeschossen. Eine Minute darauf folgen südwestlich von St. Pölten weitere zwei Abschüsse aus dem ersten Angriffsverband durch Uffz. Gäbel und Fw. Beckmann, beide von der 3./JG 27. An der Donau zwischen Marbach und Erlauf kommt es dann auch zu Ausfällen unter den angreifenden deutschen Jägern. Zwei Maschinen des Geschwaderstabes werden abgeschossen, Ofhr. Deinhöfer und Lt. Messner fallen.
Als später das Gros der Bomber im Raum St. Pölten die Zielanflüge vorbereitet, kommen die Maschinen des JG 27 zu einem ge-

schlossenen Angriff, dem mehrere Viermotorige zum Opfer fallen. Über Schwarzenbach steigen neun Mann Besatzung einer B-24 aus ihrer abstürzenden Maschine aus und pendeln an Fallschirmen nieder, während das abgeschossene Kampfflugzeug südlich von Kirchberg a.d. Pielach aufschlägt.
Zwei B-24 gehen um 9.50 Uhr zwischen St. Pölten, Markersdorf und Wieselburg verloren: die erfolgreichen Schützen sind diesmal Uffz. Radler von der 9. Staffel, Major Düllberg, Kommandeur der III. Gruppe. Hptm. Meyer von der IV. Gruppe und Lt. Becker, Kapitän der 11. Staffel, schießen ebenfalls um 9.50 Uhr zwei Mustang des Begleitschutzes ab. Noch vor zehn Uhr fallen weitere drei Bomber und eine P-51 vom Himmel; die Mustang geht an Lt. Reinert, den Kapitän der 12. Staffel, der damit seinen 168. Luftsieg erzielt.
Auch der Kommodore ist erfolgreich, als er um 10.15 Uhr eine Liberator abschießt und damit sein Abschußkonto auf 93 erhöht. Doch der Angriff muß teuer bezahlt werden, denn an der Spitze seiner Gruppe fällt Major Redlich, nachdem er gleichfalls eine B-24 zur Strecke gebracht hat, im Hagel gegnerischen Abwehrfeuers. Ein unersetzlicher Verlust – Redlich zählte zu den hervorragenden Verbandsführern des Geschwaders und hatte insgesamt 41 Luftsiege, zum großen Teil in den Monaten des Afrika-Feldzuges erringen können.
Die I./JG 302 der ehemaligen einmotorigen Nachtjagd, Ende April nach Wien-Seyring verlegt und am Tage zum Schutz für die Zerstörergruppen eingesetzt, verliert einen Flugzeugführer bei St. Pölten: Uffz. Bever von der 2. Staffel. Aber ein Pilot der 1. Staffel, Uffz. Ropers, kann heute seinen ersten Luftsieg verbuchen. Ropers schießt zunächst in 6000 Meter Höhe eine B-24 aus dem Verband heraus und greift sie anschließend nochmals an. Nachdem die Bomberbesatzung sich mit dem Fallschirm retten konnte, explodiert die Liberator in 3000 Meter Höhe.
Jedoch den Großteil der Ausfälle auf deutscher Seite muß an diesem Tage das ZG 1 hinnehmen. Nördlich von Graz melden die aus Wels in Richtung Steiermark geflogenen Zerstörer Feindsichtung. Sie leiten kurz darauf den Angriff ein, ungeachtet der vielen Begleitjäger, welche ihrerseits nun zur Gegenabwehr einkurven. Als erste trifft es die 2N+TP mit Fw. Volkery/Uffz. Kuschel, die Mes-

serschmitt geht am 1445 Meter hohen Schöckl-Berg nieder und zerschellt mit ihrer Besatzung bei der Göstinger Hütte.
Dieser Absturz ist der Beginn eines der wohl verlustreichsten Einsätze, den die II./ZG 1 jemals geflogen hat. Nach dem ersten kurzen Angriff sammeln sich die drei Staffeln und stoßen dann wieder im Südwesten von Wien auf die Bomberpulks. Und hier soll sich nun das eigentliche Drama vollziehen. Den gegnerischen Maschinen technisch unterlegen werden die Deutschen in einem opfervollen Einsatz sehr bald zu den Gejagten. Zwei Bf 110 werden bei Kleinzell am Nordrand der Steirisch-Niederösterreichischen Kalkalpen abgeschossen, die Besatzungen Lt. Tillmann/Uffz. Wienke und Uffz. Schwenk/Uffz. Bayer kommen ums Leben. Im Westen von Bad Vöslau fallen Ofw. Stenger und sein Bordfunker Uffz. Thümmel im Luftkampf, ihre 2N+NN schlägt bei Potterstein auf. Und auch die Besatzung Oblt. Pelz/Uffz. Gerlach wird im gleichen Gebiet tödlich abgeschossen. Bei Laxenburg springt der Bordfunker Uffz. Becker mit dem Fallschirm aus der getroffenen Maschine, er schlägt dabei gegen das Leitwerk und zieht sich einen Oberschenkelbruch zu. Beim Absturz der 2N+PP in der Nähe von Baden bei Wien fällt der Flugzeugführer Fw. Wagner. Sein Bordfunker Schrank überlebt mit Unterarmdurchschuß.
Neun Flugzeugführer und Bordfunker der 6. Staffel und sechs der 5. Staffel sind bereits im Luftkampf gefallen. Die 4./ZG 1 verliert im Süden von Wien, bei Mödling, die Besatzung Ofw. Schneider/Uffz. Langenburg. Eine Bf 110 der 6. Staffel hat sich von ihrem Verband nach einem Angriff auf die Bomber lösen und den abwehrenden Eskortjägern entgehen können. Lt. Winterhoff, den ein gegnerisches Geschoß die rechte Hand durchschlagen hatte, gibt seinem Bordfunker den Befehl zum Absprung, der für ihn mit einer Gehirnerschütterung endet. Winterhoff aber bringt die schwer beschädigte Maschine auf dem Platz Markersdorf a. d. Pielach mit einer Notlandung hinunter.
Ohne Erfolg endet damit der Abwehreinsatz des ZG 1 an diesem 29. Mai. Angesichts der enormen Verluste, welche die Zerstörerverbände erlitten und noch erleiden werden, herrscht kein Zweifel mehr darüber, daß nun die Tage der Zerstörerwaffe gezählt sind. Die Vorbereitungen zur Umrüstung auf einmotorige Jagdflugzeuge sind, wie eingangs erwähnt, bereits getroffen.

Unterdessen werfen zwischen 10.25 und 10.45 Uhr 104 Liberator 220 Tonnen Bomben auf die Endmontagewerke von Messerschmitt ab. Die Schäden sind sehr hoch, zumal durch das Bombardement auch eine größere Anzahl fabrikneuer Flugzeuge am Boden zerstört oder schwer beschädigt wird. Ein Verlust, den die deutsche Luftverteidigung nicht abwenden konnte. Längst haben die Jägerangriffe nachgelassen oder müssen am starken Begleitschutz der Amerikaner scheitern, so daß sich ihre Vorstöße mehr oder weniger nur auf die herausgeschossenen und hinter den Formationen zurückhängenden Bombern konzentrieren.
Nicht absolut sicher ist, ob die Feindberührung der von Poggio-Renatico bei Ferrara aufgestiegenen II./JG 77 auf dem Anflug der Amerikaner oder erst auf dem Rückmarsch stattfindet. Auf alle Fälle ist es im Raum des Plitvicka-Sees, etwa 50 Kilometer südlich von Agram zu Luftkämpfen gekommen, wobei eine Messerschmitt dort im Gefecht verloren geht. Lt. Osterwald, der Pilot, wird tödlich getroffen.
Bei der Rückkehr nach Italien meldet die 15. Luftflotte den Verlust von 18 ihrer Bomber sowie die gleichzeitige Vernichtung von 35 deutschen Maschinen, während nach den Truppenmeldungen der Jagdwaffe die Verluste des Abwehreinsatzes 23 Gefallene und mehr als 20 Maschinen betragen. Das JG 27 allein hat 15 viermotorige Bomber und drei Jäger abgeschossen.
Während der Abwehreinsatz im Süden bereits voll angelaufen ist, nähern sich am frühen Vormittag vom Westen zwei starke Kampfverbände mit Jagdschutz. Mehrere Hundert Maschinen sind es, zu kleinen und größeren Pulks formiert. Über die Zuider-See eingeflogen stößt einer dieser Bomberströme mit Ostkurs in den Raum Hannover-Braunschweig vor und steht um die Mittagsstunde mit den Spitzengruppen vor Magdeburg. Dort wird er nach Südosten einschwenken und Kurs auf Dessau nehmen. Der zweite große Verband nördlich von Helgoland fliegt zwischen Hamburg und Lübeck in den Raum Schwerin ein, um mit Ostkursen weiter nach Mecklenburg vorzudringen.
Zunächst sieht es so aus, als ob der gesamte amerikanische Westeinflug sich gegen die Reichshauptstadt richten würde, ehe die Einheiten der 2. Bomberdivision bei Schwerin auf Ostkurs gehen. Das war bewußt so geplant und man hat aus diesem Grund auch

dem größeren Fortress-Verband der sich nun Magdeburg nähert, den stärkeren Jagdschutz zugeteilt, den Fighter Groups der 8. und 9. Luftflotte bilden. Man rechnet mit einer Massierung der deutschen Abwehrkräfte vor Berlin, so daß die Räume entlang der eigentlichen Angriffsrouten weitgehend frei von Jägern bleiben würden. Die Täuschung gelingt nur teilweise. Tatsächlich herrscht in den einzelnen Jagddivisionen der Reichsluftverteidigung Unentschlossenheit darüber, ob man die Jäger bei Berlin konzentrieren soll oder sie in mehreren Räumen gleichzeitig bereitstellt. Entgegen den Erwartungen der Amerikaner entscheidet sich das Generalkommando des I. Jagdkorps für die zweite Möglichkeit – ein Entschluß, der vorwiegend für die gegen Pölitz angesetzten Bomberverbände verhängnisvolle Auswirkungen haben soll, wie sich später herausstellt.

Gegen den Westeinflug bringen die Deutschen 351 Jäger und Zerstörer in die Luft, von denen 208 Luftkampf haben werden. Als die Kursänderungen der Liberator-Formationen bei Bad Oldesloe erfolgen, haben sich bereits über dem Gebiet des Müritz-Sees Staffeln der II./JG 3 sowie der I. und II./JG 11 in Erwartung des Gegners versammelt. Doch da teilt sich bei Parchim der amerikanische Verband noch einmal. Zwei Bombergruppen, der 20th und 96th Combat Wing, drehen nach Nordost ein, um Tutow anzugreifen, und sie haben dabei nach ihrer Rückkehr als einzige Einheit das Glück, von keinem deutschen Jäger behelligt worden zu sein. Dagegen fliegt der nur von einer Fighter Group begleitete Stettin-Verband direkt in die Jägeransammlung hinein. Es gelingt den Deutschen, die Eskorte abzudrängen und zu binden und zwei Mustang abzuschießen, während andere Staffeln sich auf die Bomber stürzen. Hauptsächlich auf den zweiten Pulk, den 14th Combat Wing, konzentrieren sich die Angriffe. Der Pulk wird von der 392nd Bombardment Group angeführt, ihr folgt die 492nd und die 44th Group. Zwischen dem Müritz-See und Pölitz nehmen erbitterte Gefechte ihren Anfang. Hinter Neubrandenburg hat das JG 11 vier B-24 abgeschossen, doch auch ein Flugzeugführer der 6. Staffel, Uffz. Schwerdtner, fällt. Uffz. Fischer wird im Abwehrfeuer verwundet.

Über Pölitz erwartet die Amerikaner heftiges Flakfeuer, was aber den Bombenangriff auf das Hydrierwerk nicht verhindern kann, auch nicht die Tatsache, daß die Anlagen selbst unter einem Nebelschirm der Sicht des Gegners verborgen bleiben. Jedoch macht sich die Abwehr auf den Zusammenhalt der Formation deutlich bemerkbar, die Pulks müssen ihre Ordnungen stark auflockern, was wiederum die nachfolgenden Angriffe deutscher Jäger erleichtert. Diese stoßen nämlich zum Teil ungeachtet des eigenen Flakfeuers gegen die Bomber vor. Es sind immer noch die Maschinen des JG 11, doch auch Me-410-Zerstörer tauchen vereinzelt auf.

Eine B-24 der 492nd Bombardment Group hat zunächst vor Pölitz einen Flaktreffer in die Ruderanlage erhalten und wird anschließend über dem Zielgebiet von einer Focke-Wulf abgeschossen. Der von einer Me 410 geführte nächste Angriff bewirkt schließlich den Absturz des Bombers, aus dem ein Teil der Besatzung mit dem Fallschirm aussteigt. Der Pilot dieser Maschine, Lt. Landry, geht auf einer Insel in der Odermündung bei Stettin nieder, wo er sich gefangennehmen lassen muß. Und noch drei Liberator der Gruppe erleiden bei Pölitz das gleiche Schicksal, während zwei B-24 der 44th Group aus dem Verband herausgeschossen werden. Ob die endgültige Vernichtung durch Jäger oder Flak erfolgt, bleibt unbekannt, aber beide Maschinen kehren nicht nach England zurück.

Ohne ausreichenden Jagdschutz treten die Amerikaner den Rückflug nach Norden an, um über der Ostsee in Höhe der Insel Rügen auf Westkurs zu gehen, dabei ständig Angriffen deutscher Jäger ausgesetzt. Den bis dahin verzeichneten 15 Bomberverlusten sollen noch fünf weitere folgen, denn ostwärts von Anklam greift die I./JG 11 den Verband noch einmal an. Bei den Gefechten fallen zwei Flugzeugführer der 1. Staffel sowie ein Pilot der 3. Staffel: Lt. Kretschmer, FjUffz. Weiss und Uffz. Kirchner. Wegen schwerer Beschußschäden nicht mehr in der Lage, die britische Insel zu erreichen, nehmen fünf Liberator der 2. Bomberdivision Kurs auf Schweden, zwei landen in Bulltofta, zwei in Rinkaby und die fünfte in Säve. Ihre Besatzungen werden interniert.

Die 5./JG 3 unter der Führung von Lt. Grünberg sowie weitere Jagdstaffeln haben im Raum Berlin mit etwa 30 Zerstörern des ZG 26 einen Gefechtsverband gebildet. Nach geraumer Zeit ohne Feindberührung sind plötzlich die anderen Staffeln aus nicht be-

kannten Gründen verschwunden: Grünberg mit seiner 5. ist mit den Zerstörern allein. Über die Reichsjägerfrequenz seines FuG 16 Z/Y (welches in 4000 Meter Höhe eine Reichweite von etwa 200 Kilometern besitzt) erfährt er, daß die amerikanischen Kampfverbände Pölitz bombardieren, und so nimmt er kurz entschlossen Kurs auf den Raum Stettin. Hier können die Me 410 der II./ZG 26 dann an die Bomberrückflüge herankommen und den Gegner zum Teil bis weit über die Ostsee verfolgen. Es werden dabei einige Abschüsse erzielt. Um die Mittagszeit holt Fw. Buchholz mit seinem Bordfunker Petry in Höhe von Warnemünde eine Liberator herunter. Nach der Landung um 13.07 Uhr in Königsberg/Nm. stellt sich heraus, daß die Zerstörergruppe an diesem Tag trotz intensiv geführter Angriffe nur einen Mann verloren hat: Bordfunker Uffz. Kubetzky von der 4. Staffel, der über Dievenow gefallen ist.
Auch Teile der II. und der in Salzwedel alarmgestarteten Staffeln der IV./JG 3 stoßen den abfliegenden Amerikanern nach. Lt. Iffland, 10./JG 3, erzielt einen Viermot.-Abschuß, aber die unterhalb der dänischen Insel Laaland ausgetragenen Abwehrgefechte bringen den Deutschen nochmals Verluste ein. Uffz. Körner von der 11. Staffel und Ofw. Siebert von der 6./JG 3 fallen im Kampf mit den Liberator. Und noch einen sehr schmerzlichen Verlust erleidet das »Udet«-Geschwader am heutigen Tag. Bei der Rückkehr vom Abwehreinsatz sackt die Messerschmitt des Kommodores, Eichenlaubträger Major F. K. Müller, während des Landeanfluges auf den Platz Salzwedel plötzlich durch und nimmt aus geringer Höhe abstürzend den Flugzeugführer mit in den Tod. Müller hatte insgesamt 140 Luftsiege, davon über zwei Drittel an der Ostfront erringen können. Zu seinem Nachfolger als Geschwaderkommodore JG 3 wird Major Bär ernannt, der bis dahin die II./JG 1 führt.
Zur gleichen Zeit mit den Einsatzabläufen über Norddeutschland bewegt sich der zweite große Bomberstrom dem Raum Hannover–Braunschweig zu, der dann nördlich von Magdeburg in Richtung Dessau einschwenkt. Schon um 11.00 Uhr ergeht von den Jagddivisionen der Startbefehl an die bereitstehenden Tagjagdeinheiten. Der Gefechtsverband des JG 1 sammelt über Paderborn und fliegt, da über das eigentliche Angriffsziel des Gegners

immer noch Unklarheit herrscht, zunächst mit oftmals wechselnden Kursen nach Osten. Ebenfalls gegen 11.00 Uhr startet Hptm. Langers III./JG 3, die seit dem 20. Mai in Ansbach liegt, mit allen drei Staffeln in den Raum südlich von Berlin. Um 12.05 Uhr haben sie den Gegner gesichtet, fünf Minuten später beginnen über dem Elbegebiet die Gefechte.

Ein Schwarm der 7. Staffel, geführt von Ofhr. Rentsch, greift die letzte Welle des Bomberverbandes von hinten an, wobei Lt. Rauer eine Fortress aus der linken Kette herausschießt. Noch im Abflug sieht der Pilot, wie das viermotorige Kampfflugzeug mit dunkler Rauchfahne zurückbleibt. Bei Wittenberg war ein Durchgang von Oblt. Tichys 9. Staffel zunächst erfolglos geblieben, doch dann gelingt um 12.13 Uhr beim zweiten Angriff Uffz. Zillmer der Abschuß einer Fortress aus dem links außen fliegenden Pulk. Er selbst erhält dabei einen geringfügigen Treffer in den rechten Flächenanschluß seiner Messerschmitt. Den Aufschlag der Boeing kann Zillmer wegen gegnerischer Jägeraktivitäten nicht beobachten, doch die Zielkamera hält den Abschuß – Zillmers 2. Luftsieg – fest.

Auch Ofw. Ströbeles Schwarm der 8. Staffel kann beim ersten von vorn durchgeführten Angriff keine wirkungsvollen Treffer anbringen. Erst als der Schwarm zum abermaligen Durchgang ansetzt, schießt Lt. Rave um 12.20 Uhr ostwärts von Pretzsch den linken Außenmotor einer B-17 in Brand. Die Maschine schert daraufhin mit ständigem Höhenverlust aus dem Verband aus, aber wegen eines neuen Angriffes ist es Rave nicht möglich, sich um das weitere Schicksal der Fortress zu kümmern.

Während die Deutschen die Bomberpulks bekämpfen, entgeht ihrer Aufmerksamkeit, daß sich kurz hinter Dessau die 3. Bomberdivision plötzlich nach Süden wendet und in Richtung Leipzig fliegt. Bei diesem Anflug sind die Amerikaner für etwa eine halbe Stunde lang ohne jeden Begleitschutz und die Gelegenheit, hier wirksam angreifen zu können wird dadurch verpaßt, daß sich das Hauptaugenmerk der deutschen Jäger immer noch auf die Verbände der 1. Bomberdivision richtet, welche von Dessau aus jetzt mit Ostkursen den Raum Cottbus anfliegen. Das Ziel des Gegners scheint festzustehen: die Focke-Wulf-Flugzeugwerke in Cottbus und Sorau.

So gelangen nur ganz wenige Jäger an den Leipzig-Verband, der nach erfolgtem Bombenwurf etwa bei Zwickau wieder nach Westen zurückfliegen wird. Die 3. Bomberdivision scheint dabei keine Verluste erlitten zu haben, abgesehen von einer nach Schweden geflogenen B-17 und einer durch die IV./JG 3 zur Notlandung gezwungenen Fortress. Das geschieht, als drei gerade vom Einsatz über Norddeutschland zurückkommenden Maschinen auf die allein in niedriger Höhe nach Westen fliegenden und offensichtlich bereits angeschossenen Boeing der 95th Bombardment Group stoßen. Die deutschen Jagdflieger versuchen nun die Viermotorige zu einer Landung in Salzwedel zu bewegen, indem Uffz. Schmidt von der 11. Staffel den amerikanischen Bomberpiloten durch das Ausfahren des eigenen Fahrwerks dazu auffordert. Leider tut ihm die B-17 nicht den Gefallen, auf dem Platz niederzugehen, sondern sie macht weiter ab in näherer Umgebung des Horstes auf einem Wiesengelände eine Bauchlandung. Die Besatzung wird anschließend gefangengenommen.
Bleibt die 3. Division von weiteren Ausfällen verschont, so führen die Angriffe der die 1. Bomberdivision nach Osten verfolgenden Gruppen des JG 1 über der Lausitz zu erkennbaren Resultaten. Mit Parallelkursen die Kampfflugzeuge überholend gehen die Jäger in 7500 Meter Höhe im Spremberger Raum die Pulks von vorn an. Dabei erzielt allein die 4. Staffel vier Herausschüsse durch Lt. Proff, Fw. Schulz, Uffz. Knoblauch und Uffz. Mertens sowie einen sicheren Abschuß durch Lt. Bach, der heute seinen 16. Luftsieg verbuchen kann. Die 5. Staffel verzeichnet eine Bombervernichtung, die auf das Konto von Lt. Swoboda geht. Dann stürzt nordostwärts von Torgau eine Focke-Wulf brennend ab, der Pilot, Uffz. Steeb, springt ab und landet mit im Luftkampf erlittener Verwundung bei Zwethau. Seine Kameraden von der 6. Staffel, Lt. Buchholz und Uffz. Wurl, können dafür im gleichen Einsatz je eine Fortress zur Strecke bringen. Und auch die III./JG 1 bleibt einige Male erfolgreich, aber sie verliert über Burg bei Cottbus Fw. Zimmer, der im Luftkampf fällt.
Oblt. Eder vom Gruppenstab II./JG 1 holt heute seinen 49. Gegner vom Himmel. Er hat nach dem Einkurven der Schwärme die ganz links außen fliegende B-17 eines Pulks beschossen und sieht, wie später auch Lt. Bach und Uffz. Wurl bestätigen, daß die vier-

motorige Maschine hellbrennend nach unten stürzt. Bei diesem Frontalangriff hat aber auch Eders rote »24« eine Anzahl von Treffern einstecken müssen, so daß der Oberleutnant sich gezwungen sieht, auf dem Platz Cottbus notzulanden. Eine gleichfalls mit Beschußschäden dort landende Maschine der 4. Staffel überschlägt sich beim Aufsetzen und tötet den Piloten, Uffz. Höfler. Eders A-8 wird bei dem auf Cottbus niedergehenden Bombardement zerstört; der hauptsächlich gegen die Focke-Wulf-Werke gerichtete schwere Angriff bewirkt eine Lahmlegung der Produktion für etwa drei Wochen.

Hinter Cottbus fliegen die Amerikaner in Richtung Sorau weiter, während bei den deutschen Jägern der ersten Angriffswelle bereits die roten Lampen zum Abbruch der Gefechte mahnen. Auch in Sorau trifft der Luftangriff die Flugzeugwerke schwer. Beinahe die Hälfte der Anlagen werden zerstört oder beschädigt, so daß die Produktion für längere Zeit unterbrochen ist. Von den auf dem Fertigungsgelände stehenden fabrikneuen FW 190 haben die Bomben rund 50 in Wracks verwandelt.

Damit noch nicht genug. Von Sorau aus gehen die Bomberpulks anschließend auf Nordostkurs, um ihr drittes Tagesziel, die Focke-Wulf-Werke von Krzesinki bei Posen anzugreifen. Tonnen von Bomben verrichten hier ein Vernichtungswerk mit dem Erfolg, daß die Produktion hier erst wieder im August aufgenommen werden kann.

Inzwischen ist es eine Stunde vor Mittag. Die Fortress-Verbände fliegen bereits nach Nordwesten ab und werden über Pommern der gleichen Rückflugroute folgen, welche auch die 2. Bomberdivision nach dem Angriff auf Pölitz eingeschlagen hat. Aber noch ist es nicht soweit, da sich jetzt ein verzweifelter Einsatz anbahnt, den die Ergänzungsjagdgruppe Ost zu führen hat. Es geschieht nur selten, daß Staffeln solcher Ausbildungsverbände an Feindeinsätzen beteiligt werden, und heute starten die Maschinen der I./EJGr. Ost vom Platz Liegnitz aus nach Norden, um die gegen Posen fliegenden Pulks zu stellen. Die Staffel, mit FW 190 aller Serien von der A-3 bis A-8 ausgerüstet, kommt, wie fast zu erwarten war, nicht an die Bomber heran, sondern gerät vielmehr südlich von Landsberg über dem Warthe-Gebiet an starke gegnerische Jägerformationen. Was nun folgt, stellte eine einzige Tragö-

die dar, denn die in den Kampf geworfenen jungen Piloten, von denen nur ganz wenige schon Einsatzerfahrungen besitzen, müssen unweigerlich der Übermacht erliegen. In der Gegend von Meseritz, südostwärts von Landsberg, fallen im Luftkampf die drei Oberfähnriche Engelmann, Flöttmann und Zeller. Uffz. Müller-Berneck erhält Bordwaffensplitter in Kopf und Arm und er bringt seine A-6 bei Kulkau mit einer Bruchlandung hinunter. Kurz darauf wird Uffz. Kellenbach abgeschossen. Beim Öffnen des Kabinendaches seiner weißen »28« verletzt er sich am Kopf und springt halb ohnmächtig mit dem Fallschirm ab. Und auch Uffz. Michelka ist an Kopf und Armen durch MG-Beschuß verwundet worden, aber er bringt seine Maschine bei Meseritz noch zu Boden.
Der Luftkampf endet um 13.30 Uhr und währte exakt 15 Minuten an. Während dieses Zeitraumes hat die 1. Staffel der Jagdgruppe Ost nahezu zwei Drittel ihrer Maschinen eingebüßt. Fünf Piloten sind gefallen, drei verwundet. Für viele war es die erste Konfrontation mit gegnerischen Jägern überhaupt gewesen.
Über Pommern wird dann die 1. Bomberdivision noch einmal von deutschen Maschinen angegriffen, diesmal von den Me 410 der I./ZG 26. Aber auch hier verläuft der Abwehreinsatz verlustreich. Den wenigen Abschüssen steht der Ausfall von acht Besatzungsmitgliedern gegenüber. Zwei Maschinen stürzen bei Schopp und Arnswalde ab, die Besatzungen Fw. Schünemann/Uffz. Gentner sowie Uffz. Weinzheimer/Fw. Westphal fallen. Uffz. Schneider, der als Bordfunker in der Me 410 von Uffz. Leist fliegt, kann verwundet abspringen, doch der Flugzeugführer geht mit der zweimotorigen Maschine in die Tiefe und fällt ebenfalls bei Arnswalde. Zwei Bomber des abfliegenden amerikanischen Verbandes treten den Weg nach Schweden an; je eine Fortress der 91st und 92nd Bombardment Group landen an diesem Tag in Bulltofta.
Mit über 50 Maschinenverlusten, 44 Gefallenen, darunter zwei erfolgreiche Verbandsführer, und 19 Verwundeten muß die Jagdwaffe ihre Erfolge des Abwehreinsatzes über Nord- und Mitteldeutschland sowie über dem Ostmark-Raum erkaufen. Von den 993 angreifenden Bombern des Westeinfluges gehen 34 durch Jäger und Flak verloren, das bedeutet mit den im Wiener Gebiet abgeschossenen 18 Maschinen ein Gesamtverlust von 52 amerikanischen viermotorigen Kampfflugzeugen. Die diesmal deutscher-

seits zunächst gemeldeten Erstabschußziffern liegen etwa doppelt so hoch, sie müssen zum größten Teil revidiert werden, denn für einen solch hohen Anteil an Bomberabschüssen haben sich bislang keine beweiskräftigen Unterlagen finden können. Unter der Voraussetzung, daß die Angaben der US Army Air Force zutreffen, dürften ganz grob gesehen amerikanische Verluste und tatsächlich erzielte deutsche Erfolge des 29. Mai etwa im Verhältnis 1:1 stehen.

Die an den Treibstoff- und Flugzeugwerken durch die Luftangriffe entstandenen Schäden erweisen sich als beträchtlich und sollen sich auf die weitere Rüstungsproduktion verheerend auszuwirken beginnen. Allein in Leuna ist nach den Maiangriffen der Amerikaner die Produktion von Treibstoff auf die Hälfte reduziert, das Werk Pölitz fällt nach dem Bombardement des 29. Mai sogar ganz aus. Und das ist erst der Anfang der gegnerischen Offensive.

Zur Verstärkung des Schutzes der wichtigen und umfangreichen Anlagen von Pölitz werden immer mehr Flakbatterien, darunter auch etliche aus dem Verteidigungsbereich von Berlin, ab diesem Zeitpunkt in den Raum Stettin verlegt, um dort zukünftig eine konzentrierte Bodenabwehr zu schaffen. Jetzt erst.

Und noch eine Tatsache fällt in den letzten Wochen auf. Immer wieder zersplittern sich die Abwehreinsätze der deutschen Jäger und Zerstörer in vielen Einzeloperationen, oft nur bedingt durch ausgedehnte Versammlungszeiten der Verbände und den mitunter zu weiten Anmarschwegen, wenn der Gegner gleichzeitig von Westen und Süden oder sogar noch in den norddeutschen Raum einfliegt, wie es am 29. Mai 1944 geschieht. Auch wenn dabei teilweise örtlich beachtliche Abschußergebnisse erzielt werden, kann dies nicht über die sehr hohen eigenen Verluste hinwegtäuschen, obwohl in Bezug auf Einsatzstärke und geeigneter Wetterverhältnisse günstige Voraussetzungen für erfolgversprechende Abwehrunternehmungen vorliegen. Im Mai beispielsweise werden aber die Gesamtverluste der Amerikaner kaum zwei Prozent übersteigen, während die Ausfälle der Reichsluftverteidigung fast das Fünfeinhalbfache davon betragen.

Eine am 12. Mai 1944 vom Jagdgeschwader 3 »Udet« abgeschossene und bei Wehrheim/Ts. bruchgelandete B-17G der 96th Bombardment Group (42-102452). Die Einheit büßt an diesem Tag elf Maschinen ein. (Dr. S. Gorbach, Eppstein)

Fw. Kastenhuber, II./JG 11, einer der 28 beim Abwehreinsatz am 12. Mai 1944 gefallenen deutschen Flugzeugführer, wird von amerikanischen Begleitjägern abgeschossen. Seine Messerschmitt schlägt auf einem Acker bei Strinz-Trinitatis auf. (Gerhard Bracke, Braunschweig)

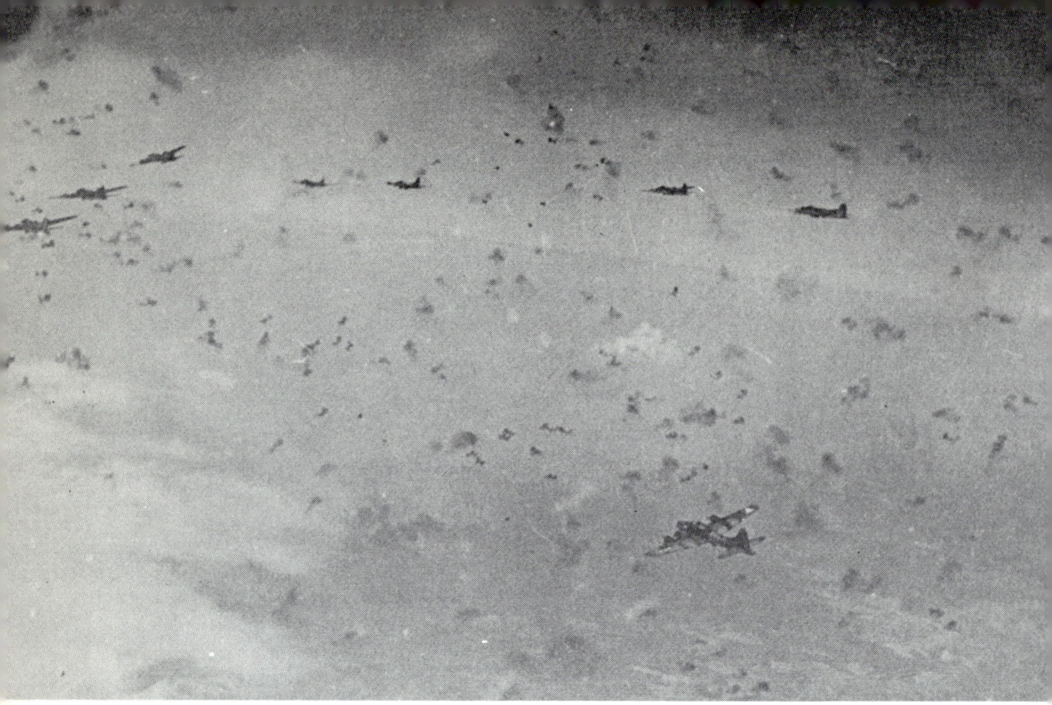

Ein Fortress-Verband der 1. Bombardment Division unter schwerem Flakbeschuß über Pölitz. Man erkennt, wie die B-17 durch Pendelbewegungen versuchen, diesem massierten Abwehrfeuer entgegenzuwirken. (U.S. Air Force Photo)

Am 29. Mai 1944 wird diese offensichtlich bereits angeschossen gewesene einzelne B-17 der 95th Bombardment Group von einer nach Salzwedel zurückkehrenden Kette Bf 109 überrascht und von Uffz. Schmidt, 1./JG 3, zur Notlandung gezwungen. Die Besatzung gerät in Gefangenschaft. (Oskar Bösch, Kanada)

Verluste im Tageseinsatz am 29. Mai 1944

Verluste Tagjagd

	gefallen	verwundet	Ausfälle insgesamt	Maschinentyp	Verlusträume
II./JG 1	1	1	2	FW 190 A–7/A–8	Raum Cottbus
III./JG 1	1		1	Bf 109 G–6	Raum Cottbus
JG 1	2	1	3		
Stab./JG 3	1		1	Bf 109 G–6	Salzwedel
II./JG 3	2	1	3	Bf 109 G–6	R. Mecklen-
IV./JG 3	1		1	FW 190 A–8	burg-Ostsee
JG 3	4	1	5		
I./JG 11	3	1	4	FW 190 A–8	Anklam
II./JG 11	1	1	2	Bf 109 G–6	Neubrandenburg
JG 11	4	2	6		
III./JG 26		1	1	Bf 109 G–6	Metz
Stab./JG 27	2		2	Bf 109 G–6	Linz
I./JG 27	1		1	Bf 109 G–6	St. Pölten-Wien
IV./JG 27	1		1	Bf 109 G–6	
JG 27	4		4		
I./JG 77		1	1	Bf 109 G–6	Italien
III./JG 77	1		1	Bf 109 G–6	R. Agram
JG 77	1	1	2		
I./JG 302	1		1	Bf 109 G–6	St. Pölten
I./JGr Ost	5	3	8	FW 190 A–	Warthe-Gebiet
II./ZG 1	17	7	24	Bf 110 G–2	R. SO. Wien
I./ZG 26	5	3	8	Me 410	R. Arnswalde
II./ZG 26	1		1	Me 410	R. Dievenow
ZG 26	6	3	9		Stettin
	44	19	63		

Verluste USAAF

8. Luftflotte	34	Viermotorige davon		
		1. Bombardment Division	12	(2 nach Schweden)
		2. Bombardment Division	20	(5 nach Schweden)
		3. Bombardment Division	2	(1 nach Schweden)
15. Luftflotte	18	Viermotorige		
	52			

Durch die ab 7. Juni erfolgte Verlegung und den Abzug der bis dahin im Reich stationierten Tagjagdverbände an die Invasionsfront sieht sich das Heimatgebiet plötzlich seiner Abwehrstreitkräfte weitgehend entblößt. Zum Schutz der Industrien und der Städte stehen nur mehr das JG 300 der vormals einmotorigen Nachtjagd, eine Gruppe des JG 302 sowie drei Zerstörergruppen des ZG 26 und ZG 76 zur Verfügung, wenn man von den nur in beschränktem Umfang kampffähigen Einsatzgruppen und -staffeln, darunter die des JG 101 in Landau/Isar, des JG 104 in Fürth und des JG 108 in Vöslau/Ostmark absieht.

Gewiß, die amerikanischen Luftflotten richten ihre Operationen zur Zeit fast ausschließlich auf den Invasionsraum und auf das französische Hinterland aus, aber dennoch soll es auch im Juni zu einigen starken Einflügen in das Reichsgebiet kommen, wobei wiederum die so wichtigen Treibstoffindustrien den Schwerpunkt der Angriffe bilden.

Einer dieser Großeinsätze beginnt gegen 4.30 Uhr am Morgen des 20. Juni 1944 mit der Versammlung von rund 1400 Kampfflugzeugen*) über den englischen Basen. Alle drei Bomberdivisionen sind gestartet und verlassen fast gleichzeitig die britische Insel: die 1. Division bei Louth, die 2. bei Cromer und die 3. bei Southwold. Gemeinsam verlaufen ihre Flugrouten bis vor die schleswig-holsteinische Küste, etwa im Norden von Helgoland, dann schwenken die Fortress-Verbände der 3. Bomberdivision nach Südosten ab, fliegen in den Raum Cuxhaven ein, um ihre drei Ziele Magdeburg, Fallersleben und Hannover-Misburg zu erreichen. Währenddessen überqueren die beiden anderen Divisionen Schleswig-Holstein und stoßen in Höhe von Flensburg auf die Ostsee vor. Noch vor der dänischen Insel Langeland geht jetzt die 1. Bomberdivision sowie ein Combat Wing der 2. Division auf Südkurs, denn diese Streitmacht wird die Raffinerien der Rhenania-Ossag bei Hamburg und das Hydrierwerk Ostermoor am Nord-Ostsee-Kanal angreifen. Die restlichen drei Combat Wings der 2. Division

*) Nach Freeman in »The Mighty Eighth«: ...record force of 1402 heavies...

fliegen über die Ostsee weiter bis oberhalb ostwärts Rügen, von wo sie schließlich über das Stettiner Haff in das Reichsgebiet einfliegen. Erneut sind die Hydrieranlagen von Pölitz das Ziel der Liberator-Verbände, und abermals sollen gerade diese Formationen überaus intensive deutsche Abwehr zu spüren bekommen und die Hauptlast der amerikanischen Verluste jenes Tages tragen.

Über 700 US-Jäger schützen die über die Nordsee anfliegenden Kampfverbände. Und obwohl die Reichsluftverteidigung am 20. Juni mit den ihr verbliebenen Jagdstreitkräften an manchen Stellen erfolgreich operieren kann, bekommen die meisten gegnerischen Eskortverbände keine deutschen Jäger zu Gesicht, so daß die Amerikaner vielfach zu Tiefangriffen auf Flugplätze der Luftwaffe übergehen. So greift die 353rd Fighter Group mit ihren Tunderbolt den Platz Plantlünne an, während Teile der 4th Fighter Group unter anderem den Platz Neubrandenburg unter Beschuß nehmen. Hierbei fällt die P-51 von Major Goodson der leichten Flak zum Opfer. Goodson, mit 15 Abschüssen zu den bekannteren amerikanischen Jägerassen zählend, muß auf dem Platz bauchlanden und gerät in Gefangenschaft.

Doch das sind nur Geschehnisse am Rande des Großeinsatzes vom 20. Juni. Verfolgen wir zunächst den Weg der 2. Bomberdivision, die gegen 8.00 Uhr mit ihren Verbänden in enger Formation in der Höhe der Insel Langeland steht. Kurz nachdem die B-17 der 1. Division nach Süden abgedreht sind kollidieren aus nicht mehr bekannten Gründen zwei Liberator der 389th Bombardment Group und stürzen in die See. Die ersten amerikanischen Ausfälle.

Inzwischen hat das I. Jagdkorps der III./JG 300 aus Jüterbog sowie den beiden in Königsberg/Nm. liegenden Zerstörergruppen längst den Startbefehl zum Abwehreinsatz über Norddeutschland erteilt. Wieder versammeln sich die Jägerverbände im Mecklenburger Raum über dem Gebiet des Müritz-Sees in Erwartung des anfliegenden Gegners. Als die erste der drei Wellen des gegen Pölitz angesetzten Bomberstromes die Ostsee halb überquert hat, scheinen über das Angriffsziel keine Zweifel mehr zu bestehen. Die Deutschen stoßen nach Norden vor und stellen die Liberator-Verbände gegen 9.00 Uhr in Höhe der Insel Rügen – die Luftschlacht nimmt ihren Verlauf.

Hptm. Ilk, der die III. Gruppe des Jagdgeschwaders 300 führt, läßt

seine Staffeln die ersten Angriffe von hinten ansetzen, während das ZG 26 bereits den 14th Combat Wing der Amerikaner von allen Seiten her zu bedrängen beginnt. Die Tatsache, daß die Spitzenformation des Gegners, die 44th Bombardment Group, etwa sechs Minuten vor der im Einsatzplan vorgesehenen Zeit den Kontrollpunkt nördlich Rügen passiert hat und der den Abschluß des gesamten Kampfverbandes bildende 2nd Combat Wing um rund zwei Minuten zurückhängt, soll fatale Folgen für die Amerikaner haben. Durch diese Zeitverschiebung bedingt, erreichen die amerikanischen Angriffswellen eine außergewöhnliche Länge, was vor allem die Jagdeskorte vor Probleme stellt, denn nur die 339th Fighter Group kann im Augenblick den Bomberschutz übernehmen, die andere Eskorteinheit bekommt Schwierigkeiten mit dem Abwurf neu eingeführter Zusatztanks und hat den Bomberstrom noch nicht erreicht, als die deutschen Abwehrkräfte die Situation ausnützen und nun zu geschlossenen Angriffen übergehen.
Eine der ersten Liberator fällt durch die Bordwaffen der Me 410 von Fw. Buchholz, der mit der II./ZG 26 um 7.55 Uhr in Königsberg/Nm. gestartet war. Der Abschuß erfolgt über der Halbinsel Zingst und markiert den Anfang der Erfolgsserie des Zerstörergeschwaders. Fast alle Besatzungen melden Luftsiege über der Ostsee, allein die 492nd Bombardment Group der Amerikaner verliert zwischen Rügen und dem Ziel neun ihrer Liberator.
Da sich die Amerikaner mit allen Kräften zur Wehr setzen, sind natürlich auch die eigenen Ausfälle nicht gerade gering. Immerhin bilden Hunderte von MG-Ständen in den viermotorigen Kampfflugzeugen eine enorme Abwehrwand, die es erst einmal zu durchbrechen gilt. Uffz. Tölle, der mit Fw. Buchholz die gleiche Bomberformation angegriffen hat, erhält über Zingst schwere Treffer in seine Messerschmitt und wird dabei verwundet. Sein Bordfunker, Uffz. Hartung fällt. Von der gleichen 6./ZG 26 geht etwa südlich von Sagard auf Rügen die Maschine der Besatzung Uffz. Fitzenreiter/Uffz. Beck in die Tiefe, beide kommen beim Absturz ums Leben. Eine ganze Reihe anderer Besatzungen muß wegen Verwundungen ihre Angriffe abbrechen und fällt vom Einsatz aus, wie Lt. Strehle und sein Funker Uffz. Burghardt über Rügen.

Abschüsse und Einbußen auch bei der III./JG 300, die gleichfalls zwischen Rügen und der Mecklenburger Küste im Luftkampf mit den Viermotorigen steht. Uffz. Blömer, Uffz. Stegmeyer und Fw. Stillger fallen im Raum Rügen, um 9.15 Uhr macht Uffz. Wenker mit seiner schwarzen »15« bei Anklam eine Bauchlandung, während zur gleichen Zeit Fw. Rydwat verwundet mit dem Fallschirm abspringt und am Stadtrand von Greifswald herunterkommt. Zehn Minuten darauf fällt Lt. Schwamb im Kugelhagel gegnerischer MGs bei Brandshagen, südostwärts von Stralsund.
Mit der Notlandung und Verwundung Uffz. Borcherts um 9.30 Uhr ostwärts Neubrandenburg hat die 7. Staffel bereits drei ihrer Flugzeugführer eingebüßt. Zwei Minuten danach erwischt es auch den Kommandeur, Ritterkreuzträger Hptm. Ilk, der mit Verwundungen im Raum westlich von Anklam mit dem Schirm aussteigt. Zu Beginn des Monats hat das Luftflottenkommando Reich in Voraussicht der zu erwartenden Operationen des Gegners über dem Reich die Bereitstellung aller unterstellten Tagjagdkräfte in einem verhältnismäßig eng abgegrenzten Aufmarschgebiet gefordert, um damit die Voraussetzungen für einen Großeinsatz gemeinsam aufsteigender Verbände in einem Kampfraum zu schaffen. Aber die Luftwaffenführung kann sich zu solch einem Plan nicht entschließen und bleibt bei dem Befehl, die Jagdverbände auf Einsatzhorsten hauptsächlich in den Schwerpunktgebieten Berlin, München und Wien zu belassen. Für das I. Jagdkorps bedeutet dies, daß es, wie auch der 20. Juni zeigt, mit zahlenmäßig unterlegenen Abwehrkräften aus drei Räumen heraus versuchen muß, den Verteidigungseinsatz zu führen. Damit aber verringern sich die Erfolgsaussichten sehr stark. Dem Großteil des gegnerischen Einfluges kann deshalb kein einziger deutscher Verband entgegengestellt werden.
Unterdessen befinden sich die Liberator der 2. Bomberdivision immer noch auf dem Anflug auf den Stettiner Raum. Eine große Anzahl B-24, von den Zerstörern des ZG 26 angeschossen und zum Teil stark beschädigt, hat bereits ihre Formationen verlassen müssen; die amerikanischen Besatzungen nehmen Kurs auf die schwedische Küste.
Wie hart die Luftkämpfe sind, weisen die vielen Me 410-Besatzungen aus, welche über der Ostsee und Mecklenburger Küsten-

gebiet verwundet werden. Einige können ihre Maschinen jedoch noch zurückbringen, darunter Ofhr. Wendler und sein Bordfunker Uffz. Häussler sowie die Besatzung Uffz. Jungmann / Uffz. Müller, die ihre Messerschmitt auf dem Platz Königsberg/Nm. bauchlanden. Eine weitere Besatzung, Fw. Budde und Uffz. Reinmuth, bringt ihre Maschine mit letzter Anstrengung auf den Horst Prenzlau hinunter. Bei den Kämpfen über der Nordspitze von Rügen geht die Me 410 von Lt. Schulze-Bauer nach Angriff auf die Liberator verloren, irgendwo in den Planquadraten SH-SG stürzt sie in die Ostsee. Schulze-Bauer von der 4. Staffel und dessen Funker, Fw. Seefeld, gelten auch heute noch als vermißt.
Es zeigt sich abermals, daß die kampferfahrenen Zerstörerbesatzungen ihre Erfolge nur unter hohen eigenen Verlusten erringen können, und mit Ablauf des Monats Juli wird sich infolge der sehr hohen personellen Einbußen und der materiellen Ausfälle das Ende erfolgreichen Zerstörereinsatzes abzeichnen. Die Verluste des ZG 26 stellen sich auch am 20. Juni als beträchtlich heraus: Elf Gefallene und 14 Verwundete sind die Bilanz des Einsatzes, und die 6. Staffel trägt mit vier Gefallenen und fünf Verwundeten den größten Anteil der Einbußen dieses Tages.
Von Osten aus dem Raum Naugard-Sollnow herankommend beginnen die ersten Kampfverbände mit dem Zielanflug auf Pölitz. Es ist 9.48 Uhr. Rund 20 Minuten wird das Bombardement andauern, ehe die drei Wellen der Amerikaner wieder auf Abflugkurs gehen. Die gute Sicht ermöglicht es dem Gegner die einzelnen Ziele ohne Schwierigkeiten aufzufinden. Aber nun tritt die Flak in Aktion. Aus den Rohren der schweren Geschütze, vorwiegend der Flakbrigade Groß-Stettin angehörend, schlägt den Angreifern ein vernichtendes Feuer in bis dahin kaum erlebter Konzentration entgegen. 18 Liberator fallen diesem Abwehrfeuer zum Opfer, eine beachtliche Zahl weiterer wird schwer beschädigt. Abermals dreht eine ganze Reihe B-24 in Richtung Schweden ab, da sie vermutlich den Rückmarsch nach England nicht mehr schaffen wird.
Dennoch treffen die Amerikaner die Hydrieranlagen sehr schwer und versetzen damit der Treibstoffversorgung des Reiches einen weiteren Tiefschlag, obgleich der Angriff von hohen Verlusten begleitet ist. Teilweise noch im Feuerbereich der eigenen Flak

bleiben die Bf 109 der III./JG 300 auch dem abfliegenden Gegner im Nacken. Die 8. Staffel hat dabei zwei Ausfälle, als über Heinrichswalde bei Anklam die rote »14« von Ofw. Steinmacher abgeschossen wird. Der Pilot fällt. Über Viereck, im Nordosten von Pasewalk wird Ofw. Knoll im Luftkampf verwundet. Unweit davon springt die Besatzung einer Me 410 ab, es sind Fw. Kobalski und Uffz. Schubert von der 6./ZG 26, die verletzt bei Zerrenthin herunterkommen.
Der seit etwa Mitte Februar 1944 geführte Einsatz der ehemaligen Einmot.-Nachtjagdgruppen am Tage ist bemerkenswert. Zwar verfügen die Flugzeugführer über Schlechtwetter- und Blindflugerfahrung und besitzen somit gegenüber den meisten Piloten der Tagjagd – vom Ausbildungsstand her gesehen – einen wesentlichen Vorteil, aber es fehlt ihnen andererseits noch die Erfahrung im Luftkampf bei Tag. Daß sie diesen Kampf mit äußerster Zähigkeit führen und beachtliche Erfolge erzielen, dürfte wohl nicht zuletzt auch in dem Vertrauen in ihre technischen Ausrüstungen begründet sein, denn in jenen Tagen fühlen sie sich den gegnerischen Jägern noch nicht unterlegen und sehen vorerst in der Bekämpfung von viermotorigen Bombern keine Probleme. Bis zum 20. Juni haben die Gruppen des JG 300 noch keine zehn Tageseinsätze geflogen, aber schon die kommenden Einsätze werden bald zeigen, daß die Flugzeugführer ebenfalls an der zahlenmäßigen Luftüberlegenheit des Gegners scheitern müssen und daß auch diese Verbände langsam aber stetig dahinschmelzen werden.
Fünf gefallene und fünf verwundete Piloten kostet die III./JG 300 der hervorragende Einsatz des 20. Juni, und mit den Verlusten des Zerstörergeschwaders ZG 26 beläuft sich die Gesamteinbuße somit auf mindestens 16 Tote und 19 Verwundete. Dagegen verliert die 2. Bomberdivision der Amerikaner bei dem Einsatz gegen Pölitz mindestens 32 Viermotorige durch Flak und Jäger, 18 Maschinen davon landen in Schweden, allein 16 in Bulltofta bei Malmö. Von der schon in früheren Einsätzen hart geprüften 492nd Bombardment Group kehren von 35 gestarteten Liberator 14 nicht mehr zu ihrem Einsatzhorst North Pickenham zurück.
Wie bereits eingangs erwähnt, sind die Verbände der 1. und ein Combat Wing der 2. Bomberdivision in der Höhe von Langeland auf Südkurs eingeschwenkt. Diese Einheiten werden sich über

dem Raum zwischen Kiel und Lübeck nochmals teilen, wobei die Liberator des 96th Combat Wing wieder nach Westen fliegen, um das Hydrierwerk Ostermoor am Brunsbüttelkoog anzugreifen, während sich die B-17-Pulks die Raffinerien der Rhenania bei Hamburg zuwenden. Über beiden Zielen fallen ab etwa 9.10 Uhr die ersten Bomben, beide Anlagen werden schwer getroffen.
Während der Ostermoor-Verband so gut wie keine Abwehr zu spüren bekommt, hat die 1. Bomberdivision Luftkampf mit vereinzelt auftauchenden deutschen Jägern, die auch den Pölitz-Verband angegriffen und verfolgt haben. Die Amerikaner melden sechs eigene Verluste. Zerstörer des ZG 26 haben, noch bevor der Gegner Hamburg erreicht, Gefechtsberührung, doch der überaus starke Jagdschutz läßt kaum einen Angriff auf die Bomber zu. Jedoch tritt nur ein deutscher Verlust auf, als die Me 410 der Besatzung Ofhr. Duvenhorst/Uffz. Osdiek von der 3./ZG 26 bei Lübeck abgeschossen wird. Beide Flieger fallen in diesem Luftkampf.
Der dritte große Bomberstrom, welcher zwischen Elbe- und Wesermündung in das Reich eingeflogen war, ist zahlenmäßig der stärkste Verband und folgt in grober Richtung dem Verlauf der Elbe. Die vorderen, in acht Wellen gestaffelten Verbände nehmen etwa um 8.30 Uhr Kurs auf Magdeburg, ein zweiter Verband schwenkt bei Hitzacker nach Süden ein und steht nur wenig später vor Fallersleben, während ein dritter großer Pulk sich von Nordost heranfliegend dem Raum Hannover nähert.
Zwar kann das I. Jagdkorps drei Tagjagdeinheiten der 7. und 8. Jagddivision im Großraum vor Magdeburg versammeln, doch stellt sich auch hier der Eskortschirm als nahezu undurchdringlich heraus, so daß die Kampfverbände der Amerikaner trotz hartnäkkiger Angriffsversuche fast ungeschoren bleiben werden. Gleichzeitig greifen die drei Bomberströme an: Das Hydrierwerk von Magdeburg-Rothensee um 9.09 Uhr, die KFZ-Produktion von Fallersleben um 9.07 Uhr und die Hydrieranlagen von Hannover-Misburg um 9.06 Uhr. In keinem Fall dauern die Bombenabwürfe länger als zehn Minuten.
Mit ihren Bf 109 ist die I./JG 300 in Herzogenaurach gestartet und vereint sich mit den Staffeln der II. Gruppe des Geschwaders aus Unterschlauersbach zwischen dem Bamberger und Coburger

Raum zum Gefechtsverband. Noch vor Magdeburg stoßen Teile der aus dem Wiener Raum aufgestiegenen II./ZG 76 unter Hptm. Kaminski mit ihren Me 410 hinzu.
Wieder schirmen mehrere Fighter Groups den Bomberstrom weit nach Süden ab und lassen den deutschen Vorstoß bereits über dem mitteldeutschen Raum ins Stocken geraten. Schwerpunkt der Luftkämpfe ist das Gebiet zwischen Bernburg und Leipzig, wo es auch zu den meisten Ausfällen auf deutscher Seite kommt. Immer wieder versuchen die Maschinen des Gefechtsverbandes Lücken in diesem Abwehrschirm zu entdecken, doch aller Mut und alle Zähigkeit nützen nichts – die Piloten des JG 300 müssen sich erbitterte Kurvenkämpfe aufzwingen lassen. Fw. Schulz von der 1./JG 300 wird über Bernburg tödlich abgeschossen, nachdem er mit einigen Kameraden seiner Staffel die ersten Angriffe der Amerikaner bei Halle überstanden hatte und nach Norden vordringen konnte. Minuten zuvor war bereits Fw. Sahrhage südlich von Merseburg gefallen.
Nur wenigen Maschinen gelingt es südlich von Magdeburg die Pulks beim Abflug nach Westen zu erreichen. Sie setzen zum Angriff von hinten an und schießen im ersten Durchgang drei Fortress des 45th Combat Wing ab. Das sind aber auch die einzigen Erfolge, welche die beiden Gruppen des JG 300 erzielen können. Leider sind die Namen der Schützen nicht bekannt, aber einer der genannten Bomberabschüsse geht vermutlich auf das Konto von Oblt. Kucharsowski von der 4. Staffel, der in diesem Luftgefecht selbst abgeschossen wird. Kameraden sehen ihn noch aus der brennenden Maschine abspringen, doch da reißen die Gurte seines infolge Bordwaffenbeschusses beschädigten Fallschirms. Kucharsowski kann nur noch tot geborgen werden.
Ein ähnlich tragisches Schicksal erleidet Uffz. Fleischmann. Die 2. Staffel war am weitesten nach Norden vorgestoßen und befindet sich gleichfalls im Angriff auf abfliegende Bomberformationen. Schwärme von Mustang schneiden der Staffel den Weg ab und drängen sie in eine ausgedehnte Kurbelei. Beim Versuch, sich vom Gegner im Tiefflug zu lösen und nach Osten auszuweichen wird Fleischmanns rote »2« bei Zerbst in Brand geschossen, der Pilot steigt aus – der Schirm öffnet sich nicht mehr.
Völlig erfolglos verläuft der Einsatz der II./ZG 76, die seit den

verheerenden Verlusten des Februar und März heute erstmals wieder im Abwehreinsatz über dem Reich steht. Die Zerstörer kommen einfach nicht zum Angriff, da sie sofort von starken gegnerischen Jagdkräften angenommen werden. Innerhalb kurzer Zeit stürzen drei Maschinen ab, Uffz. Schmitz, Uffz. Klaas, Uffz. Schwarzkopf sowie deren Bordfunker fallen im Raum Bernburg. Während die Luftkämpfe toben, steigen über den schwer getroffenen Hydrieranlagen der Brabag bei Magdeburg-Rothensee dunkle Rauchwolken in den klaren Himmel. Und das gleiche auch über Fallersleben und Hannover-Misburg. Die Verbände der das zuletzt genannte Ziel angreifenden Streitmacht hat ihren zerstörenden Schlag gegen das dortige Hydrierwerk ohne einen einzigen deutschen Gegenangriff durchführen können. Nur sechs Viermotorige gehen an diesem Vormittag über Mitteldeutschland verloren. Um 9.30 Uhr befinden sich alle Formationen der 3. Bomberdivision wieder auf Rückflugkurs, zerborstene Behälter, zerschlagene Rohrsysteme, eingestürzte Gebäude und ein weithin sichtbares Flammenmeer hinterlassend. Erneut hat die Treibstoffindustrie einen äußerst wirksamen Schlag hinnehmen müssen.
Auch am 20. Juni gelingt es den im Reich verbliebenen Tagjagdkräften nicht, diese Angriffe zu verhindern. Die Besatzungen der an den Gegner gelangten Verbände der Reichsluftverteidigung fügen ihm hauptsächlich über Norddeutschland harte Verluste zu, aber die mit Entschlossenheit geführten Operationen erbringen nicht unbedeutende eigene Ausfälle. Von der Obersten Luftwaffenführung hingegen, eine zahlenmäßige Unterlegenheit dieser Kräfte auch im Abwehreinsatz des Juni nicht gelten lassend, müssen sich die Tagjäger nach den zerstörenden Schlägen, die die Amerikaner gegen die Hydrierwerke führen, nun zum zweiten Mal Feigheit vorwerfen lassen.
Das ist unter anderem auch Gegenstand einer zwischen Gen.Maj. Nielsen, dem Chef des Generalstabs des Luftflottenkommandos Reich und dem Generalkommando I. Jagdkorps stattfindenden Besprechung Ende des Monats in Treuenbrietzen. Man ist sich darüber im klaren, daß der Einsatz in der Reichsluftverteidigung unter neuen Gesichtspunkten weitergeführt werden muß, und es wird vorgeschlagen, den Tagjagdeinsatz bis zu einer Auffrischung und Auffüllung der Verbände vorübergehend einzustellen, um so

wieder eine starke Abwehrkraft bilden zu können. Zudem sollen aufgrund der hohen Verluste, welche gerade die Zerstörergruppen in den letzten Wochen und Monaten hinnehmen mußten, diese Einheiten auf einmotorige Jagdflugzeugmuster umgerüstet werden. Und noch einmal fordern die Beteiligten eine Zusammenfassung aller Jagdverbände auf engstem Raum. Der betreffende Antrag beim OKL wird, insbesondere was die zeitweilige Zurückstellung der Verbände angeht, abgelehnt.
Also ist auch für den kommenden Monat keine aussichtsreiche Änderung des Tagjagdeinsatzes zu erwarten, und erst im Herbst 1944, als die Westalliierten ihre strategischen Bomberflotten jetzt nur noch gegen Ziele im Reich heranführen, beginnt das OKL die genannten Vorschläge zu verwirklichen. Aber da ist es bereits viel zu spät.
Der Großangriff des 20. Juni 1944 kostet die Amerikaner 49 viermotorige Kampfflugzeuge, 17 werden von Jägern und 19 von der Flak abgeschossen. Insgesamt 19 Maschinen landen auf verschiedenen Plätzen in Schweden, mehrere gehen dabei zu Bruch. Noch am selben Tag berichtet das »Skånska Dagbladet« in ihrer Mittagsausgabe bereits von diesem Ereignis mit der großen Überschrift: »Sexton Fästningar nödlandade på Bulltofta i dag«*)
Auf deutscher Seite werden 48 Bombervernichtungen gemeldet. Die eigenen Ausfälle betragen über 30 Maschinen, mindestens die Hälfte davon zweimotorige Zerstörer. 26 Flugzeugführer sind gefallen, 19 wurden verwundet. Nach diesem schweren Vernichtungsschlag liegt die deutsche Flugtreibstofferzeugung des Juni nur noch bei 74 250 t (Angaben der Kriegswissenschaftlichen Abteilung im Wehrmachtsführungsstab), während noch im März als Höchststand des Jahres 1944 214 000 t produziert wurden.**) Die daraus entstehenden Folgen sind bereits von kriegsentscheidender Bedeutung.

*) »16 Festungen heute in Bulltofta notgelandet«

**) Nach Speers Hydrierdenkschrift vom 28. 7. 44 waren im Juni 536 000 t Flugtreibstoff erzeugt worden, nach Effects of Strategic Bombing on the German War Economy, 1945, im März 1944 181 000 t.

Verluste im Tageseinsatz am 20. Juni 1944

Verluste Tagjagd

	gefallen	verwundet	Ausfälle insgesamt	Maschinentyp	Verlusträume
I./JG 300	3		3	Bf 109 G–6	Bernburg,
II./JG 300	1		1	FW 190 A–6	Merseburg
III./JG 300	5	5	10	Bf 109 G–6	Greifswald, Rügen
JG 300	9	5	14		Anklam
I./ZG 26	4	2	6	Me 410	Rügen, Greifswald
II./ZG 26	7	12	19	Me 410	Ostsee, Mecklenburg
ZG 26	11	14	25		
II./ZG 76	6		6	Me 410	Mitteldeutschland
	26	19	45		

Verluste USAAF

	Viermot. insgesamt	Abschüsse Flak	Abschüsse Jäger	ohne Feindeinwirkung	unbekannt	davon Landung in Schweden
1. BD	6				6	
2. BD	37	19	14	2	2	18
3. BD	6		3		3	1
	49	19	17	2	11	19

	4 P–38
12 B–17	1 P–47
37 B–24	7 P–51
49 Bomber	12 Jäger

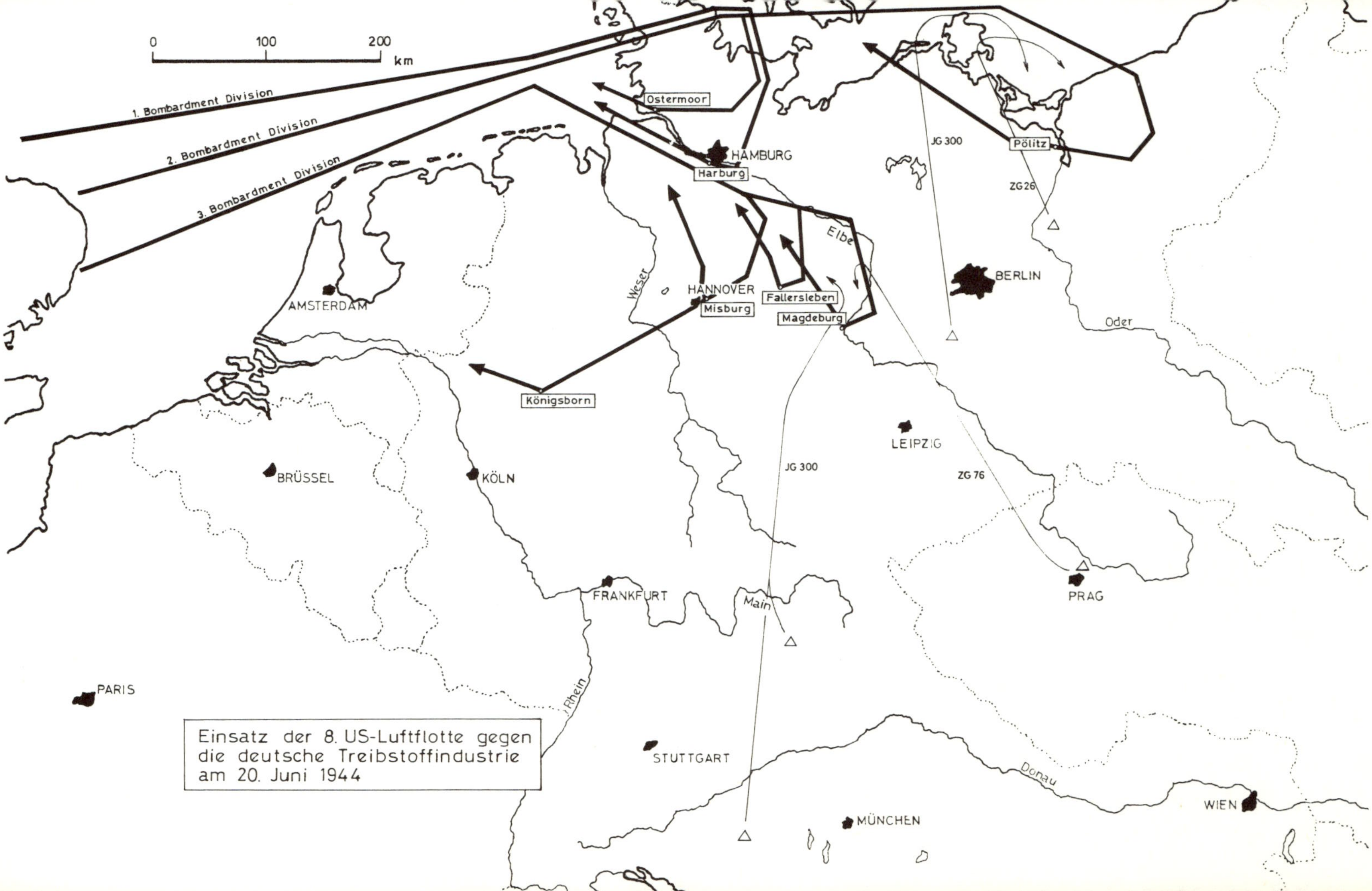

Einsatz der 8. US-Luftflotte gegen die deutsche Treibstoffindustrie am 20. Juni 1944

Als zu Beginn der Invasion der Befehl für den Großteil der Tagjagdstreitkräfte zur Verlegung an die Westfront eintrifft, gilt dies in erster Linie natürlich dem Versuch, seitens der Luftwaffe dazu beizutragen, die alliierte Landung in der Normandie aufhalten oder sogar stoppen zu können. Gleichzeitig aber glaubt die deutsche Führung, daß der Gegner in Anbetracht der neuen Kriegssituation im Westen seine strategischen Luftoperationen gegen das Reichsgebiet nun stark reduziert und daß die amerikanischen Bombereinheiten weitgehend im Invasionsraum gebunden bleiben würden. Das kann, so hoffen die Deutschen, eine Erholung der Produktion bedeuten – besonders was den Engpaß Treibstoff betrifft.
Aber die nur vorübergehende Bindung von Verbänden der 8. US-Luftflotte an der Westfront koordinieren die Alliierten mit Operationen, welche die 15. Luftflotte von Italien aus in zunehmendem Maße gegen Ziele im süddeutschen Raum, in der »Ostmark« und auf dem Balkan durchführt. Denn im Gegensatz zur Führung des RAF Bomber Command, welche an einem massierten Einsatz an der neuen Zweiten Front, also im Invasionsgebiet festhalten möchte, halten die Amerikaner einen fortführenden Angriff gegen die deutsche Treibstoffindustrie für dringlicher. Schon zwei Wochen nach der Landung läßt General Spaatz, der Chef der 8. US-Luftflotte, neben verstärkten Einsätzen gegen Verkehrsziele auch die Treibstoff-Offensive wieder aufnehmen. Zu diesem Zeitpunkt gibt es für den Gegner kaum ein Industrieziel mehr, welches von Angriffen ihrer stark eskortierten Kampfflugzeugformationen nicht verschont bleiben kann.
Am 21. Juni ist die Reichshauptstadt an der Reihe. Auf den Einsatzplänen stehen unter anderem die Motorenwerke von Daimler-Benz in Genshagen und die Heinkelwerke in Oranienburg, jedoch soll sich der Angriff dann doch vorwiegend gegen das mittlere und nördliche Stadtgebiet richten.
Gegen 6.00 Uhr morgens starten die ersten Verbände der 8. Luftflotte und sammeln wie üblich über den Basen. Es ist die bislang größte Streitmacht, welche Berlin anfliegen wird: 1311 viermotorige Kampfflugzeuge mit 1190 Jägern, darunter fünf Fighter

Groups der 9. US-Luftflotte.*) Verschiedene Stör- und Ablenkungsunternehmen lassen das I. Jagdkorps über das eigentliche Angriffsziel zunächst im unklaren. Zwei große Verbände, die sich vor der Nordseeküste teilen, dringen gegen 8.00 Uhr über Schleswig-Holstein und Niedersachsen in das Reichsgebiet ein. Der erste Verband wird von zwei Combat Wings der 3. Bomberdivision angeführt und fliegt über die Kieler Bucht in Richtung Schwerin, schwenkt dann nach Osten auf den Müritz-See ein. Jetzt vermuten die Deutschen einen erneuten Angriff auf Pölitz; das ZG 26 aus Königsberg/Nm. ist bereits gestartet, desgleichen die III./JG 300 aus Jüterbog. Beide Einheiten sollen den Gegner über dem Mecklenburger Raum abzufangen versuchen und zum Kampf stellen. Noch während man im Korpsgefechtsstand mit einem Einsatz gegen die Hydrieranlagen von Pölitz rechnet, werden die neuen Luftlagemeldungen ausgewertet. Der im Raum Bremerhaven eingeflogene zweite Kampfverband steht gegen 9.30 Uhr vor Stendal. Zuvor hatten den Bombern vorausfliegende Thunderbolt der 353rd Fighter Group den Stendaler Flugplatz mit Bordwaffen angegriffen. Noch halten die Fortress Südostkurs, bis der Großteil dieser Formationen plötzlich hinter Jüterbog nach Norden dreht. Das kann nur Berlin gelten.

Jedoch ein kleiner, aus Teilen der 1. und 3. Bomberdivision bestehender Verband fliegt unter der Führung von Col. Old ohne Kursänderung weiter: 163 B-17 mit zusätzlichen Treibstofftanks im Rumpf ausgerüstet. Denn der genannte Pulk wird, nachdem er sein Ziel, das im Südwesten von Senftenberg in der Niederlausitz gelegene Hydrierwerk Ruhland bombardiert hat, nach Osten weiterfliegen – bis in die Ukraine. Aber davon ahnen die Deutschen zum jetzigen Zeitpunkt noch nichts.

Unterdessen kommt es über Mecklenburg, hauptsächlich im Dreieck Neubrandenburg–Pasewalk–Prenzlau, zu erbitterten Luftkämpfen zwischen den Amerikanern und den zur Abwehr aufgestiegenen Gruppen des ZG 26 und des JG 300. Der gegnerische Jagdschutz erweist sich als so effektiv, daß wiederum ein Vordringen zu dem Bomberstrom nur unter erheblichen Verlusten möglich ist. Dort aber, wo die deutschen Piloten dennoch Lücken in

*) nach Freeman

der Eskorte finden, führen ihre Angriffe auch zu empfindlichen Ausfällen unter den Kampfflugzeugen. Die schwersten Attacken müssen wieder einmal die Liberator-Formationen über sich ergehen lassen, als die Zerstörer die Pulks sowohl von vorn als auch von hinten angreifen. Vier B-24 des 20th Combat Wings und zwei des 2nd Combat Wings nehmen wegen schwerer Beschußschäden Kurs auf Schweden. Bei der Landung in Halmstad geht eine Liberator der 389th Bombardment Group zu Bruch.
Das Einsatzgebiet liegt unter einer fast geschlossenen Wolkendecke mit Obergrenzen bis um 2700 Meter. 200 Meter darunter reicht die Sicht etwa acht bis zehn Kilometer, während über den Wolken ideale Sichtverhältnisse herrschen. Als die letzten Schwärme der Zerstörer die Wolkenschicht durchstoßen haben, gehen die Spitzenformationen der Amerikaner in den Planquadraten DJ/EJ auf Südkurs. Und jetzt steht es endgültig fest: Der Großeinsatz des Tages wird sich gegen die Reichshauptstadt richten. Diesmal fliegen die Viermotorigen von Süden und von Nordosten an.
Bis es soweit ist, versuchen auch fünf von deutschen Jägern als Herausschuß gemeldete B-17 den Weg nach Schweden anzutreten. Zwei weitere werden wegen Motorenschaden in Rinkaby landen. Allerdings muß ebenfalls das ZG 26 in diesen Luftkämpfen Einbußen hinnehmen. Eine Me 410 der 2. Staffel stürzt in den Ihlenfelder Sumpf im Osten von Neubrandenburg, Ofhr. Kaiser und Uffz. Anders fallen. Ostwärts von Pasewalk, bei Rothen-Klemperlow geht eine weitere Maschine der Staffel in die Tiefe, auch ihre Besatzung, Lt. Borkert/Uffz. Knuth, kommt ums Leben.
Noch ungünstiger sieht es bei der II. Gruppe aus. Eine Vielzahl von den nach Norden abschirmenden Begleitjägern stellt sich der jetzt angreifenden 4./ZG 26 entgegen, als diese, noch weit ab auf Gegenkurs zum Bomberstrom, auf die Viermotorigen einzukurven beginnt. In den sich anschließenden harten Gefechten über dem Raum Neubrandenburg gehen mindestens drei Me 410 verloren, wobei die Flugzeugführer Fw. Keil, Lt. Eisenblätter sowie der Bordfunker Uffz. Schindler im Luftkampf fallen. Treffer erhält auch die 3U+MM des zu den erfolgreichen Flugzeugführern des Geschwaders zählenden und bereits zum Ritterkreuz eingereichten Lt. Rudi Dassow, der in diesem Einsatz verwundet wird. Das-

In der ersten Jahreshälfte 1944 erleiden die in der Reichsluftverteidigung eingesetzten Zerstörerverbände außergewöhnlich hohe Verluste bei der Abwehr gegnerischer Tageseinflüge. Dies führt dazu, daß ab Sommer 1944 ein Großteil der Zerstörereinheiten auf einmotorige Tagjagd umgerüstet wird. Noch mit Stammkennzeichen versehene Bf 110 auf einem Überführungsflug. (Sammlung Girbig)

Während des Luftkampfes. Soeben jagt eine Me 410 nach erfolgtem Angriff im Abdrehen an den Bombern vorbei und bietet in dieser Fluglage für gefährliche Augenblicke den gegnerischen Bordschützen ein lohnendes Ziel. (U.S. Air Force Photo)

Am 20. Juni 1944 greift die 8. US-Luftflotte neben anderen Ölzielen im Reich auch die Raffinerien bei Hamburg und Ostermoor an. Eine B-24 der 467th Bombardment Group beim Bombenwurf über Hamburg. (Imperial War Museum, London)

Das Gelände der Rhenania-Ossag und Ebano, am 20. Juni 1944 Ziel eines schweren Luftangriffes, verwandelt sich in die wohl größte Mineralölbrandstelle des Krieges. Die brennenden Raffinerien etwa eine Stunde nach dem Angriff. (Hans Brunswig, Hamburg)

sow soll zwei Monate später, nachdem das ZG 26 auf die FW 190 umgerüstet hat, von einem Feindflug über Frankreich nicht mehr zurückkehren.
Als schließlich die Besatzung Obt. Steinke / Ogfr. Schley über dem Wald von Werbelow zwischen Prenzlau und Pasewalk von den Amerikanern abgeschossen wird, sind von der 4. Staffel bis dahin sieben Mann gefallen und acht verwundet. Hinzu kommt der Abschuß einer Me 410 der 5./ZG 26 und der Verlust ihrer Besatzung Ofw. Dudszus / Ofw. Kittler bei Schönbeck im Süden von Friedland.
Über Berlin öffnen die ersten Bomberverbände um 10.03 Uhr ihre Schächte. Getroffen werden vor allem die Stadtbezirke Mitte, Friedrichshain, Prenzlauer Berg und Kreuzberg. Die Angriffe der beiden von Nordosten und aus dem Raum Lübben/Spreewald vorgestoßenen Bomberformationen dauert rund 30 Minuten an und fordert neben erheblichen Gebäudeschäden 474 Tote und fast doppelt so viel Verletzte unter der Bevölkerung. Rund 28000 Berliner bleiben obdachlos. Auch die etwa 20 von der 1. Flakdivision abgeschossenen Viermotorigen können über diese Ausfälle nicht hinwegtäuschen.
Teile der III./JG 300 kommen etwa am Wendepunkt der Pulks im Raum Frankfurt/Oder an den Gegner heran und erzielen dort eine Reihe von Bomberabschüssen, aber bei einem der Durchgänge von Oblt. Gottucks 9. Staffel fällt Uffz. Hoppe. Auch Lt. Merz wird abgeschossen, er erliegt kurz darauf seinen schweren Verwundungen.
Die beiden anderen Gruppen des JG 300 werden an den zweiten Bomberstrom herangeführt, als dieser zwischen Stendal und Magdeburg die Elbe erreicht. Auch hier versucht die starke Jägerabschirmung den deutschen Gefechtsverband aufzureißen, ehe sich die Messerschmitt und Focke-Wulf den Viermotorigen nähern können. Mit der 1. Staffel von Oblt. Pilz kommt es zum Kurvenkampf, der für Ofw. Wöhlecke tödlich verläuft; er wird bei Burg abgeschossen. Lt. Becker wird bei Magdeburg verwundet. Oblt. Schaffrath von der 5. und Uffz. Meyer von der 9. Staffel müssen beide ihre von amerikanischem Abwehrfeuer getroffenen Maschinen verlassen und steigen verwundet im Raum Potsdam mit dem Fallschirm aus. Fw. Kugler fällt beim Angriff auf einen Vier-

mot.-Pulk. Einen Ausfall gibt es bereits in Herzogenaurach, als die Bf 109 von Uffz. Büthe beim Start der 3. Staffel kurz nach dem Abheben wegen Motorschaden abstürzt, wobei sich der Pilot Verletzungen zuzieht.

Danach flauen die deutschen Angriffe wieder ab, und erst als die B-17 über dem Fläming Kurs auf Berlin nehmen, treffen die Me 410 der II./ZG 76 im Einsatzraum ein. Das Pech verfolgt auch heute die Gruppe, den Zerstörern bleibt keine Chance. Sofort stürzen sich die zahlenmäßig weit überlegenen amerikanischen Jäger auf die zweimotorigen Messerschmitt und schießen im Raum von Luckau nacheinander die Me 410 von Oblt. Smend/Ofw. Schulz, Lt. Niedermeier/Fhr. Winkel, Fw. Riegler/Uffz. Hoppe ab. Alle drei Besatzungen fallen. Uffz. Köhns schwarze »4« geht nach Luftkampf bei einer versuchten Notlandung kurz vor Berlin bei Königswusterhausen zu Bruch. Lt. Lahnes Bordfunker, Ogfr. Gärtner, erhält über Luckau durch Treffer in die Kabine tödliche Verletzungen.

Von den 134 zum Abwehreinsatz gestarteten Jägern und Zerstörern haben insgesamt 121 Feindberührung, jedoch ausschließlich mit den die Reichshauptstadt angreifenden Amerikanern. Der im Süden von Berlin sich vom Hauptstrom abtrennende Fortress-Verband mit dem Ziel Ruhland stößt auf keinerlei Gegenwehr. Es sind die schon erwähnten 163 Kampfflugzeuge, welche nun in Abständen von zwei Minuten in sieben Wellen zu je 20 bis 25 Maschinen die Fischer-Tropsch-Anlage bombardieren. Etwa 70 Mustang unter der Führung von Col. Blakeslee schützen diese Formationen nach allen Seiten. Der Angriff beginnt um 10.30 Uhr und währt nicht länger als eine Viertelstunde an, doch in dieser kurzen Zeitspanne werden die Anlagen von Ruhland schwer getroffen. Nach erfolgtem Angriff fliegt der Gegner, voran die 388th Bombardment Group, nach Osten weiter. In den Luftlagezentralen wartet man darauf, daß die Bomber wieder auf Abflugkurs gehen und man wundert sich darüber, warum sie dies nicht tun. Es gibt zunächst keine Erklärung für das Verhalten der Amerikaner. Nicht lange soll die Verwunderung anhalten, bis die Deutschen endlich wissen, daß der Kampfverband nach Rußland weiterfliegt und auf Basen in der Ukraine landen wird.

Von den Berlin angreifenden drei Bomberdivisionen gehen nach amerikanischen Angaben insgesamt 44 Kampfflugzeuge durch Flak und Jägerabwehr verloren, wobei die 389th Bombardment Group den Hauptanteil tragen muß. Wieder landen 14 Maschinen im neutralen Schweden: sieben Fortress und sieben Liberator. Die deutsche Seite meldet 25 Abschüsse, so daß sich mit den 20 von der Flak vernichteten Viermotorigen die Gesamtabschußziffer auf 45 beläuft.

Über zwanzig eigene Flugzeuge gehen an diesem 21. Juni verloren, allein das ZG 26 verzeichnet 13 Gefallene und 14 Verwundete, was zusammen mit den vier Piloten des JG 300 und den sieben Besatzungsmitgliedern der II./ZG 76 einen Verlust von 24 gefallenen Flugzeugführern und Bordfunkern ergibt. Die Gesamteinbuße der Verbände der Reichsluftverteidigung beziffert sich mit den 21 im Luftkampf Verwundeten auf 45 Mann fliegendes Personal.

In der folgenden Nacht aber sollen dann die deutschen Luftstreitkräfte noch einmal Gelegenheit finden, dem Gegner einen empfindlichen Schlag zu versetzen. Als der 13th Combat Wing in Mirgorod, der 45th Combat Wing in Poltawa und die Begleitjäger in Pirjatin gelandet sind, wiegen sich die Amerikaner in Sicherheit und ahnen noch nicht, daß ihr letzter Flugweg durch Meldungen von aufgestiegenen Fühlungshaltermaschinen des IV. Fliegerkorps bekanntgeworden ist. In der Nacht zum 22. Juni greifen rund 200 Maschinen der KG 4, 53 und 55 den Platz Poltawa an, auf dem 72 Fortress nach ihrem Langstreckeneinsatz in Reihen abgestellt sind. Der Angriff kommt völlig überraschend, im Bombenhagel der deutschen Kampfflugzeuge und bei nur einem einzigen eigenen Verlust werden 44 B-17 am Boden zerstört und eine ganze Reihe weitere stark beschädigt. Demnach verliert die 8. US-Luftflotte innerhalb von 24 Stunden nicht weniger als 88 Bomber und 22 Jäger; der höchste Ausfall an Maschinen in einem Einsatz während des ganzen Krieges.

Nur, die Amerikaner können, im Gegensatz zur Luftwaffe, diesen Materialverlust ohne weiteres wieder ausgleichen. Der Kampf gegen die deutsche Rüstung, die Treibstoffindustrie und die Verkehrszentren wird dadurch nicht beeinflußt und geht unvermindert weiter.

Sinn und Zweck des Fluges in die Ukraine, dem weitere folgen sol-

len, ist es, im Pendeleinsatz nun von Basen in der Sowjetunion aus beim Rückflug nach England wiederum Ziele im Reich bombardieren zu können. Die Deutschen erfahren davon auch aus einer Vielzahl beim Einsatz gegen Berlin am 21. Juni abgeworfenen Flugblättern, in denen Luftangriffe aus dem Osten her gegen das Reichsgebiet angekündigt werden. Noch am gleichen Tag befiehlt das Luftflottenkommando Reich die Verlegung von Flakbatterien nach Oberschlesien. So bezieht unter anderem auch die zuvor in Gladbeck stationiert gewesene 4. Batterie der schweren Flakabteilung 707 Ende Juni mit zwölf Geschützen ihre neue Stellung in Cosel-Rosengrund. Man erwartet vor allem Bombenangriffe auf die Hydrierwerke von Blechhammer, Heydebreck und Odertal. Nicht zu unrecht, wie der weitere Verlauf des Luftkriegsgeschehens zeigen soll.
Ebenfalls in der Nacht vom 21. zum 22. Juni 1944 fliegen die Engländer mit rund 350 Viermotorigen in zwei Verbänden nach Westdeutschland ein, um die Hydrierwerke Scholven und Wesseling zu bombardieren. Gleichzeitig führen 30 bis 40 Mosquito-Schnellbomber einen Störeinsatz gegen die Reichshauptstadt durch. Während es über Berlin völlig klar ist, liegt über dem Ruhrgebiet eine nahezu geschlossene Wolkendecke. Die Angriffe auf die Werke erfolgen beide um 1.31 Uhr und dauern etwas über 20 Minuten an.
Die 2. und 3. Jagddivision schickt etwa 160 Maschinen der Nachtjagd in die Luft; ihre Piloten werden in dieser Nacht nach langer Zeit wieder einmal einen großen Abwehrerfolg mit nach Hause bringen. Vom Platz Leeuwarden im Norden Hollands aus startet auch der Gruppenkommandeur III./NJG 1, Hptm. Drewes, mit seiner Bf 110 G9+DM zum Einsatz. Mit an Bord befinden sich Ofw. Handke und Ofw. Petz. Die Messerschmitt nimmt Südwestkurs auf, um die bereits abfliegenden Briten zu erreichen. Um 2.32 Uhr schießt Drewes eine Lancaster ab, drei Minuten darauf gelingt ihm der zweite Abschuß, ebenfalls eine Lancaster. Beide Maschinen stürzen nahe der Insel Schouwen in die See; es sind Drewes' Luftsiege Nr. 45 und 46.
Allein 45 Lancaster von beiden Verbänden büßt das Bomber Command der RAF ein, darunter je sechs von der 44. und 619. Squadron sowie je fünf von der 49., 57. und 207. Squadron. Von

den etwa 26 bekannten Nachtabschüssen des NJG 1 fällt der Großteil an die I. Gruppe. Hptm. Modrow, Hptm. Strüning und der Kommandeur IV./NJG 1, Hptm. Schnaufer, verbuchen je vier Luftsiege. Die Flakartillerie meldet den Abschuß von acht Kampfflugzeugen. Nur zwei eigene Maschinen gehen verloren, beide werden über Belgien von britischen Fernnachtjägern abgeschossen.

Die Auswirkungen der beiden Angriffe werden von den Engländern, wahrscheinlich in Anbetracht der erlittenen Verluste, eher als enttäuschend bezeichnet. Beim Einsatz gegen Scholven entstehen schwere Schäden in den umliegenden Wohngebieten. Unter anderem wird auch eine Stellung der 3. Batterie der leichten Flakabt. 418 in Gelsenkirchen-Horst völlig zerstört. Das Werk Wesseling, welches in dieser Nacht zum ersten Mal angegriffen wird, erleidet einen 40%igen Produktionsausfall.

Verluste im Tageseinsatz am 21. Juni 1944

Verluste Tagjagd

	gefallen	verwundet	Ausfälle insgesamt	Maschinentyp	Verlusträume
I./JG 300	1	2	3	Bf 109 G–6	Magdeburg
II./JG 300	1	1	2	FW 190 A–8	R. Berlin, Potsdam
III./JG 300	2	1	3	Bf 109 G–6	Frankfurt/Oder,
JG 300	4	4	8		Küstrin
I./ZG 26	4	1	5	Me 410	Neubrandenburg
II./ZG 26	9	11	20	Me 410	Prenzlau, Pasewalk
ZG 26	13	12	25		
II./ZG 76	7	5	12	Me 410	Luckau
	24	21	45		

Verluste USAAF

Ab- oder Herausschüsse Bomber	Jäger	
24		durch Jagdabwehr
20		durch Flak
44		am Boden vernichtet (Poltawa, 21./22. 6. 1944)
88*)	22	

*) davon 14 Bomber in Schweden gelandet

Über den Plätzen San Giovani und Venosa steigen gegen 6.30 Uhr morgens die grünen Leuchtkugeln in den Himmel, welche den Liberatorpiloten der 455th und 485th Bombardment Group die Startfreigabe verkünden. Ebenfalls auf den anderen Plätzen um Foggia, auf denen die Kampfverbände der 15. US-Luftflotte stationiert sind, erwarten die Besatzungen den Startbefehl. Insgesamt 550 B-17 und B-24 mit entsprechend starkem Jagdschutz werden heute einen Einsatz fliegen, der sich gegen die Hydrierwerke im Wiener Raum richten soll. Mit dem am 16. Juni erfolgten Angriff, der die Amerikaner 20 Maschinen gekostet hatte, ist das heutige Unternehmen der zweite Großeinsatz des Monats gegen die in der »Ostmark« befindlichen Raffinerien.
Diesmal wird der Gegner über Ungarn einfliegen und sich dem Wiener Gebiet von Südosten her nähern. Nicht ganz 800 Kilometer Länge beträgt die Anflugstrecke, die Bomberverbände werden nach dem Sammeln rund zweieinhalb Stunden zum Zielgebiet benötigen. Die Streitmacht setzt sich aus zwei größeren sowie einigen kleinen Verbänden zusammen, von denen die letzteren Wiener Neustadt und St. Pölten bombardieren werden.
Bis etwa Anfang April 1944 hat die 15. Luftflotte aufgrund ihrer Ausgangsbasis Italien das westliche Ungarn nur als Anfluggebiet benutzt, um Ziele in Süddeutschland, Schlesien und in der »Ostmark« angreifen zu können. Mit zunehmender Präsenz deutscher Truppen in Ungarn wächst dann aber das Interesse der Alliierten an der Rüstungs- und Treibstoffindustrie sowie Verkehrsanlagen im ungarischen Raum, so daß ihre Luftstreitkräfte nach und nach auch diese Zentren zu bombardieren beginnen. Am 3. April greifen Kampfverbände der 15. Luftflotte zum ersten Mal Budapest an.
Die ungarischen Luftverteidigungskräfte bestehen derzeit aus nur zwei Jagdstaffeln, welche mit Messerschmitt Bf 109 G-6 ausgerüstet sind. Aufgrund der neuen Luftkriegslage entsteht Ende Mai ein neuer Verband der Ungarischen Heimatluftverteidigung, die 101. Jagdgruppe »Puma« unter der Führung von Major Heppes. Der Flugzeugführerbestand setzt sich weitgehend aus Piloten der Ostfront zusammen – erfahrene Flieger, die sich jedoch, gleich

den zur Reichsverteidigung versetzten Flugzeugführern deutscher Jagdverbände, auf die Kampfpraktiken des Westgegners einstellen müssen. Inzwischen sind die ungarischen Jagdflieger oft erfolgreich geblieben, wenngleich sie selbst auch einen hohen Blutzoll entrichten mußten. Beim letzten, ebenfalls von Ungarn aus angesetzten Angriff der Amerikaner auf Wien am 16. Juni verliert die »Puma«-Gruppe vier Piloten und insgesamt zehn ihrer Messerschmitt, doch sie bringen zehn Bomber und sechs Jäger der 15. Luftflotte zum Absturz.
Heute, am 26. Juni, haben die Amerikaner weit vor den Angriffszielen den ersten Kontakt mit gegnerischen Jägern. Wieder sind es die Maschinen von Major Heppes' 101. Jagdgruppe, welche nach Alarmstart in Veszprem die Bomberverbände angreift. Im Luftkampf schießen die Ungarn drei Liberator sowie zwei Jäger des Begleitschutzes ab, bei einem eigenen Verlust von drei Flugzeugführern.
Aus dem Raum Györ heraus stößt schließlich der erste große Pulk, darunter 36 Liberator der 455th Bombardment Group, an Wien vorbei und setzt zum Zielanflug auf Moosbierbaum im Südwesten von Tulln an, wo sich die Anlagen zur synthetischen Treibstofferzeugung der Donau-Chemie AG befinden. Der zweite Bomberverband wendet sich im Grenzgebiet unterhalb von Preßburg nach Westen, um die Shell-Raffinerien von Floridsdorf, die Ostmärkische Mineralölwerke in Wien-Lobau, die Creditul-Minier bei Korneuburg und die Anlagen bei Schwechat anzugreifen.
Längst sind Einheiten der 7. und 8. Jagddivision zur Abwehr des gemeldeten Einfluges aufgestiegen. Seit dem 15. Juni 1944 hat der Stab der 8. Division seinen Gefechtsstand in Wien-Cobenzl bezogen, die Division soll die Luftverteidigung im Südostraum übernehmen, aber es werden ihr dafür selten mehr als drei Tagjagd- und zwei Nachtjagdgruppen zur Verfügung stehen.
Zwei Gruppen des JG 300 aus Herzogenaurach und Unterschlauersbach, welche im Gefechtsverband mit Ostkursen herangeführt werden, erwarten den Gegner bereits im Süden von Wien. Vor Beginn der Zielanflüge aber haben die amerikanischen Jagdpiloten Berührung mit etlichen Me 410 der II./ZG 1 aus Wels, denen der Durchbruch zu den Bombern nicht gelingt, wohl aber den folgenden Schwärmen, die dann in der Nähe von Moosbierbaum die

Bomber von vorn angehen. In Götzendorf gestartet jagen auch die Messerschmitt der I./JG 302 den Kampfverbänden entgegen.
Etwa eine Viertelstunde vor dem Bombenangriff, der um 9.30 Uhr beginnt und rund 20 Minuten dauern wird, lenkt der Gefechtsverband JG 300 mit der I. und II. Gruppe, nachdem die Jagddivision den Befehl zum Angriff durchgegeben hat, auf die Pulks ein. Im Verlauf der vielen Durchgänge kollidiert eine angeschossene B-24 mit einem deutschen Jagdflugzeug, vermutlich mit der roten »13« von Uffz. Horstkötter von der 2./JG 300. Der Flugzeugführer springt bei Rohrbach, südostwärts von Wiener Neustadt mit dem Fallschirm ab, während der amerikanische Pilot seine havarierte und rauchende Liberator in der Formation zu halten versucht. Erst nachdem die Maschine sich ihrer Bombenlast über dem Zielgebiet entledigt hat, steht sie plötzlich in Flammen gehüllt, um unmittelbar danach brennend abzustürzen.
Im Luftkampf über dem Donaugebiet verliert die I./JG 300 ihren Staffelkapitän, Oblt. Pilz, dessen Bf 109 bei Klosterneuburg abgeschossen wird. Bei Tulln stürzt Lt. Schrubba von der 6. Staffel tödlich getroffen mit seiner Focke-Wulf ab. Zur selben Zeit haben die Deutschen zwei Liberator in Brand geschossen, doch auch sie können den Bombenwurf noch durchführen, ehe beide dann in der Luft explodieren.
Von unten steigen riesige Rauch- und Brandwolken empor, die nicht nur von den Aufschlägen abgestürzter Maschinen herrühren, sondern vielmehr aus dem wirkungsvollen Bombardment auf die Anlagen von Moosbierbaum resultieren.
Fw. Schauderle von der 5./JG 300 unterliegt im Kampf mit den Begleitjägern bei Fels am Wagram, während auch die beiden Oberfeldwebel Muschner und Wegener nach dem Einsatz vermißt bleiben. Allein zehn Liberator der 455th Bombardment Group kehren nicht mehr zurück. Die Einheit meldet aber gleichzeitig den Abschuß von 34 deutschen Maschinen. Fest steht, daß über dem Wiener Raum fünf Piloten des JG 300 gefallen und einer verwundet sind.
Die II./ZG 1, seit dem verlustreichen 29. Mai heute wieder an einem großen Abwehreinsatz beteiligt, gerät im Norden von Preßburg an die gegnerischen Kampfverbände und sie muß abermals etliche Ausfälle hinnehmen. Drei Maschinen der 6. Staffel gehen

im Gebiet um Malaszka verloren. Lt. Strölin fällt, sein Bordfunker Uffz. Marz springt verwundet mit dem Schirm ab. Die 2N+JP stürzt mit der Besatzung Fw. Stienke / Uffz. Immisch brennend ab. Beim Angriff auf die Liberator schlagen Sprenggeschosse in die Kabine der Maschine von Fhr. Feindt. Der Pilot ist am rechten Arm verletzt, sein Bordfunker, der Obergefreite Döpke, hängt tödlich getroffen hinter ihm in den Gurten.
Fünf Gefallene und zwei Verwundete ist die Bilanz dieser Feindberührung, ein abermals harter Verlust für die II./ZG 1 aus Wels.
Acht Minuten nachdem die Liberator Moosbierbaum anzugreifen beginnen, fallen die ersten Bomben des zweiten Kampfverbandes auf Floridsdorf. Auch diese Formationen entgehen der deutschen Jägerabwehr nicht, denn noch über ungarischem Territorium kommt es zu Luftkämpfen mit Maschinen der I./JG 302, wobei zwei B-24 der 485th Bombardment Group verloren gehen. Je ein Flugzeugführer der 1., 2. und 3. Staffel des JG 302 fallen: Lt. Altmeyer, Fw. Spielhagen und Fw. Nachtigal, der mit seiner gelben »4« bei Szempcz im Osten von Preßburg niedergeht.
Um 10.03 Uhr treten die letzten Pulks der 15. Luftflotte ihren Rückflug nach Süden an, der in grober Richtung Klagenfurt–Triest–Adria erfolgt. Längst sind die deutschen Jagdverbände abgedreht, aber dann, noch bevor die Bomber den Golf von Triest erreichen, kommt es noch einmal zu einer kurzen Begegnung mit Messerschmitt der II./JG 77. Kurz vor 10.00 Uhr sind sie in Poggio-Renatico bei Ferrara gestartet, und nun warten sie auf den zurückfliegenden Gegner. Südlich von Udine kann dann, wahrscheinlich als letzten Luftsieg dieses Tages, Hptm. Deicke von der 6. Staffel bei Lavariano eine Liberator zur Strecke bringen. Es ist sein 15. Abschuß.
Von 203 gestarteten Jägern und Zerstörern der Reichsluftverteidigung haben am 26. Juni 186 Feindberührung. Batterien der 24. Flakdivision sind mit 15 Bombervernichtungen an den von deutscher Seite insgesamt 52 als zerstört gemeldeten gegnerischen Flugzeugen beteiligt. Aber es gelingt den schwachen deutschen Abwehrkräften trotz hervorragenden Einsatzes nicht, die mit Präzision geführten Bombenangriffe auf die genannten Anlagen und Einrichtungen der Treibstoffindustrie zu verhindern.
Wie im Reichsgebiet, so werden auch die in der »Ostmark« und

auf dem Balkan liegenden Werke nun ständig angegriffen. Und trotz verheerender, mit vorübergehenden längeren Produktionsausfällen verbundenen Vernichtungsschlägen verzeichnet beispielsweise das Werk Moosbierbaum noch zu Beginn des Jahres 1945 einen 50%igen Ausstoß an Treibstoff, während auch die gleichfalls anhaltenden Bombenangriffen ausgesetzten Anlagen und Werke um Wien sogar fast bis zu Kriegsschluß weiterproduzieren. Doch den Bedarf an Treibstoff für die Wehrmacht können all diese Raffinerien, im Reichsgebiet und in der »Ostmark«, schon lange nicht mehr decken. So werden von den deutschen Anlagen im Juni 1944 insgesamt 53600 t produziert, aber mehr als die dreieinhalbfache Menge verbraucht. Zu diesem Zeitpunkt hat die Bomberoffensive gegen die deutsche Ölindustrie ihren Höhepunkt noch nicht einmal erreicht.

Verluste im Tageseinsatz am 26. Juni 1944

Verluste Tagjagd

	gefallen	verwundet	Ausfälle insgesamt	Maschinentyp	Verlusträume
I./JG 300	2	1	3	Bf 109 G–6	Wiener Neustadt
II./JG 300	3		3	FW 190 A–8	Tulln, Wien
JG 300	5	1	6		
I./JG 302	3		3	Bf 109 G–6	O. Wien
II./ZG 1	5	2	7	Me 410	Malaszka/Preßburg
Ung.JGr. 101	3		3	Bf 109 G–6	N. Plattensee
	16	3	19		

Verluste 15. USAAF)*

38 Flugzeuge durch Jägerabwehr
15 Flugzeuge durch Flak
52

*) nach deutschen Angaben

Fast sieben Wochen sind seit Beginn der gegnerischen Öl-Offensive vergangen und in diesem Zeitraum haben zwölf größere Angriffe auf die verschiedenen Werke im Reich, einschließlich der »Ostmark« stattgefunden. Sechsmal wurden Treibstoffziele von der 8. Luftflotte angeflogen, drei Einsätze führte die 15. Luftflotte durch. Drei Nachtangriffe unternahm das RAF Bomber Command, wobei das von 200 Lancaster in der Nacht zum 13. Juni gegen das Hydrierwerk Gelsenberg gerichtete Unternehmen hervorzuheben ist. Schwere Beschädigungen führen für längere Zeit zum Ausfall des Werkes. Der Preis, den die Engländer für diesen Einsatz bezahlen, sind 19 von Flak und Nachtjäger abgeschossene viermotorige Bomber, darunter drei durch Oblt. Schnaufer, dem erfolgreichen Nachtjäger des NJG 1, und zwei durch den Kommandeur der I./NJG 4, Major Herget.
Die deutschen Hydrierwerke anzugreifen bereitet den Alliierten kein allzu großes Problem. Sie kennen die genaue Lage jeder Anlage und sie wissen, daß der Treibstoff nur in diesen Werken produziert werden kann, da im Gegensatz zu Bereichen der übrigen deutschen Kriegsindustrie eine Teilerzeugung an anderen, sicher erscheinenden Orten nicht möglich ist. Weshalb aber beginnt der Gegner erst zu einem so späten Zeitpunkt des Krieges (Mai 1944) mit der systematischen Zerschlagung der Werke, die nicht zuletzt ja auch die Luftwaffe mit Flugbenzin versorgen und deren Einsatz dadurch beeinflussen?
Noch im Jahr 1943 steht in der alliierten Zielrangliste die Zerstörung der deutschen Flugindustrie an zweiter Stelle hinter den U-Bootbasen und vor der Kugellagerindustrie. Voraussetzung für die Durchführung und das Gelingen dieser Angriffe ist die Beherrschung des Luftraumes über dem Reich, also das Bestreben, die deutsche Jagdabwehr zu dezimieren. Doch trotz massierter Vernichtungsschläge gegen die Flugzeugwerke – zuletzt in der »Großen Woche« vom 20. bis 25. Februar 1944 – erreicht die Jagdflugzeugproduktion im September des gleichen Jahres ihren höchsten Stand während des Krieges: 1874 Bf 109 und 1002 FW 190.
Nach der genannten Februarwoche und in Vorbereitung der alliierten Landung in der Normandie stellt der Gegner seine Einsätze

gegen die Flugzeugindustrie fast gänzlich ein, denn beim Angriff auf andere dominierende Kriegsrüstungsobjekte, so folgert man, wird die Luftwaffe diese Unternehmen abzuwehren versuchen und kann dabei zum Kampf gestellt werden. Das neue Konzept bietet jetzt den Amerikanern die Möglichkeit, vordringlich sich nun einem neuen Zielsystem zuzuwenden: der deutschen Treibstoffindustrie. Und zwar sowohl im Reich als auch auf dem Balkan.

Nach dem zuletzt gegen Ruhland gerichteten Einsatz der 8. Luftflotte ist am 29. Juni wieder Böhlen und Magdeburg an der Reihe. Zugleich führen die Amerikaner wiederum einen Schlag gegen die Flugzeug- und Motorenproduktion in Leipzig, Wittenberg, Bernburg und Oschersleben. Ferner greifen die von starken Jagdkräften begleiteten Bomberpulks an diesem Tag noch die Flugplätze Quakenbrück, Burg bei Magdeburg, Stendal und Zerbst an.

Etwa 110 Jäger und Zerstörer des JG 300 und des ZG 26 starten am frühen Morgen zur Abwehr des gegnerischen Einfluges, zwei Gruppen des JG 300 erreichen die Fortress der Führungsformationen im Dreieck Nordhausen–Halle–Naumburg. Aber noch während die deutschen Piloten zum geschlossenen Angriff auf die Bomber ansetzen, wird ihr Verband von Mustang-Schwärmen aufgebrochen. Hptm. Stamp, der die Höhenschutzgruppe I./JG 300 anführt, muß den Kampf sofort aufnehmen, um so zu versuchen, den Weg für die Focke-Wulf der II. Gruppe freizuhalten, da diese ja die Aufgabe haben, sich vorwiegend mit der Bekämpfung der Viermotorigen zu befassen.

Im Luftkampf mit dem zahlenmäßig überlegenen Gegner gehen mindestens sieben Maschinen verloren, vier Flugzeugführer fallen. Nachdem Uffz. Kleyser von der 3. Staffel aus seiner gelben »13« über Rothenschirmbach abspringt, wird er kurz darauf durch Bordwaffenbeschuß eines amerikanischen Jägers am Schirm tödlich getroffen. Uffz. Sasse stürzt bei Allstedt ab, eine weitere Messerschmitt mit Uffz. Lindner schlägt bei Schafstädt auf. Zwischen diesen beiden Orten erhält auch Hptm. Stamps Maschine einige Treffer, er selbst steigt verwundet aus und kommt bei Lodersleben, westlich von Querfurt herunter. Weiter südlich versucht Lt. Landl den ihm im Nacken sitzenden Mustang im Tiefflug zu entgehen, seine rote »4« streift bei Laucha an der Unstrut ein Bodenhindernis und schlägt auf. Landl kommt mit Verletzungen davon. Um 8.59 Uhr fallen die ersten Bomben auf das Hydrierwerk Böhlen, fünf Minuten darauf öffnen sich die Schächte der Kampfflugzeuge über den Erla-Werken bei Leipzig. Die folgenden Pulks, im Raum Naumburg–Weißenfels stehend, erwehren sich unterdessen den Angriffen der II./JG 300. Erste Abschußerfolge müssen jedoch sogleich mit einer Reihe von eigenen Ausfällen erkauft werden.

Die Mustang sind überall. Immer wieder drängen sie die Deutschen in die Defensive, so daß der Angriff auf die Bomberformationen mehr und mehr ins Stocken gerät und erlahmt. Mit dem Abschuß von Oblt. Casper bei Nebra, im Süden von Querfurt, und Fw. Szalek verliert die 4. Staffel zwei Flugzeugführer. Bei Laucha muß dann auch Hptm. Peters, Kommandeur der II. Gruppe, mit dem Fallschirm abspringen, nachdem amerikanisches Bordwaffenfeuer seine grüne »5« in Brand gesetzt hatte.

Inzwischen dringen weitere Kampfverbände nach Norden vor. Um 9.22 Uhr fliegen sie die Junkerswerke von Bernburg an, um 9.30 Uhr Arado in Wittenberg. Die von der 1. Jagddivision an diese Pulks herangeführten Schwärme Me 410 des ZG 26 befinden sich bald in auswegloser Situation, als sie über dem Gebiet zwischen Mulde und Saale auf die Mustang der 375th Fighter Group stoßen. In dem sich weit nach Süden ausdehnenden ungleichen Luftkampf fällt die Besatzung Ofhr. Scheiring/Gefr. Kernchen von der 2. Staffel bei Zabitz, nordwestlich von Köthen. Über den Höhenzügen beiderseits des Saalebogens bei Wetting trifft es die Messerschmitt von Ofw. Steiger der dabei verwundet wird. Daraufhin gibt er seinem Bordfunker, Uffz. Burkhardt den Befehl zum Aussteigen. Der Absprung gelingt, doch im gleichen Augenblick nähern sich die amerikanischen Jäger abermals und eröffnen das Feuer. Schwer zu sagen, ob der erneute Angriff der bereits angeschossenen Zweimotorigen oder dem am Schirm hängenden Unteroffizier gilt. Als Uffz. Burkhardt bei Zörnitz am Boden aufkommt, ist er bereits tot.

Von deutschen Jägern kaum behelligt bombardiert ein anderer Kampfverband ab 9.23 Uhr das Hydrierwerk Magdeburg-Rothensee. Hingegen berichten die Liberator-Besatzungen von starkem Flakfeuer, welches ihnen über dem Zielgebiet entgegen-

schlägt und den Absturz mehrerer Maschinen zur Folge hat. Schwärme der den Rückflug deckenden amerikanischen Jäger gehen anschließend zu Bordwaffenangriffen auf verschiedene Flugplätze der Luftwaffe über. Gelbschnäuzige Mustang der 361st Fighter Group, die vorher den auf die Junkerswerke von Oschersleben angesetzten Kampfverband geschützt und einen sich nähernden Verband Bf 109 – vermutlich III./JG 300 – auseinandergesprengt haben, jagen nun im Tiefflug über den Platz Oschersleben und zerstören dort 16 am Boden abgestellte Maschinen.
Gegen 10.30 Uhr befinden sich alle amerikanischen Kampfverbände wieder auf dem Rückflug nach England. Nach Angaben der US Army Air Force kehren von 792 gestarteten Viermotorigen 17 nicht mehr zurück, zehn davon gehen auf das Konto der Flak. Den wenigen durch Jäger abgeschossenen Maschinen steht ein eigener Verlust von elf Gefallenen und sieben Verwundeten gegenüber. Acht tote und fünf verwundete Piloten, darunter zwei Gruppenkommandeure, zählt allein das Jagdgeschwader 300.
Wertet man die letzten Operationen der Amerikaner richtig aus, so bleibt nicht zu übersehen, daß zwischen den gegen bestimmte Werke gerichteten Wiederholungsangriffen und der sowohl durch gegnerische Luftaufklärung als auch durch gut funktionierenden Nachrichtendienst gewonnenen exakten Kenntnis von dem Instandsetzungsgrad dieser Werke ein unmittelbarer Zusammenhang besteht. Wohl eine nicht uninteressante Feststellung. Auch der folgende Einsatz der 8. Luftflotte am 7. Juli stellt eine Wiederholung des Angriffes vom 29. Juni dar.

Verluste im Tageseinsatz am 29. Juni 1944

Verluste Tagjagd

	gefallen	verwundet	Ausfälle insgesamt	Maschinentyp	Verlusträume
I./JG 300	4	3	7	Bf 109 G–6	Sangerhausen
II./JG 300	3	1	4	FW 109 A–5/–7	Merseburg, Laucha
III./JG 300	1	1	2	Bf 109 G–6	Bitterfeld, Halle, Leipzig
JG 300	8	5	13		
I./ZG 26	3	1	4	Me 410	Köthen, Dessau
II./ZG 26		1	1	Me 410	Beesenstedt
ZG 26	3	2	5		
	11	7	18		

Verluste USAAF

17 viermotorige Kampfflugzeuge, vorwiegend von der 2. Bombardment Division (davon zehn Abschüsse durch Flak)

FREITAG, 7. JULI 1944

Mit 730 Fortress und 373 Liberator aller drei Bomberdivisionen startet die 8. Luftflotte etwa um 5.30 Uhr am Morgen des 7. Juli zu einem Großeinsatz gegen die mitteldeutsche Treibstoff- und Flugzeugindustrie. Ein Angriff, der abermals Böhlen, Merseburg, Lützkendorf einerseits und zum anderen Bernburg, Halle und Leipzig gelten soll. Rund 750 Jäger sind in der Luft, je vier Fighter Groups P-38 und P-47 sowie sieben Fighter Groups P-51. Sie sollen die drei Bomberströme nach allen Seiten hin bis zum Ziel und wieder zurück schützen.

6.30 Uhr. In Abständen verlassen die drei Divisionen ihre Versammlungsräume über Südostengland und formieren sich zum Überflug der britischen Küste. Für die 1. und 3. Division ist ein gemeinsamer Abflugkurs vorgesehen, sie lassen die Insel zwischen 7.00 und 7.11 Uhr bei Felixstowe und Great Yarmouth hinter sich, während die Liberator der 2. Division weiter nördlich, über Cromer, mit Parallelkurs die Nordsee überqueren. Eine Dreiviertelstunde später dringen die Amerikaner über die Festlandküste im Raum Rotterdam und Den Helder ein und fliegen das Ruhrgebiet an.

Aufgrund der Horch und Sichtmeldungen der deutschen Flukos (Flugwachkommandos) können die Stäbe der Jagddivisionen frühzeitig Bereitschaft für die Reichsverteidigungsverbände befehlen, da sich ohne Zweifel ein Großeinflug des Gegners abzuzeichnen beginnt. Als die Bomber dann immer weiter nach Osten vordringen, scheint ein Angriff gegen Mitteldeutschland bevorzustehen. Kurz nach 8.00 Uhr wird der Einflug der Kampfverbände in Holland gemeldet, zehn Minuten darauf geben die 1. und 7. Jagddivision Sitzbereitschaft für folgende Einheiten durch: III./JG 300 in Jüterbog, II./ZG 26 in Königsberg/Nm., II./JG 5 in Salzwedel, I./JG 300 in Herzogenaurach, II./JG 300 in Unterschlauersbach und schließlich IV. Sturm/JG 3 in Illesheim.

Die beiden zuletzt genannten Verbände, vorwiegend zur Bekämpfung viermotoriger Bomber vorgesehen, sind mit gepanzerten FW 190 A-8 ausgerüstet, während die I. und III./G 300 mit ihren Bf 109 die Höhen- und Begleitschutzgruppen bilden.*) Am 7. Juli erfolgt unter der Führung von Geschwaderkommodore Major Dahl der erste geschlossene Einsatz dieser Sturmeinheiten der Reichsluftverteidigung. Ihnen unterstellt sind die von der Ostfront ins Reich verlegte 2. und 7. Staffel des JG 51.

Gegen 9.00 Uhr stehen die ersten Pulks der 1. und 2. Bombardment Division zwischen Göttingen und Kassel, die 3. Division an der Elbe im Raum Magdeburg. Gemäß Einsatzplan wird die im Süden des Dümmersees auf Südostkurs gegangene 2. Bomberdivision nördlich von Mühlhausen in Thüringen den Anflugweg der vorausfliegenden beiden anderen Divisionen kreuzen und aus dem Raum Weimar heraus ihre Ziele Halle, Bernburg und Aschersleben angreifen. Die 1. und 3. Division sollen bei Mühl-

---

*) Ein Kommando der III./JG 300 in Jüterbog war zu diesem Zeitpunkt noch in der Einmot.-Nachtjagd eingesetzt.

Nachdem das Hydrierwerk Pölitz schon am 12. Mai 1944 schwer getroffen wurde, führt der amerikanische Einsatz vom 20. Juni zu einem erneuten Produktionsstillstand. Ein Aufklärerfoto läßt das Ausmaß der Zerstörungen im Werk erkennen. (U.S. Air Force Photo)

Auch die Raffinerien von Hannover-Misburg werden im Sommer und Herbst 1944, allein dreimal im Monat Juni, von Verbänden der 8. US-Luftflotte bombardiert. Vermutlich ist diese Aufnahme vom Brand der Vorratsbehälter nach dem Angriff vom 20. Juni 1944 entstanden. (Sammlung Girbig)

Im Frühjahr und Sommer 1944 häufen sich die Landungen amerikanischer Viermotoriger in Schweden. Nach dem Großeinsatz der 8. US-Luftflotte am 20. Juni 1944 gehen insgesamt 19 Kampfflugzeuge auf vier Plätzen in Schweden nieder. Unter ihnen auch diese B-24H, 42-94892, der 44th Bombardment Group, aufgenommen auf Bulltofta. (Stenbergs Bild AB, Malmö)

Vornehmlich über Sachsen und Thüringen kommt es am 7. Juli 1944 zu einer heftigen Luftschlacht, in der mindestens 22 Viermotorige von deutschen Jägern abgeschossen werden. Den Großteil des Abwehrerfolges verbuchen dabei die Jagdgeschwader 3 und 300. Eine FW 180 A-8 der 11. Sturm/JG 3. Rumpfpanzerung sowie zusätzliche Panzerglasscheiben (»Scheuklappen«) sind äußerliche Merkmale einer Sturmjägerversion der FW 190 A-8. (Oskar Bösch, Kanada)

hausen Kurs auf Berlin nehmen, also nach Nordosten schwenken, um später dann scharf nach Süden zu wenden und den Raum Leipzig anzufliegen. Aber der Anmarsch verläuft aus nicht restlos zu rekonstruierenden Gründen nicht genau nach Plan. Als die 2. Division sich dem Kreuzungspunkt nähert, stellt sich heraus, daß die Fortress-Verbände ebenfalls, etwa 30 Minuten zu spät, dort eintreffen und obendrein tiefer als vorgesehen fliegen. Nur mit einiger Mühe gelingt es Major Heaton, seine Liberator-Pulks aus dieser gefährlichen Situation herauszumanövrieren, und es ist fast ein Wunder, daß es zu keinen Zusammenstößen in der Luft kommt. Allerdings sollen die B-24 später dann doch noch in einen ähnlichen Kollisionskurs mit fatalen Folgen hineingeraten.
Als die 2. Bomberdivision weiterhin Kurs Ostsüdost fliegt, lassen die deutschen Jägerleitstellen in richtiger Einschätzung der gegnerischen Absicht, Mitteldeutschland anzugreifen, ihre Verbände gegen die Liberator-Formationen ansetzen und kümmern sich vorerst noch nicht um die in Richtung Berlin fliegenden Amerikaner. Das bedeutet, daß die 1. und 3. Bombardment Division auf dem Hinflug keine Feindberührung haben. Übrigens wird ein Combat Wing aus dieser Streitmacht durch Fehlnavigation das Primärziel Böhlen/Merseburg nicht anfliegen; die 84 Fortress greifen daher ebenfalls Lützkendorf an.
Ende Mai 1944 war die II. Gruppe des JG 5 von der Leningradfront in das Reichsgebiet verlegt und der 1. Jagddivision unterstellt worden. Kurz darauf übernahm Oblt. Tetzner die Gruppe von Hptm. Weißenberger, als dieser nach dem Tode von Major Carganico zum Kommandeur der I./JG 5 ernannt wurde. Nach kurzem, aber verlustreichen Einsatz an der Invasionsfront verlegt die II./JG 5 schon Ende Juni wieder zurück ins Reich und bezieht ihren Horst in Salzwedel. Der 7. Juli ist ihr erster großer Einsatz über dem Heimatgebiet.
Etwa 20 Messerschmitt sind gestartet, sie haben vermutlich auch den ersten Kontakt mit dem Gegner zwischen Harz und dem Kyffhäuser. Sofort verwickelt die den Bomberverband abschirmende Eskorte die Angreifer in ein Gefecht, welches im Planquadrat KA wenig später zu zwei Maschinenverlusten der 6. Staffel führt. Zwar gelingt Uffz. Obermeier noch bei Herzberg eine Notlandung, aber er verletzt sich beim Aufsetzen am Kopf. Unweit davon zerschellt

die gelbe »11«, deren Pilot, Uffz. Gonschorek, rechtzeitig mit dem Fallschirm abspringen konnte und mit einem Beinbruch davonkommt.

Die 4./JG 5 findet plötzlich einen Weg, durchdringt den Jägerschirm und fliegt die Kampfflugzeuge jetzt von der linken Flanke an. Bei einem über Keula stattfindenden Durchgang fällt Ofhr. Dettmann, und auch die Bf 109 seines Staffelkameraden Uffz. Heines erhält Treffer in Motor und Kabine. Von einem Bordwaffengeschoß in die Brust getroffen versucht Heines bei Heldrungen noch aus der brennend niedergehenden Maschine zu kommen, doch der Fallschirmabsprung rettet den Unteroffizier nicht mehr – seine Verletzungen sind tödlich. Das konzentrierte Abwehrfeuer der Amerikaner läßt auch die nächsten Versuche der Staffel scheitern, an einen kleineren Pulk heranzukommen. Westlich des Kyffhäusers, bei Badra, ist es der Gefreite Anderweit, der seine angeschossene Messerschmitt verlassen muß. Mit gebrochenem rechten Arm bringt man ihn später in das Lazarett Sonderhausen.

Um 8.25 Uhr startet Major Dahl mit der II. Gruppe des JG 300 in Unterschlauersbach. Mit ihr versammeln sich die I./JG 300 unter Hptm. Stamp sowie die Sturmgruppe IV./JG 3 mit Hptm. Moritz. Danach steigen sie mit allgemeinem Kurs Richtung Leipzig auf Kampfhöhe. Über der Messestadt angekommen erwartet den Gefechtsverband eine böse Überraschung, als die Flak plötzlich das Feuer auf den vermeindlichen Gegner zu eröffnen beginnt, was den Verlust von vier Maschinen zur Folge hat.

Sofort weicht der durch eigene Bodenabwehr zum Teil auseinandergerissene Verband nach Osten aus, um in einem großen Bogen über die Elbe auf Westkurs zu gehen und dabei die verlorene Kampfhöhe wieder zu erreichen.

Bei Halle gehen zwei Kampfflugzeuge durch Flakbeschuß verloren. Etwa fünfundzwanzig Minuten nach 9.00 Uhr hat die gegen Halle angesetzte 453rd Bombardment Group nach erfolgtem Bombenangriff ihr Zielgebiet bereits wieder verlassen und dreht nach Südwesten ab, während der zweite Verband, die 492nd Bombardment Group, hinter Heldrungen um die gleiche Zeit nach Norden auf Bernburg zumarschiert. Der Rückflugkurs des ersten Kampfverbandes soll nach Plan etwa parallel zur Anflugroute der 492nd verlaufen, aber durch die jetzt von Osten her heranfliegenden und angreifenden deutschen Jäger gerät das Konzept ins Wanken, so daß sich die Wege der Bombergruppen kreuzen. Immer wieder neuen Angriffen ausgesetzt treffen beide Kampfverbände zwischen Eisleben und Allstedt in etwa gleicher Höhe zusammen: Zwei Liberator kollidieren, nur einem Besatzungsmitglied gelingt der Ausstieg aus den herabstürzenden brennenden Viermotorigen.

Zunächst haben die deutschen Jagdstaffeln den Gegner unterflogen und wenden sich jetzt nahezu geschlossen gegen den Bernburg-Verband. Kurz darauf stehen die ersten Liberator in Brand, am Himmel öffnen sich die Seidenpilze abgesprungener Besatzungen. Es ist 9.40 Uhr. Aber der Angriff kostet die 7. Staffel drei Maschinen. Fw. Helmsen stürzt über Ziegelroda tödlich getroffen mit brennender Maschine in die Tiefe, Ofw. Wolfers und Lt. Kahl hängen bei Sangerhausen am Fallschirm.

Hinter Bernburg, nachdem nun auch die 492nd Bombardment Group ihren Vernichtungsangriff vollendet hat und daraufhin zunächst nach Norden und dann nach Südwest abfliegt, kommt es zu außergewöhnlich heftigen Luftkämpfen mit den B-24 und den Focke-Wulf der IV. Sturm/JG 3. Ein seltener Zufall will es, daß die Bomber in dieser Phase ohne Begleitschutz sind. Erst Minuten nach den erfolgten Druchgängen der Sturmstaffeln werden die Mustang und Lightning aus nördlicher Richtung herankommend in die Luftkämpfe eingreifen.

Gleich beim ersten Anflug über Staßfurt fällt Oblt. Rachner, Kapitän der 12. Staffel. Und da wird auch Lt. Maiers Maschine angeschossen, der Flugzeugführer macht bei Bernburg eine Bauchlandung und kommt bei dem so unglücklich ausfallenden Bruch ums Leben. Weiter nördlich hat sich Lt. Hagenah in Angriffsposition gebracht und er schießt von hinten anfliegend um 9.42 Uhr eine B-24 ab, die dann im Raum Oschersleben zu Boden geht. Seinen 16. Luftsieg erzielt zur gleichen Zeit Uffz. Schäfer von der 10. Staffel ebenfalls bei Oschersleben und um 9.48 Uhr bezwingt er die zweite Liberator im Planquadrat HC. Treffer in der eigenen Maschine sind vermutlich die Ursache, weshalb Schäfer plötzlich Schwierigkeiten mit dem Triebwerk bekommt. Um den lauernden Begleitjägern zu entgehen, löst er sich vom Gefechtsverband, dreht nach Norden ab und landet in Magdeburg seine Focke-Wulf

auf dem Bauch. Die der IV./JG 3 unterstellte 2. Staffel des JG 51 verliert Lt. Koch, der im Luftkampf über dem Raum Halberstadt fällt. Es war vermutlich sein erster Einsatz über dem Reichsgebiet. Unterdessen erreichen die amerikanischen Rückflüge in mehr oder weniger aufgelöster Ordnung das Gebiet zwischen Halberstadt und Quedlinburg, immer noch von den Deutschen behelligt. Beim Sturmangriff über Ditfurt fällt Ofhr. Voss von der 12. Staffel, Lt. Iffland, 10./JG 3, wird bei Halberstadt verwundet und springt mit dem Fallschirm ab. Um 9.45 Uhr hat Major Dahl in einem von hinten angesetzten Angriff eine Liberator in Brand geschossen, die wenige Augenblicke nach dem Absprung von fünf Besatzungsmitgliedern noch in der Luft explodiert und im Norden von Quedlinburg aufschlägt.
Auch der inzwischen Mitteldeutschland angeflogene Großverband der beiden anderen Bomberdivisionen gerät nun in den Abwehreinsatz des JG 300 hinein und erleidet eine ganze Reihe von Ausfällen. Abermals kommt es im Raum um Halberstadt zu geschlossenen Angriffen auf die Bomber, längst aber sind jetzt auch die amerikanischen Eskortjäger zur Gegenabwehr übergegangen und versuchen, die Gefechte für sich zu entscheiden. Wie hart die Luftkämpfe geführt werden, weisen die vielen Fallschirmabsprünge abgeschossener deutscher Piloten aus, welche vorwiegend zu der Höhenschutzgruppe I./JG 300 gehören. Unter ihnen Lt. Sinnecker, Gefr. Steinke, Uffz. Büthe und Uffz. Güldenpfennig. Alle genannten Flugzeugführer erleiden Verwundungen in diesem Einsatz. Für Lt. Landl ist es der letzte Flug, er wird bei Altenweddingen, westlich von Schönebeck von Jägern abgeschossen.
Lt. Graziadei und Fw. Gaißmayer, beide einen Schwarm der 6. Staffel führend, werden ebenfalls verwundet, letzterer geht mit seiner A-8 bei Halberstadt nieder, nachdem er einen Fortress-Abschuß erzielt hatte und ihm dann noch der Abschuß einer Lightning gelang. Gleichfalls eine B-17 – seinen ersten Luftsieg – bringt Fw. Rusack durch einen Angriff von hinten zur Strecke, er selbst wird gleich darauf von Bordwaffengeschossen eines anderen Gegners in Arm und rechtem Bein getroffen, so daß ihm nur noch der Ausstieg bleibt. Auf einem Feld bei Calbe kommt er mit dem Fallschirm herunter und wird in das Lazarett Bernburg eingeliefert. Die Jagdabwehr der Deutschen konzentriert sich also vornehm-

lich auf die Bomberformationen der 2. Division; die Amerikaner schätzen die Zahl der Angreifer auf rund 175 einmotorige Jäger und 125 Zerstörer. Die Hauptlast des Jägeransturms hat der 14th Combat Wing zu tragen – allein die 492nd Bombardment Group, welche wieder einmal die Verlustbilanz anführt, verliert innerhalb von dreizehn Minuten zwölf ihrer Liberator.
Zum Zeitpunkt der Angriffe der deutschen Jagdflugzeuge eskortieren vier Fighter Groups die Pulks der B-24, doch der Begleitschutz muß sich diesmal mit der Masse der Jäger herumschlagen, die den Sturmverbänden Höhen- und Rückendeckung geben.
Ein fast aussichtsloser Einsatz der von der 1. Jagddivision in Richtung Weimar angesetzten II./ZG 26 führt zu mindestens vier Maschinenausfällen zwischen Kyffhäuser und Jena. Etwa 30 Zerstörer, von einmotorigen Jägern einer unbekannten Einheit eskortiert, waren gegen 8.30 Uhr gestartet und hatten sich in 7000 Meter Höhe versammelt. Feindsichtung erfolgt um 9.20 Uhr. Die Me 410 geraten an die Lightning der 20th Fighter Group, die dabei selbst einen Verlust erleidet, als Capt. Morris, einer der erfolgreichen Verbandsführer dieser Einheit, von einer Me 410 abgeschossen wird und sich in deutsche Gefangenschaft begeben muß.
Bei Frankenhausen/Esperstedt fallen die Besatzungen Oblt. Prokopp/Lt. Trippe und Oblt. v. Glasenapp/Oblt. Stege im Luftkampf. Die Zerstörer landen nach dem Abwehreinsatz teilweise in Königsberg/Nm., die letzten Maschinen gehen um 10.24 Uhr auf dem Platz Frankfurt/Oder nieder.
10.30 Uhr. Ein Teil des Gefechtsverbandes JG 300/JG 3 hat sich bereits vom Gegner zu lösen begonnen. Spritmangel, leergeschossene Waffen und Beschußschäden zwingen die Deutschen langsam zum Abbruch der Gefechte. Etliche Maschinen landen in Quedlinburg und Halberstadt oder auf anderen mitteldeutschen Plätzen. Westlich von Halberstadt werden die letzten Luftkämpfe ausgetragen, wobei es noch einmal zu Verlusten bei der III./JG 300 kommt. Uffz. Schwarzpauls gelbe »9« jagt brennend der Erde entgegen, zerschellt. Der Pilot bleibt in der Maschine. Einer der letzten Ausfälle auf deutscher Seite muß die Messerschmitt von Oblt. Trabert sein, der um 10.30 Uhr am Südrand des Harzes verwundet mit dem Fallschirm aussteigt.
Zwischen 11.00 und 12.00 Uhr befinden sich auch die amerikani-

schen Verbände alle wieder über der Nordsee mit Kurs auf die Heimatbasen.

Gegen Mittag, nachdem alle Maschinen der Verbände der Reichsluftverteidigung wieder am Boden sind, zeichnet sich ein erstes Bild dieses großen Einsatztages ab. Den Erstmeldungen nach sollen 58 Bomber vernichtet worden sein, doch die späteren, korrigierten Angaben des I. Jagdkorps decken sich dann mit den auch von der US Army Air Force verzeichneten Verlusten. Immerhin verliert die 8. Luftflotte am 7. Juli 37 viermotorige Kampfflugzeuge und sechs Jäger. Insgesamt kehren 28 Liberator und neun Fortress nicht mehr zurück, darunter zwei durch Zusammenstoß in der Luft verlorengegangenen B-24 sowie eine auf dem Rückflug im Kanal notgewasserte B-17. Die restlichen Kampfflugzeuge gehen demnach auf das Konto der deutschen Abwehrkräfte, wobei der überwiegende Anteil am Abschußerfolg der Sturmgruppe IV./JG 3 zuzuschreiben ist, deren Einsatz einen Tag später, am 8. Juli, zum ersten Mal im Wehrmachtsbericht Erwähnung findet. Zu den erfolgreichen Schützen dieses Abwehreinsatzes der IV. Sturm/JG 3 zählen erfahrene Flugzeugführer wie Fw. Ehrhardt, Oblt. Haase, Uffz. Maximowitz, Oblt. Romm, Oblt. Tichy, Lt. Weik und Fw. Unger. Letzterer hat zwei Viermotorige bezwingen können. Die Flak schießt am 7. Juli sieben Bomber ab.

Verhindern konnte die deutsche Abwehr den schweren Angriff gegen Mitteldeutschland wiederum nicht. Abermalige erhebliche Produktionsausfälle sowie schwere Schäden an den Anlagen in allen getroffenen Werken der Öl- und Flugzeugindustrie beginnen sich gravierend auszuwirken, und auch die eigenen, im Abwehreinsatz erlittenen Einbußen sind nicht zu übersehen. Der Bestand an erfahrenen Flugzeugführern ist ohnehin schon stark dezimiert, aufgerieben in den harten Kämpfen an der Invasionsfront und in den Weiten Rußlands. Schon lange wird der Flugzeugführernachwuchs zum Problem, das nunmehr unausweichlich in den Vordergrund rückt. Die große Luftschlacht über Mitteldeutschland bringt der Reichsluftverteidigung abermals hohe Verluste: 18 Gefallene, 20 Verwundete. Mindestens 20 Fallschirmabsprünge werden an diesem Tag gezählt.

Doch der gegnerische Einsatz beschränkt sich nicht nur auf den mitteldeutschen Raum, denn am selben Vormittag stoßen auch

zwei Kampfverbände der 15. Luftflotte nach Oberschlesien vor, um zum erstenmal die Hydrierwerke Blechhammer und Odertal anzugreifen. Zur Abwehr setzt die 8. Jagddivision ihre zwei in der »Ostmark« stationierten Jagdgruppen ein, und da die Amerikaner wieder über Ungarn einfliegen, jagen die Messerschmitt die seit Anfang Juni in Fels am Wagram liegenden II./JG 27 ihnen entgegen, um zu versuchen, möglichst früh an die Pulks heranzukommen. Südwestlich von Györ (Raab) gerät die 4. Staffel an eine starke Lightning-Eskorte, welche den Luftkampf sofort aufnimmt. In diesem Gefecht fällt Uffz. Jungbecker.
Ohne ernsthaft von den deutschen Jägern behindert fliegen die beiden Kampfverbände nach Norden weiter. Im Liegnitzer Raum haben Einsatzteile der dem Jagdfliegerführer Schlesien unterstellten I./Jagdgruppe Ost Startbefehl erhalten und fliegen in Richtung Mährisch-Ostrau. Der mit nur wenigen Maschinen geführte Einsatz bleibt von vornherein schon ein sinnloses Unternehmen, denn sowohl der zahlenmäßigen Übermacht als auch der enormen Kampfkraft des Gegners können die Deutschen nur unterliegen. Für die Bomber selbst stellt dieser Abwehrangriff keine unmittelbare Gefahr dar, zumal die sie begleitenden Lightning jeden Durchbruch vereiteln können. Um 11.30 Uhr erhält Fhr. Schnell einen Motortreffer und wird durch Splitter verwundet, was ihn bei Mährisch-Ostrau zur Notlandung zwingt. Ein bis zum Jablunka-Paß vorgestoßener Schwarm der 2. Staffel entgeht knapp der völligen Aufreibung. Südwestlich von Sillein wird Lt. Schaldt um 12.00 Uhr tödlich abgeschossen, Fw. Bachnick entkommt nur mit Mühe seinen Verfolgern und weicht im Tiefflug aus. Verwundet bringt er sich bis in den Raum Neiße zurück, wo er seine zerschossene schwarze »33« bruchlandet.
Blechhammer, am Klodnitz-Kanal nordostwärts von Kosel gelegen, ist inzwischen einem heftigen Bombenangriff ausgesetzt. Immerhin kann im konzentrierten Abwehrfeuer der seit knapp zwei Wochen dort erst verstärkten Flakbatterien der Absturz einer Anzahl Viermotoriger erzielt werden, ehe die Amerikaner nach Süden über die Weißen Karpaten den Rückflug antreten.
Gegen die Bomberrückflüge richtet sich dann im Raum ostwärts von Wien der Einsatz der in Götzendorf gestarteten I./JG 302, aber auch ihr Abwehrkampf führt nicht zu den gewünschten Er-

folgen. Die 2. Staffel verliert Uffz. Bamberg, dessen G-6 die amerikanischen Jäger bei Malaszka, nördlich von Preßburg abschießen. Somit hat der Südeinflug den deutschen Abwehrkräften drei gefallene und vier verwundete Flugzeugführer gekostet; die im Luftkampf befindlichen Staffeln haben dabei etwa sieben Abschüsse erringen können.
Nachdem die Amerikaner nun wieder in den ungarischen Luftraum eindringen, die letzten Formationen gerade die Donau überflogen haben, nähern sich plötzlich von Süden her mehrere Schwärme Bf 109 der in Veszprem aufgestiegenen Ungarischen Jagdgruppe 101. Jetzt führt Major Heppes seine »Puma«-Gruppe an die nach Italien zurückfliegenden Bomberverbände heran und greift einen von Jägern ungeschützten Pulk von der rechten Flanke her an. Die Ungarn können dabei mehrere Kampfflugzeuge zum Absturz bringen, darunter zwei durch Lt. Molnar. Auch Major Heppes trifft eine Liberator wirkungsvoll, da aber seine Waffen leer geschossen sind überläßt er den schwer gezeichneten Bomber seinem Rottenflieger Lt. Irany, der dann den endgültigen Abschuß erzielt. Die B-24 zerschellt bei Hajmasker, etwa zehn Kilometer von der Nordspitze des Plattensees entfernt.
Nach dem Sammeln zum zweiten Angriff jagen nun aber die gegnerischen Ligthning heran und stellen die ungarischen Piloten zum Duell. Die Maschine von Lt. Toth wird nach dem Abschuß einer P-38 selbst getroffen, der Flugzeugführer springt mit dem Fallschirm ab. Insgesamt acht Bomber- und drei Jägerabschüsse gehen an diesem Tag auf das Konto der »Puma«-Gruppe, bei nur einem Ausfall, den die Ungarn erleiden, als Lt. Debory nach dem Luftsieg über eine Viermotorige Treffer in die Kabine und einen Schuß in den Oberschenkel erhält. Es gelingt ihm aber noch, mit seiner Messerschmitt auf dem Flugplatz von Györ zu landen.
Damit gehen die Luftkämpfe des 7. Juli zu Ende. Wie über Mitteldeutschland, gelang es nicht, auch den vom Süden her geführten Schlag der Amerikaner gegen die Hydrierwerke um Blechhammer abzuwenden. Auf die drei mitteldeutschen Hydrierwerke sind an diesem Tag insgesamt 685,6 Tonnen Sprengbomben gefallen; 318 Viermotorige waren daran beteiligt. Lützkendorf weist erhebliche Gebäudeschäden auf, hinzu kommen schwere Treffer in der Fischer-Tropsch- und Bergius-Anlage sowie in den Kühltürmen.

Ähnliche Schäden meldet auch das Werk Böhlen, wo es besonders die Gasreinigungsanlage traf. Bei Leuna sind das Ammoniakwerk, diverse Gebäude und die Zubringerbahnanlagen im Südteil des Werkes schwer in Mitleidenschaft gezogen worden.
Wie aber sieht die derzeitige allgemeine Treibstofflage aus? Zwar kann nach großen Anstrengungen die im Juni infolge der Luftangriffe in allen getroffenen Werken besonders stark abgefallene Produktion an Flugtreibstoff ab Anfang Juli wieder auf über 2000 t pro Tag gesteigert werden (5850 t im April 1944)*), da die Amerikaner die Hydrierwerke erst Mitte des Monats wieder in vollem Umfang angreifen. Eine Erholungspause gibt es dann nicht mehr; die Zeiträume zwischen Instandsetzung und folgender Luftangriffe schrumpfen immer mehr. Bereits am 21. Juli, nach einem Angriff der 15. Luftflotte auf das Werk Brüx, ist ein erster Tiefstand mit nur rund 130 t pro Tag erzeugten Treifstoffes erreicht.

---

*) Angaben nach Gundelach

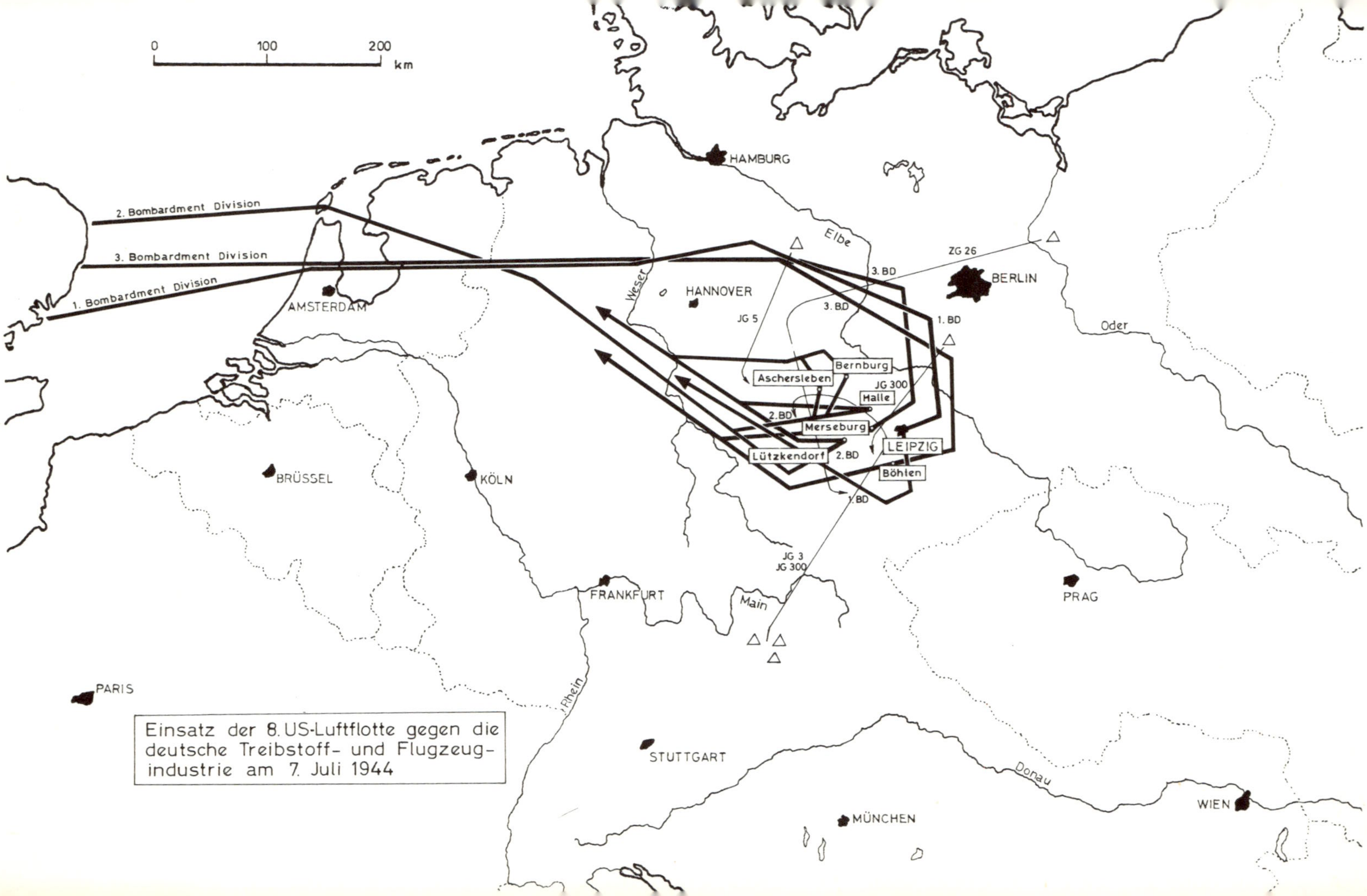

Einsatz der 8. US-Luftflotte gegen die deutsche Treibstoff- und Flugzeugindustrie am 7. Juli 1944

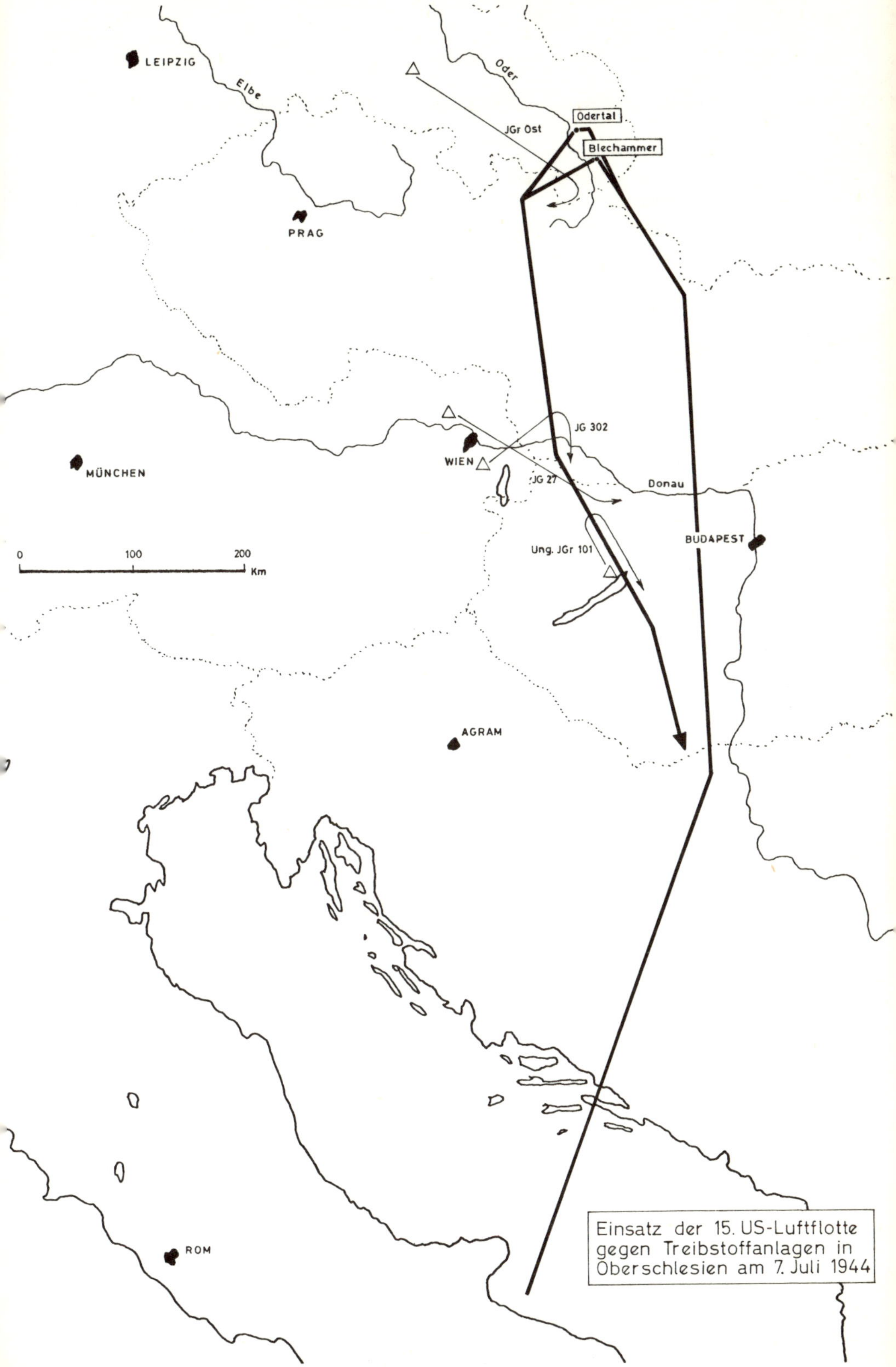

Einsatz der 15. US-Luftflotte gegen Treibstoffanlagen in Oberschlesien am 7. Juli 1944

Einsatz Nr. 458 der USAAF am 7. 7. 44 (Mitteldeutschland)

Ziele:
Braunkohle-Benzin AG, Böhlen
IG-Farbenindustrie AG (Leuna), Merseburg
Wintershall AG, Lützkendorf
Erla Maschinenwerke GmbH, Leipzig-Mockau, -Abtnaundorf, -Heiterblick
Mitteldeutsche Motorenwerke, Leipzig-Taucha
Siebel-Flugzeugwerke GmbH, Halle
Junkers Flugzeug- und Motorenwerke AG, Bernburg und Aschersleben
Deutsche Kugellagerfabrik GmbH, Leipzig
Flugplatz Kölleda (Zweitziel)
Flugplatz Nordhausen (Zweitziel)

	Ziel	Maschinen gestartet	Maschinen über d. Ziel	Angriffszeit	t Sprengbomben	Verluste
1. Bombardment Division						
1st Combat Wing (B–17)	Leipzig					
40th Combat Wing (B–17)	Leipzig	446	410	9.45–	704,5*	7
41st Combat Wing (B–17)	Leipzig			10.08		
94th Combat Wing (B–17)	Leipzig					
2. Bombardment Division						
14th Combat Wing (B–24)	Bernburg		92		201,7	
95th Combat Wing (B–24)	Aschersleben	373	74	9.21–	145	28
96th Combat Wing (B–24)	Lützkendorf		101	9.40	321	
2nd Combat Wing (B–24)	Lützkendorf					
	Halle		63			
3. Bombardment Division						
4th Combat Wing (B–17)	Merseburg		52		106,4	
13th Combat Wing (B–17)	Merseburg	284		10.00–		2
45th Combat Wing (B–17)	Böhlen		81	10.13	179,1	
	Lützkendorf		84		175,6	
		1103	957		1833,3	37

* 253 t Brandbomben

Erfolge:
28 Abschüsse
14 wahrscheinliche Abschüsse
8 Beschädigungen
Jäger des US-Begleitschutzes meldeten 77 Abschüsse

Verluste:

	2 P–38
9 B–17	4 P–47
28 B–24	4 P–/51
37	10

davon 22 durch Jäger
7 durch Flak
5 durch Unfall
3 unbekannt

Verluste im Tageseinsatz am 7. Juli 1944

Verluste Tagjagd

	gefallen	verwundet	Ausfälle insgesamt	Maschinentyp	Verlusträume
IV./JG 3	3	1	4	FW 190 A–8	Halberstadt, Bernburg
(2./JG 51)	2		2	FW 190 A–8	Staßfurt
JG 3	5	1	6		
II./JG 5	2	4	6	Bf 109 G–6	Heldrungen, Harz
I./JG 300	2	5	7	Bf 109 G–6	Halberstadt, Leipzig
II./JG 300		3	3	FW 190 A–7/A–8	Sangerhausen
III./JG 300	4	3	7	Bf 109 G–6	
JG 300	6	11	17		
II./ZG 26	5	4	9	Me 410	Frankenhausen, Jena
II./JG 27	1		1	Bf 109 G–6	Györ
I./JG 302	1	1	2	Bf 109 G–6	Preßburg
I./JGR.Ost	1	3	4	Bf 109 G–6	Mährisch-Ostrau
				FW 190 A–5	Sillein
Ung.JGr. 101		1		Bf 109 G–6	Nordungarn
	21	25	46		

Verluste USSAF insgesamt

8. Luftflotte	37	viermotorige Kampfflugzeuge
	10	Jagdflugzeuge
15. Luftflotte	25	viermotorige Kampfflugzeuge
		mehrere Jagdflugzeuge
	10	Bomberabschüsse durch Flak
	8	Bomberabschüsse durch Ung.JGr. 101

Zwei Wochen lang bleiben die teilweise schon sehr arg in Mitleidenschaft gezogenen Werke der deutschen Treibstoffindustrie von weiteren Luftangriffen verschont, was jedoch keine Unterbrechung des alliierten Einsatzes bedeutet, denn auf dem Operationsplan der Amerikaner und Engländer stehen Verkehrsziele, Flugplätze, Stadtgebiete und andere Industrieobjekte, auf die in der Zwischenzeit die Bombardements niedergehen. So erlebt allein München vier große Tagesangriffe wie überhaupt die gegnerischen Unternehmen sich vorwiegend auf den west- und süddeutschen Raum konzentrieren.
Noch einmal hat auch die 15. Luftflotte am 8. Juli die Öl-Raffinerien, Tanklager und Flugplätze im Raum Wien heimgesucht, wobei von den 587 angreifenden Kampfflugzeugen 17 verloren gingen. Die abwehrenden Verbände der Reichsluftverteidigung verzeichnen mindestens sechs Ausfälle an fliegendem Personal.
Da nach wie vor der Großteil der Tagjäger an der Invasionsfront gebunden ist, muß der Abwehrkampf über dem Reich auch im Juli noch mit unterlegenen Streitkräften durchgeführt werden, wenn auch vier aus dem Kampf gezogene und zur Auffrischung in das Reich zurückverlegte Jagdgruppen, die IV./JG 3, II./JG 5, II./JG 27 und III./JG 53 inzwischen den einzelnen Jagddivisionen zugeordnet werden konnten und nun für den Einsatz über dem Heimatgebiet bereitstehen.
Am frühen Morgen des 20. Juli, dem Tag des Attentats auf Hitler, starten über 1200 Kampfflugzeuge der 8. Luftflotte mit starkem Jagdschutz zu einem Einsatz gegen Mitteldeutschland. In drei Wellen sollen neben der Flugzeugindustrie in Dessau, Gotha, Leipzig und dem Stadtgebiet von Eisenach nun auch wieder die Hydrierwerke von Leuna und Lützkendorf angegriffen werden. Für einen vierten Kampfverband sind die Opelwerke von Rüsselsheim als Ziel vorgesehen.
Zu den Jagdeinheiten, welche den Rüsselsheim-Verband begleiten, zählt vermutlich auch die 56th Fighter Group, von der einige Schwärme P-47 unter anderem auch zu einem Bordwaffenangriff auf den westlich von Koblenz gelegenen Flugplatz Bassenheim übergehen. Dabei erwischt die leichte Flak eine sich sehr tief hin-

untergewagte Thunderbolt, die dann nicht weit vom Platz entfernt Bodenberührung hat und zu Bruch geht. Ihr Pilot, der sich fünf Tage versteckt hält ehe er gefangengenommen werden kann, ist – zur Überraschung der Deutschen – Lt.Col. Francis Gabreski, mit 28 Luftsiegen der bis dahin erfolgreichste amerikanische Jagdflieger der 8. Luftflotte.

Gegen 10.30 Uhr erreicht die Hauptstreitmacht der mit Kurs Ostnordost anfliegenden Bomberverbände den mitteldeutschen Raum. Thunderbolt der 353rd Fighter Group haben den ersten Teil der Eskorte übernommen, sie drehen bei Meiningen ab, während zu diesem Zeitpunkt bereits die nächsten Staffeln der gleichen Einheit gestartet sind, um einen Teil der Bomber im Raum Koblenz wieder aufnehmen zu können und sie nach England zurückzubegleiten.

Ein Kampfverband ist nach Norden abgeschwenkt, um Eisenach und Gotha anzugreifen, während zwei große Pulks sich weiterhin dem Raum Leipzig nähern, wobei wiederum der eine später die Junkerswerke von Dessau bombardieren wird. Der dritte Kampfverband trifft unterdessen Vorbereitungen zum Zielanflug auf die Hydrierwerke Lützkendorf und Leuna.

Messerschmitt der in Salzwedel liegenden II./JG 5 und der ihr unterstellten, gleichfalls ins Reich verlegten 9. Staffel fliegen den nach Dessau vordringenden Amerikanern entgegen. Im Raum Wittenberg treffen sie auf überlegenen gegnerischen Jagdschutz, der sie sofort zum Luftkampf zwingt, in dem Uffz. Steinke von der 5. Staffel fällt. Die anderen Maschinen werden nach Süden abgedrängt und haben keine Möglichkeit, an die Bomber heranzukommen. Bis in den Raum Zwickau dehnen sich die Gefechte aus und fordern weitere Ausfälle. Bei Dänkritz im Nordwesten von Zwickau schießen amerikanische Jäger die blaue »6« von Uffz. Baumann brennend ab, der Pilot fällt in diesem Duell. Ein für das JG 5 besonders schwer wiegender Verlust aber ist der tödliche Abschuß des Kapitäns der 9. Staffel, Oblt. Andresen, ein erfahrener Flugzeugführer mit etwa acht an der Eismeerfront errungenen Luftsiegen. Erst gestern hatte die Gruppe ihren Kommandeur, Oblt. Tetzner, in einem südlich von München ausgetragenen Luftkampf verloren.

Währenddessen erreicht jetzt ein aus der II./JG 300 und der IV.

Sturm/JG 3 bestehender Gefechtsverband den Einsatzraum Leipzig und leitet die ersten geschlossenen Angriffe auf die Formationen der »Fliegenden Festungen« ein. Vorwiegend die 91st Bombardment Group muß sich dabei einer ganzen Reihe von Frontalanflügen der Deutschen erwehren. Acht zwischen Altenburg und Leipzig abgeschossene B-17 sind das Ergebnis. Über die Hälfte der nach Leipzig entsandten 23 Fortress der 457th Bombardment Group kehren mit schweren Beschußschäden nach England zurück.
Uffz. Pokorny, ein Flugzeugführer der der IV./JG 3 unterstellten 2. Staffel JG 51, wird bei Altenburg tödlich abgeschossen. Die Sturmgruppe war in Memmingen aufgestiegen und kommt nach verschiedentlichen Kursänderungen schließlich im Südwesten von Leipzig mit einigen Schwärmen an die Viermotorigen heran. Wieder einmal sind die Bomber wegen Jagdablösung vorübergehend vom eigenen Begleitschutz entblößt, aber die Piloten der Sturmgruppe lassen diese günstige Gelegenheit heute eigenartigerweise verstreichen, denn ihr Angriff währt nur wenige Minuten. Lt. Hagenah bringt seine Focke-Wulf von hinten an einen Pulk heran und erzielt um 11.07 Uhr den Abschuß einer Fortress des Leuna-Verbandes. Es ist Hagenahs 8. Luftsieg, bestätigt von Uffz. Maximowitz, dem bewährten Piloten der ehemaligen Sturmstaffel 1. Hingegen erleidet die 12. Staffel zwei Verluste im Luftkampf. Uffz. Jeworrek fällt, Lt. Kurandt geht mit seiner getroffenen A-8 bei Zwickau flach hinunter, doch beim Versuch der Notlandung überschlägt sich die Maschine. Drei Tage später erliegt Kurandt seinen dabei erlittenen Verletzungen.
Die 6./JG 300 muß den Angriff auf die Bomber mit dem Tod von Fw. König bezahlen, während der Gefreite Bollerey bei Altenburg nach dem Abschuß seiner Focke-Wulf noch verwundet mit dem Fallschirm abspringen kann.
Es soll hier einmal erwähnt werden, daß, abgesehen vom 7. Juli, der hervorragende Einsatz des noch jungen, aus den Gruppen der einmotorigen Nachtjagd hervorgegangenen Jagdgeschwaders 300 im Vergleich zu anderen, namhaften Jagdverbänden in der damaligen Presse nur spärliche Berichterstattung findet. Immerhin ist das JG 300 das erfolgreichste Geschwader der Reichsluftverteidigung. Entsprechend hoch jedoch beziffern sich auch dessen Verlu-

Am 7. Juli 1944 führen die Amerikaner einen Großangriff auf die Treibstoff- und Flugzeugindustrie in Mitteldeutschland durch, wobei neben Böhlen und Leuna auch das ostwärts Mücheln gelegene kleinere Hydrierwerk Lützkendorf bombardiert wird. (National Archives, Washington)

Unplanmäßiger Einsatzablauf und Kursabweichungen führen am 7. Juli 1944 über Mitteldeutschland zu gefährlichen Augenblicken und sogar zu Kollisionen. Die Aufnahme zeigt ein solches Zusammentreffen zweier Kampfverbände, eine B-17- und eine B-24-Formation. (U.S. Air Force Photo)

Ab Mitte Juni 1944 beteiligte sich das Bomber Command der RAF ebenfalls an Operationen gegen die deutsche Treibstoffindustrie. Britische Kampfflugzeuge, hier eine Lancaster B.I. der 463. RAAF-Sqdn., fliegen ab 28. August 1944 dann auch in größerem Umfang Tageseinsätze gegen Ölziele. (Imperial War Museum, London)

ste im Luftkampf am Tage über dem Reichsgebiet. Einschließlich des heutigen Einsatzes sind ab 13. Juni 1944 63 Flugzeugführer gefallen, davon allein im Juli 32. Insgesamt 41 Piloten werden im gleichen Zeitraum verwundet.
Ein von Süden her ebenfalls am 20. Juli gegen die Dornierwerke in Friedrichshafen und gegen den Flugplatz Memmingen geführter schwerer Einsatz der 15. Luftflotte kostet die Amerikaner neun Viermotorige bei einem gleichzeitigen Verlust von mehr als fünf Maschinen der diesen Einflug abwehrenden Einheiten des JG 27 und des JG 302. Vier Liberator stürzen über der Schweiz ab, eine weitere landet in Dübendorf und eine B-17 in Payerne.
Nach amerikanischen Angaben verliert die 8. Luftflotte am 20. Juli über Mitteldeutschland 19 ihrer schweren Kampfflugzeuge. Die Reichsluftverteidigung verzeichnet hingegen einen Ausfall von sieben gefallenen sowie vier verwundeten Flugzeugführern. Gemessen an den Verlusten der vorangegangenen Kampftage eine verhältnismäßig niedrige Zahl.

Verluste im Tageseinsatz am 20. Juli 1944

Verluste Tagjagd

	gefallen	verwundet	Ausfälle insgesamt	Maschinentyp	Verlusträume
IV./JG 3	2		2	FW 190 A–8	Zwickau
(2./JG 51)	1		1	FW 190 A–8	Altenburg
JG 3	3		3		
II./JG 5	3	1	4	Bf 109 G–6	Wittenberg, Zwickau
II./JG 300	1	1	2	FW 190 A–8	Altenburg
III./JG 300		2	2	Bf 109 G–6	R. Leipzig
JG 300	1	3	4		
II./JG 27	2	1	3	Bf 109 G–6	München, Kaufbeuren
I./JG 302	1		1	Bf 109 G–6	Süddeutschland
	10	5	15		

Verluste USAAF)*

8. Luftflotte	19 viermotorige Kampfflugzeuge, darunter 8 von der 91st Bombardment Group
15. Luftflotte	9 viermotorige Kampfflugzeuge

*) Am 20. Juli sind in der Schweiz fünf Liberator und eine Fortress gelandet oder abgestürzt. Vermutlich gehörten alle Maschinen zur 15. Luftflotte.

In welch beschränktem Maße die Reichsluftverteidigung ihren Abwehreinsatz führen muß, zeigt sich sehr deutlich am vorangegangenen 28. Juli, als wiederum Leuna von etwa 570 Kampfflugzeugen mit schwerer Wirkung bombardiert wird. Diesmal schützen 500 Jäger die Viermotorigen, was den eigenen Einsatz von 60 Jagdflugzeugen praktisch bedeutungslos werden läßt, denn nur vier gegnerische Bomber erreichen nicht mehr ihre britischen Basen. Das JG 300 verliert drei Flugzeugführer, darunter den Kapitän der 6. Staffel, Oblt. Hirschfeld, der bei Erfurt im Luftkampf unterliegt. Hirschfeld zählte zu den schon in der einmotorigen Nachtjagd erfolgreich gewesenen Piloten. Nach 24 Luftsiegen ereilt ihn nun das Schicksal; beim Absprung aus seiner gelben »1« öffnet sich der Fallschirm nicht.

Zum ersten Mal berichten etliche am 28. Juli von Leuna zurückkehrenden Bomberbesatzungen von eigenartigen, schwanzlosen Flugzeugen, die über dem Zielgebiet mit ungewöhnlich hohen Geschwindigkeiten am Himmel dahinjagten. Zweifelsohne hatten die Amerikaner wohl den ersten Einsatz deutscher Raketenjäger erlebt. In Brandis bei Leipzig liegt zu diesem Zeitpunkt die 1./JG 400, welche mit rund 16 Me 163 für den Objektschutz des Merseburger Raumes vorgesehen ist. Verläuft der mit etwa sieben Maschinen dieses Typs geflogene Einsatz auch ohne Erfolg, so ruft er in den amerikanischen Luftwaffenstäben zumindest eine gewisse Unruhe hervor.

Nach dem schweren Luftangriff auf die Leuna-Werke verfaßt Rüstungsminister Speer eine an Hitler gerichtete Denkschrift, in der er offen darstellt, was geschehen wird, wenn die Alliierten ihre Treibstoff-Offensive mit der bisherigen Angriffswucht weiterführen: Das daraus resultierende weitere Absinken der Flugbenzinproduktion würde im September, spätestens im Oktober 1944 einen planmäßigen Einsatz der Luftwaffenverbände nicht mehr gewährleisten. In der gleichen Denkschrift fordert Speer deshalb verstärkten Schutz der Treibstoffanlagen durch Flak und Jagdstreitkräfte. Am 25. Juli verfügt das I. Jagdkorps über 329 einsatzbereite Tag- und über die gleiche Anzahl Nachtjäger; die gesamte Jägerproduktion beläuft sich im Juli auf 2305 Maschinen. Durch

Umbau und Instandsetzung erhöht sich diese Zahl auf 3287. Rund 400 Jagdflugzeuge mehr als im Vormonat.
Was nützt jedoch ein gesteigerter Ausstoß an Flugzeugen, wenn ein weiteres Absinken der Benzinerzeugung die Luftwaffe, und besonders die Verbände der Reichsluftverteidigung in schon absehbarer Zeit an den Boden fesseln wird. Die überaus harten Kämpfe im Osten und an der Westfront haben in den letzten Wochen bereits gewaltige Mengen Treibstoff verschlungen und der Verbrauch soll noch erheblich anwachsen. Währenddessen aber bombardieren die Alliierten ein Hydrierwerk nach dem anderen, die Angriffe lassen nun nicht mehr nach. Ende September können insgesamt nur noch 9400 t Treibstoff produziert werden, was dann schließlich zu der von Speer befürchteten und klar erkannten Behinderung im Abwehreinsatz der deutschen Jagdverbände führt.
Am Morgen des 29. Juli registrieren die Funküberwachungsstellen eine erneute Versammlung amerikanischer Bomberverbände. Fast 1100 Maschinen der 8. Luftflotte sind gestartet. Von diesen werden 444 Viermotorige, vorwiegend die Liberator der 2. Bomberdivision, Öl-Raffinerien um Bremen anfliegen. Über Deutschland liegen nahezu geschlossene Wolkendecken, so daß der Bremen-Verband seine Ziele im Blindwurf bombardiert und dadurch erhebliche Schäden auch in Wohngebieten verursacht.
Ein zweiter, aus 647 Bombern bestehender und von starken Jagdstreitkräften umgebener Verband bewegt sich dem Kasseler Raum zu und nimmt von dort aus direkten Kurs auf Mitteldeutschland. Ein Wiederholungsangriff auf das Hydrierwerk Leuna steht bevor. Vorher kommt es im Südwesten von Paderborn noch zu einer Begegnung zwischen einigen Jägern der in Lippspringe liegenden III./JG 53 und den Mustang der Bombereskorte, in deren Verlauf in einem kurzen Luftkampf Lt. Böhme vom Gruppenstab abgeschossen wird. Der Leutnant springt verwundet bei Störmede mit dem Fallschirm ab. Die Gruppe war erst Anfang des Monats vom italienischen Einsatzraum nach Deutschland gekommen, sie untersteht jetzt der 3. Jagddivision.
Ohne weitere Behinderungen durch deutsche Jäger fliegen die Kampfverbände weiter nach Osten, erst am späten Vormittag haben sie wieder Kontakt mit Teilen der Sturmgruppe JG 3 und der ab etwa Ende Juli nach Holzkirchen verlegten II./JG 300 sowie

der jetzt in Wörishofen liegenden I./JG 300. Nachdem auch die III./JG 300 aus nördlicher Richtung herangeführt wird, ist dies der Beginn zu außergewöhnlich heftigen Luftkämpfen in den Planquadraten KC-KD/LC-LD. Über Sangerhausen gehen je eine Maschine der IV./JG 3 und der 8./JG 300 verloren, beide Flugzeugführer, Uffz. Auerlich und Uffz. Aegeter stürzen tödlich getroffen ab.
Schon seit Wochen bleibt das Gebiet westlich von Merseburg, zwischen Unstrut, Helme und Saale ständig Schauplatz harter Gefechte, denn vorwiegend hier verlaufen die An- und Abflugrouten der amerikanischen Bomberverbände. So sind es auch die gleichen Ortsnamen, die im Zusammenhang mit deutschen Verlusten oder gegnerischen Abstürzen immer wieder Erwähnung finden. Bei Allstedt fällt Uffz. Schiemann von der 10./JG 300. Überhaupt wird heute die 10. Staffel von Ausfällen hart getroffen. Sie muß sich einer vielfachen Jägerübermacht erwehren. Mustang schießen noch mindestens drei weitere Messerschmitt im Luftkampf ab. Fhr. Cremer fällt, Uffz. Schmidt springt über Bornstedt ab, jedoch müssen die Kameraden mit Schrecken beobachten, daß sich sein Fallschirm nicht mehr öffnet.
Seit langer Zeit ist heute auch wieder die II./JG 27 aus Fels am Wagram über Mitteldeutschland im Einsatz, desgleichen Teile der I./JG 302. Beide Gruppen haben zwischen Kölleda und Laucha Gefechtsberührung mit dem Gegner, und sie verlieren in einem erfolglosen Angriff je zwei Flugzeugführer.
Im Norden von Apolda greift die I. Gruppe des JG 300 einen Fortress-Pulk an, dessen Begleitschutz die Messerschmitt schon in wenigen Minuten abdrängen, so daß es auch hier zu verlustreichen Einzelgefechten kommt. Dabei unterliegt der erfolgreiche und spätere Ritterkreuzträger FjOfw. Wischnewski, welcher in der roten »6« der 2. Staffel fliegt. Von Mustang abgeschossen und verwundet springt er bei Gebstedt mit dem Fallschirm ab. Ein weiterer Flugzeugführer der I. Gruppe, Ofhr. Köcher, kehrt von diesem Einsatz nicht zurück und gilt zunächst als vermißt bis später sich herausstellt, daß auch er gefallen ist.
Etwa zwei Kilometer im Nordwesten von Querfurt, bei Gatterstedt, haben Mustang eine Maschine der 7./JG 300 in Brand geschossen, Uffz. Kups hat keine Chance mehr, aus der weißen »5«

herauszukommen, seine Messerschmitt nimmt ihn mit in die Tiefe. Ungeachtet der heftigen, ausschließlich im Westen des amerikanischen Angriffszieles ausgetragenen Luftkämpfe setzen die Pfadfindermaschinen ihre Rauchmarkierungen über dem Gebiet von Leuna. Sie werden teilweise von den Wolkenbänken verschluckt, aber sie bedeuten den Anfang eines der wirksamsten Bombardements, welches das Hydrierwerk während des Krieges über sich ergehen lassen muß. Wenn auch die Batterien der 14. Flakdivision jetzt in alleiniger Abwehr des amerikanischen Angriffes mit etlichen Viermot.-Abschüssen erfolgreich bleiben, ändert dies nichts an der Tatsache, daß das Werk nun wiederum für mehrere Wochen lang ausfällt.

Bis Ende Juli konnte Leuna die Treibstoffproduktion auf 609 t (nach Speer) steigern. Die bis dahin erfolgten Luftangriffe hatten das gesamte Rohrsystem dermaßen zermürbt, daß eine Instandsetzung nur noch unter äußerst schwierigen Bedingungen möglich sein würde. Und erst im November soll sich die Lage hier wieder etwas bessern, als es trotz allem gelingt, die Tagesproduktion auf rund 1600 t zu erhöhen.

Der Tageseinsatz vom 29. Juli fordert auf deutscher Seite elf gefallene und drei verwundete Flugzeugführer bei einem gleichzeitigen Abschuß von nur sieben viermotorigen Kampfflugzeugen. Der Gegner verzeichnet für die gesamten, an diesem Tage durchgeführten Operationen einen Verlust von 15 Bombern, vermutlich etwa die Hälfte davon geht auf das Konto der Merseburger Flak. Im Wehrmachtsbericht des 30. Juli heißt es darüber ganz kurz und lapidar: »Nordamerikanische Bomber griffen bei Tage Orte in Mittel- und Westdeutschland, darunter Wiesbaden und Merseburg an.«

Verluste im Tageseinsatz am 29. Juli 1944

Verluste Tagjagd

	gefallen	verwundet	Ausfälle insgesamt	Maschinentyp	Verlusträume
IV./JG 3	1		1	FW 190 A–8	Sangerhausen
II./JG 27	2		2	Bf 109 G–6	Kölleda
II./JG 53		1	1	Bf 109 G–6	Störmede
I./JG 300	1	1	1	Bf 109 G–6	Apolda
II./JG 300	2		2	Bf 109 G–6	Sangerhausen,
III./JG 300	3	1	4	Bf 109 G–6	Querfurt, Allstedt
JG 300	6	2	8		
I./JG 302	2		2	Bf 109 G–6	Laucha
	11	3	14		

Verluste USAAF
15 viermotorige Kampfflugzeuge, davon etwa 7 durch Jäger

MITTWOCH, 16. AUGUST 1944
DONNERSTAG, 24. AUGUST 1944

Nachdem im Sommer 1943 die 8. US-Luftflotte aufgrund der über dem Reichsgebiet erlittenen hohen Ausfälle an Kampfflugzeugen ihren strategischen Einsatz erheblich einschränkte, kommt es fast genau ein Jahr darauf zu einem abermaligen Absinken der Moral der Bomberbesatzungen, wie die amerikanischen Stäbe mit Besorgnis registrieren. »Notlandungen« in der Schweiz und in Schweden häufen sich. 1943 fehlte es noch an geeignetem Jagdschutz für die Bomberpulks über den Zielgebieten, doch im Sommer 1944 sind es längst die Begleitjäger, welche den deutschen Abwehrkräften in erster Linie zu schaffen machen und sie langsam in die Enge treiben. Dennoch gehen allein im Juli bei etwa 25000

Einflügen in das Reich 457 gegnerische Maschinen durch Flak und 347 durch Jäger – bei 321 eigenen Ausfällen – verloren.*)
Aber die Materialüberlegenheit der Alliierten ist nicht zu übersehen. Und – der Gegner läßt sich von dem Ziel, das Reich mit Bomben umzupflügen, keineswegs abbringen. Im Gegenteil. Generalmajor Galland, zu diesem Zeitpunkt General der Jagdflieger, formuliert das etwa so: »Die Übermacht des Gegners hatte die Reichsluftverteidigung in eine hoffnungslose Unterlegenheit gebracht; auch der tapfere Einsatz von Eliteverbänden änderte kaum etwas daran. Es fehlte an Flugbenzin, die Einheiten wurden am Boden festgehalten, für die Ausbildung neuer Piloten war kaum Sprit vorhanden.«
An der Invasionsfront hat sich die Lage für die Alliierten inzwischen gefestigt, so daß die amerikanische Luftwaffe im August ihre strategischen Bomberunternehmen gegen das Reichsgebiet in vollem Umfang weiterführen kann. Am 4. fliegt die 8. Luftflotte mit einer Rekordzahl von 1417 Viermotorigen**) ein und greift Peenemünde, Rostock, Kiel, Bremen und Hamburg an. Im August werden von der 8. und 15. Luftflotte der Amerikaner insgesamt 16 Öl-, 17 Rüstungs- und sechs Verkehrsziele bombardiert. Am 27. erfolgt auch der erste große Tagesangriff seitens der RAF Bomber Command gegen ein deutsches Ziel seit 1942: 216 Halifax, 27 Lancaster und Mosquito mit Spitfire-Begleitschutz führen einen Schlag gegen die Raffinerien von Homberg/Ruhr. Die Abwehr ist nur gering.
Die herausragenden Unternehmen des Monats aber sind die beiden amerikanischen Angriffe vom 16. und 24. August. Am frühen Morgen des 16. verlassen rund 1025 viermotorige Kampfflugzeuge der 8. Luftflotte mit starker Jagdeskorte die britische Insel, nähern sich wiederum auf der schon klassischen Anflugroute dem Reichsgebiet. Gemäß Einsatzplan sind für den heutigen Angriff die Treibstoffwerke und Raffinerien Böhlen, Rositz und Zeitz im Süden von Leipzig sowie Flugzeugwerke und Flugplätze bei Dessau, Köthen, Magdeburg und Schkeuditz vorgesehen.

---

*) nach Koch: »Die Geschichte der deutschen Flakartillerie«. Die Angaben beziehen sich auf den Einsatz der Reichsluftverteidigung.
**) Angaben I. Jagdkorps: nach anderen Quellen 1348.

In den Stäben der Jagddivisionen wartet man weitere Luftlagemeldungen ab, dann werden die Befehle an die Verbände herausgegeben: Einsatzbereitschaft, Sitzbereitschaft und schließlich Start. Von den Plätzen Wörishofen und Jüterbog heben die Messerschmitt Bf 109 G-6 der I. und III./JG 300 ab. Ebenfalls starten die II./JG 5 und die II./JG 27, dann auch in Burg und Neu-Ulm die I. und IV./JG 3.

Als die 1. Bomberdivision der Amerikaner zwischen Kassel und Göttingen auf Thüringen zuhält, um dann mit Ostkursen den Leipziger Raum anzufliegen, hat auch die Sturmgruppe des JG 3 im Planquadrat 92 LU Feindsichtung. Sofort ist der gegnerische Begleitschutz zur Stelle, doch da setzen die FW 190 A-8 schon zum Angriff an, und vermutlich ist es die 91st Bombardment Group, welche sich dem ersten Ansturm erwehren muß. Zwei Fortress gehen in die Tiefe, aber die Mustang schießen bei Kassel die Focke-Wulf von Fhr. Kuhn ab. Kuhn, welcher der 15. Staffel angehört, wird verwundet und kann sich durch Fallschirmabsprung retten.

In der Gegend von Hann. Münden kurvt der Kapitän der 13. Staffel, Oblt. Tichy, auf eine B-17 ein und greift sie an. Ein paar Kilometer weiter bringt er den Gegner durch Rammstoß zum Absturz und stürzt dabei im Nordwesten von Witzenhausen, bei Albshausen mit seiner Maschine in den Tod. Es war Tichys 25. Luftsieg; man nimmt an, daß seine leergeschossenen Bordwaffen ihn zu dieser Rammung bewogen haben. Tichy flog erst seit Juli in der IV. Sturm/JG 3, er hatte übrigens während eines Luftkampfes im März 1944 ein Auge verloren.

Noch weitere vier Bomberabschüsse werden von der Sturmgruppe gemeldet, bevor die Amerikaner nach Sachsen weiterfliegen. Die Angriffe auf die Hydrierwerke Zeitz, Böhlen und Rositz verlaufen planmäßig – weit und breit kein deutsches Jagdflugzeug. Doch dann stoßen plötzlich einige Raketenjäger Me 163 nahezu senkrecht in den Himmel. Sie gehören zu der im Osten von Leipzig bei Brandis liegenden I./JG 400. Lt.Col. Murphy von der 359th Fighter Group, deren Mustang südostwärts Leipzig in 8200 Meter Höhe drei Fortress-Pulks begleiten, beobachtet, wie die schwanzlosen Maschinen der Deutschen sich dann von hinten nähern. Gleichzeitig bemerkt er eine etwas zurückhängende B-17 und

glaubt, daß diese Fortress sicherlich lohnendes Ziel der Raketenjäger sein würde. Mit seinem Rottenflieger, Lt. Jones, versucht er dem Bomber zu Hilfe zu kommen. Da sind bereits die Me 163 am Kampfverband, Lt. Ryll schießt gegen 10.50 Uhr eine Viermotorige ab. Lt. Jones feuert auf einen der Angreifer, trifft ihn, aber er kann keinen Absturz beobachten, während Lt.Col. Murphy der Abschuß einer Me 163 gelingt. Lt. Ryll, 1. Staffel, fällt in diesem Einsatz der I./JG 400, und es ist so gut wie sicher, daß es Murphy war, der ihn im Luftkampf bezwungen hatte. Ein anderer Pilot der 1. Staffel, Fw. Straznicky, erleidet Verwundungen durch Bordwaffenbeschuß.
Währenddessen hat die von Hptm. Ilk geführte III. Gruppe des JG 300 den im Norden des Harzes stehenden und Magdeburg anfliegenden amerikanischen Kampfverband erreicht und versucht die auseinandergezogenen Pulks anzugreifen. Es ist nicht genau bekannt, wieviel Abschüsse dabei erzielt werden. Irgendwo im Süden von Braunschweig tritt bei der 12. Staffel ein Verlust auf: Der 22jährige Rheinländer Lt. Faubel wird mit seiner schwarzen »12« abgeschossen – er gilt nach den Unterlagen des DRK immer noch als vermißt. Einen weiteren Ausfall erleidet die 8. Staffel bei Wernigerode, als Uffz. Haase höchstwahrscheinlich der Meute des gegnerischen Begleitschutzes zum Opfer fällt.
Zum großen Luftgefecht kommt es jedoch zwischen dem östlichen Weserbergland und dem Sölling. Hier hat der Gefechtsverband I./JG 300, II./JG 5, II./JG 27 Feindberührung mit überaus starken amerikanischen Jagdkräften, zu denen auch die Mustang der 355th Fighter Group zählen, welche später bei nur einem Eigenverlust den Abschuß von zwölf Jägern melden. Allein die 2. Staffel des JG 3 verliert drei Flugzeugführer: Uffz. Schmutzler über Lütgenade bei Stadtoldendorf, den Gefreiten Venohr, ebenfalls bei Stadtoldendorf sowie Uffz. Enenkel. Letzterem gelingt es, mit seiner getroffenen schwarzen »13« nach Osten zu entkommen und in Halberstadt bauchzulanden, doch da sind die ihn verfolgenden Jäger heran, stürzen hinab und töten den Flugzeugführer am Boden durch Bordwaffenbeschuß.
Bei Negenborn, westlich von Stadtoldendorf, schwebt Fw. Kärcher von der 1./JG 3 verwundet am Fallschirm nieder, während sein Staffelkamerad, Lt. Buschmann, in der Nähe von Lauenstein

bei Salzhemmendorf im Luftkampf abgeschossen wird und fällt. Ohne Erfolg bleibt die II./JG 5, deren 7. Staffel aber zwei Einbußen hinnehmen muß. Mustang schießen bei Hoppensen im Kreis Einbeck die weiße »5« von Ofhr. Jusa ab; den Flugzeugführer bringt man mit schweren Verwundungen in das Reserve-Lazarett Einbeck, wo er vier Stunden später verstirbt. Uffz. Kortmann, der seine angeschossene G-6 vermutlich noch nach Salzwedel zurückzubringen versuchte, muß südlich von Helmstedt mit dem Fallschirm abspringen. Er bleibt am Leitwerk hängen und stürzt mit der Maschine tödlich ab.
Die sonst kaum ohne Luftsieg zurückkehrende II. Gruppe des JG 27 hat diesmal gleichfalls wenig Chancen und sie verliert ihrerseits am heutigen Mittwoch vier Maschinen. Zwei Piloten steigen mit dem Fallschirm aus: Uffz. Hanagarth bei Marburg/Lahn und Uffz. Salinger bei Holzminden. Salinger übersteht diesen Luftkampf unverletzt. Hingegen fällt Uffz. Knaus, welcher der 7. Staffel angehört. Und bei Üssinghausen, zwischen Uslar und Moringen, wird FjOfw. Müller, 4. Staffel, von den Bordwaffen gegnerischer Jäger tödlich getroffen.
Über den Zielgebieten selbst scheinen die Amerikaner auf keinerlei Abwehr zu stoßen. Neben den genannten Objekten haben sie ferner Delitzsch, Halberstadt und Halle angegriffen. Nach Angaben der US Army Air Force verliert die 8. Luftflotte am 16. August 21 Viermotorige, wobei leider nicht hervorgeht, wieviel davon durch Jäger und durch Flak heruntergebracht worden sind. Die Reichsluftverteidigung meldet 24 Abschüsse bei einem eigenen Verlust von 18 Flugzeugführern: zwölf Gefallene, einen Vermißten und fünf Verwundete.
Im OKW-Bericht vom 17. August heißt es wieder einmal recht kurz: »Feindliche Bomberverbände griffen Orte in Mittel- und Süddeutschland an; besonders in Magdeburg und Dessau entstanden Schäden.« Bei dem Einflug in den süddeutschen Raum handelte es sich übrigens um einen von 115 Viermotorigen der 15. Luftflotte durchgeführten Luftangriff auf die Dornier-Werke bei Friedrichshafen. Nur zwei Maschinen gehen hierbei verloren, eine B-24 mit der kompletten Besatzung bruchlandet in Dübendorf in der Schweiz.
Nachdem am 22. die 15. Luftflotte mit rund 560 Fortress und Li-

berator von den italienischen Basen aus die Hydrierwerke Odertal und Blechhammer in Oberschlesien und während des Hin- und Rückfluges zudem Ölziele bei Wien bombardierte und dabei nach amerikanischen Angaben insgesamt 39 Maschinen einbüßte, richtet sich ein am 24. August von der 8. Luftflotte durchgeführtes Unternehmen wiederum gegen die Öl-Industrie Mitteldeutschlands. Mit 1252 Kampfflugzeugen starten die drei Bomberdivisionen, um Freital, Leuna, Misburg und Ruhland anzugreifen. Daneben wird ein Teilverband abermals das Werk Brüx heimsuchen. Weitere Kampfverbände haben Industrieanlagen von Braunschweig, Kiel und Weimar zum Ziel.

Bereits im Hamburger und Lüneburger Raum hat die II./JG 5 Kontakt mit dem Gegner, was der Gruppe allerdings zwei Verluste einbringt. Der Gefreite Dreher rettet sich durch Fallschirmabsprung, doch verletzt er sich beim Aufkommen am linken Unterschenkel. Dann erwischen die Mustang die blaue »2« von Uffz. Weidner, 8. Staffel. Weidner gilt nach dem Einsatz als vermißt – bis man ihm am 30. August bei Veerßen, südwestlich von Uelzen tot auffindet.

Anfang Juli 1944 war in Lippspringe die III. Gruppe des »Pik-As«-Geschwaders JG 53 unter Hptm. Franz Götz zur Reichsluftverteidigung gekommen. Die Gruppe, vom italienischen Kriegsschauplatz abgezogen, traf ohne Maschinen ein und mußte völlig neu aufgerüstet werden. Dann unterstellt man sie der 3. Jagddivision. Nach den ersten Gefechten über dem Reich Anfang August ist die III./JG 53 heute wieder am Abwehreinsatz beteiligt. Sie versucht an den auf Hannover-Misburg angesetzten, aus etwa 60 Viermotorigen bestehenden Bomberverband heranzukommen und gerät zwischen Lüneburg und Salzwedel an den zahlenmäßig überlegenen Jagdschutz der Amerikaner. Während einer heftigen Kurbelei bei Lüneburg mit den Begleitjägern kollidieren die beiden Messerschmitt von Lt. Meidl, 9. Staffel, und Uffz. Effner, 10. Staffel. Beide Flugzeugführer haben im Luftkampf Verwundungen erlitten. Im Raum Salzwedel trifft es die schwarze »20« des Gefreiten Beyer von der 11. Staffel, der verwundet mit dem Fallschirm aussteigt. Lt. Funder vom Gruppenstab fällt etwa zehn Kilometer westlich von Elze, Kreis Alfeld.

Einer der bekannteren amerikanischen Jagdflieger, Major God-

frey mit 18 Luftsiegen und ebensoviel Bodenzerstörungen, der die 336th Squadron der 4th Fighter Group anführt, wird heute beim Bordwaffenangriff auf einen deutschen Flugplatz mit seiner P-51 von der Flak heruntergebracht. Godfrey gerät in Gefangenschaft. Es ist jedoch nicht auszuschließen, daß ihn tatsächlich irrtümlicherweise sein eigener Rottenflieger abgeschossen hat.
Der Westeinflug am 24. August kostet die Amerikaner 25 viermotorige Bomber, von denen je eine B-24 der 34th und der 389th Bombardment Group mit Gefechtsschäden Kurs auf Schweden genommen haben und in Sövde gelandet sind.
Mehrere Hundert B-17 und B-24 der 15. Luftflotte greifen Odertal und Blechhammer sowie Flugplätze der Luftwaffe im Protektorat an. Die gegen diese Streitmacht zum Abwehreinsatz gelangenden Focke-Wulf der IV. Sturm/JG 3, II. Sturm/JG 300 und die Messerschmitt der I./JG 300 melden etwa 20 Kilometer südlich der Moldau, im Raum Neuhaus Feindberührung. Aber auch sie können den Angriff auf die Hydrierwerke natürlich nicht verhindern. Die 13./JG 3 verzeichnet einen Verlust. Uffz. Heinig fällt im Luftkampf, desgleichen Fw. Wiegand von der 6./JG 300. Fw. Engst von der gleichen Staffel wird bei Neuhaus verwundet und Uffz. Berdelmann von der Höhengruppe macht bei Silberlos eine Bauchlandung.
Mit den am 25. August gegen Pölitz (8. Luftflotte), am 27. und 28. August gegen Blechhammer und Moosbierbaum (15. Luftflotte) unternommenen Luftangriffen enden in diesem Monat die Tageseinsätze der Amerikaner gegen Ölziele. Daß sich die Operationen dieser Art noch erheblich steigern werden, darüber herrscht jetzt auch in den deutschen Führungsstäben wohl kein Zweifel mehr. Reichsminister Speer legt in seiner Dritten Hydrierdenkschrift vom 30. August 1944 (M 623 g.RS.) unter anderem folgendes dar: »Die wichtigsten Werke sind schwer getroffen. Leuna, Brüx und Pölitz sind kurz nach Anlauf auf einige Wochen zum vollständigen Erliegen gekommen. Da die Heimatverteidigung gegen feindliche Fliegerangriffe im Monat September keine wesentlich größeren Erfolge als im Vormonat erwarten läßt, sind die Ergebnisse der chemischen Produktion im September nun entsprechend niedriger anzusetzen... Für September wurde noch am 15. August die Produktion an Flugbenzin aufgrund der Wiederaufbaumaß-

nahmen auf 101 000 t geschätzt. Nach den neuerlichen Angriffen wird sie bei der ungenügenden Heimatverteidigung nicht über 10–15 000 t liegen.«
Und Speer führt weiter aus, daß die Luftwaffe spätestens Mitte September für einen letzten großen Einsatz zur Verfügung stehen müßte. Die besten Kräfte, die erfolgreichsten Jagdflieger sowie rund 1200 Flugzeuge müßte die Luftwaffe dafür bereitstellen. Aber wird die Reichsluftverteidigung jemals noch in der Lage sein, hier entscheidend eingreifen zu können? Dazu wird vor allem der notwendige Treibstoff fehlen.

Verluste im Tageseinsatz am 16. August 1944

Verluste Tagjagd

	gefallen	verwundet	Ausfälle insgesamt	Maschinentyp	Verlusträume
I./JG 3	4	1	5	Bf 109 G–6	Holzminden, Stadt-
IV./JG 3	1	1	2	FW 190 A–8	oldendorf, Kassel
JG 3	5	2	7		
II./JG 5	2		2	Bf 109 G–6	Einbeck, Helmstedt
II./JG 27	2	1	3	Bf 109 G–6	Einbeck, Holzminden, Marburg
I./JG 300	1		1	Bf 109 G–6	Braunschweig,
III./JG 300	2		2	Bf 109 G–6	Wernigerode
JG 300	3		3		
I./JG 302		1	1	Bf 109 G–6	Kassel
I./JG 400	1	1	2	Me 163 B	Brandis
	13	5	18		

MONTAG, 11. SEPTEMBER 1944

Die Befürchtungen bewahrheiten sich – im Monat September wird eine deutliche Zunahme des strategischen Tageseinsatzes der alliierten Luftflotten gegen das Reichsgebiet zu verzeichnen sein. Es lassen sich drei Schwerpunkte erkennen, wobei an erster Stelle die Treibstoffindustrie steht, die nun auch vermehrt vom RAF Bomber Command bei Tage angegriffen wird. Das Ziel der Engländer bilden besonders die Werke im Ruhrgebiet. Dann folgen Angriffe auf die Flugzeugindustrie, auf Flugplätze und, an dritter Stelle, auf die Verkehrsanlagen.
Unterdessen rücken auch die Fronten im Westen, Osten und Süden immer näher an Deutschland heran. Nach dem Fall von Paris (25. August) dringen die alliierten Truppen zum Rhein vor, am 11. September erreichen die Amerikaner bereits die deutsche Grenze zwischen Aachen und Trier. Die Rote Armee steht an der Weichsel, bereit, ihre große Offensive anzutreten, und in Italien verlaufen die Kämpfe etwa auf der Linie La Spezia–Rimini.
Von den rund 20 großen, im September durchgeführten Luftoperationen richten sich allein 13 gegen Ziele der Ölindustrie im Reich, einschließlich der »Ostmark«. Im gleichen Monat werden in den Werken der synthetischen Treibstoffherstellung als Folge der konsequenten Luftangriffe nur 9400 t produziert. Fielen im Mai 1944 noch 5120 t Bomben auf die Treibstoffindustrie – das sind 1/20 der Gesamtabwurfmenge – so werden die beiden US-Luftflotten im November 1/3 ihrer Bombenmenge für diesen Zielkomplex aufwenden.
Galland hatte inzwischen begonnen, eine Reserve-Jagdstreitmacht aufzubauen, mit der der große Einsatz, wie ihn auch Speer gefordert hat, erfolgen soll. Der Ausstoß an Jagdflugzeugen erreicht, wie bereits erwähnt, im September 1944 den Höchststand des Krieges: 1874 Bf 109 und 1002 FW 190 verlassen die verschiedenen Herstellerwerke. Allerdings sind die Deutschen infolge Treibstoffmangels kaum in der Lage, diesen Produktionserfolg ausnutzen zu können. Zwar hatte das OKW eine solche Steigerung, wenn sie einen Sinn haben sollte, von einer gleichzeitigen Zunahme der Treibstoffproduktion abhängig gemacht, aber dieses Gleichgewicht erfährt durch die vom Gegner nahezu ungehin-

dert durchgeführten Luftangriffe eine empfindliche Störung. Obendrein sind die beiden Baumuster Bf 109 und FW 190 zum großen Teil den amerikanischen Jäger an Kampfwert unterlegen; die Me 262 hätte hier möglicherweise Abhilfe schaffen können.

Am 4. September sind 339 Tagjäger des I. Jagdkorps einsatzbereit; ihr Aufmarschplan sieht wie folgt aus:

1. Jagddivision (Döberitz)

I./JG 3	Borkheide
IV. Sturm/JG 3	Alperstedt
II. Sturm/JG 4	Welzow
III./JG 4	Alteno
II./JG 5	Reinsdorf
Stab/JG 11	Finsterwalde
II./JG 27	Finsterwalde
III./JG 53	Mörtitz
I./JG 76	Gahro
I./JG 300	Esperstedt
II. Sturm/JG 300	Erfurt-Bindersleben
III./JG 300	Jüterbog
I./JG 302	Schafstädt
Teile JGr. 10	Parchim
I./JG 400	Brandis

Hinzu kommen verschiedene Jagdgruppen, die sich noch in Aufstellung, Auffrischung und Umrüstung befinden, wie die Gruppen des JG 1 in Wunstorf, Husum und Reinsehlen, II./JG 3 in Ziegenhain, I./JG 5 in Wunstorf, I. und IV./JG 27 in Rotenburg und Hustedt, I. und IV./JG 53 in Seyring und Oldenburg, II./JG 302 in Seyring. Zudem wird die III./ZG 26 in Lechfeld, Leipheim und Schwäbisch Hall auf einmotorige Tagjagd umgerüstet.

Anfang des Monats werden die Hydrieranlagen in Ludwigshafen dreimal angegriffen, und zwar am 1., 3. und 5. September. Vorwiegend im Rhein-Main-Gebiet gelegene Flughäfen der Jagdwaffe sind ebenfalls das Ziel am letzten der genannten Tage. Am 9. folgt ein Großeinsatz gegen Mannheim, Mainz und Düsseldorf sowie einen Tag später gegen Verkehrsziele und Flugplätze in

Süddeutschland. Aber dann überstürzen sich die Ereignisse an den drei Tagen 11., 12. und 13. September. Sie bringen den deutschen Jagdstreitkräften der Reichsluftverteidigung den ersten großen Aderlaß. Obendrein erfolgt dann am 17. September das Luftlandeunternehmen der Alliierten bei Arnheim und Nymwegen. Und die Treibstoffvorräte schmelzen dahin.
Am Montag, den 11. September, läuft der amerikanische Einsatz Nr. 623 der 8. US-Luftflotte an. Vierzehn Combat Wings der drei Bomberdivisionen mit insgesamt 1131 Viermotorigen starten zum Angriff auf die Treibstoffwerke Böhlen, Lötzkendorf, Merseburg, Ruhland, Misburg und Brüx sowie auf Industrie- und Verkehrsziele bei Chemnitz, Eisenach, Erfurt, Fulda, Hannover, Magdeburg, Leipzig, Stendal und Zwickau. Rund 800 Jagdflugzeuge begleiten die einzelnen Bomberströme. Gleichzeitig bombardiert das RAF Bomber Command mit 522 Lancaster und Halifax Ölziele bei Gelsenkirchen, Castrop-Rauxel und Kamen, während Schwärme amerikanischer Jagdbomber Verkehrsziele in den Grenzgebieten West- und Südwestdeutschlands unter Bordwaffenbeschuß nehmen. Erstmals seit Beginn der Invasion kann auch die Luftwaffe wieder mit einer größeren Anzahl von Flugzeugen den Abwehreinsatz führen, doch es soll zu verheerenden Ausfällen kommen.
Während die vier Combat Wings der 1. Bombardment Division Lützkendorf und Merseburg anfliegen, greifen Teile des 40th und 94th Wing die Aero-Flugmotorenwerke und das Stadtgebiet von Eisenach an. Etwa zwischen 11.00 und 11.30 Uhr fallen dort die ersten Bomben, und zwar wenige Minuten nach dem Fliegeralarm. Auf ihrem Hinflug werden die Fortress im Großraum Eschwege, im Planquadrat MA, von den Gruppen des JG 300 gestellt. Der Geschwaderstab und die II. Sturm/G 300 waren gegen 10.40 Uhr in Erfurt-Bindersleben aufgestiegen. Die Maschinen fliegen nach Norden und sammeln über dem Kyffhäuser, dann werden sie in den Raum Eisenach beordert. In 5000 Meter Höhe haben sie schließlich Feindsichtung – gleich darauf kommt es zu einem weiträumigen Kampf mit den Mustang.
Es wird ein hartes Gefecht. Als einer der ersten muß Uffz. Kaiser bei Eisenach verwundet mit dem Fallschirm abspringen. Der Sturmgruppe gelingt kaum ein Bomberabschuß und sie muß ihren

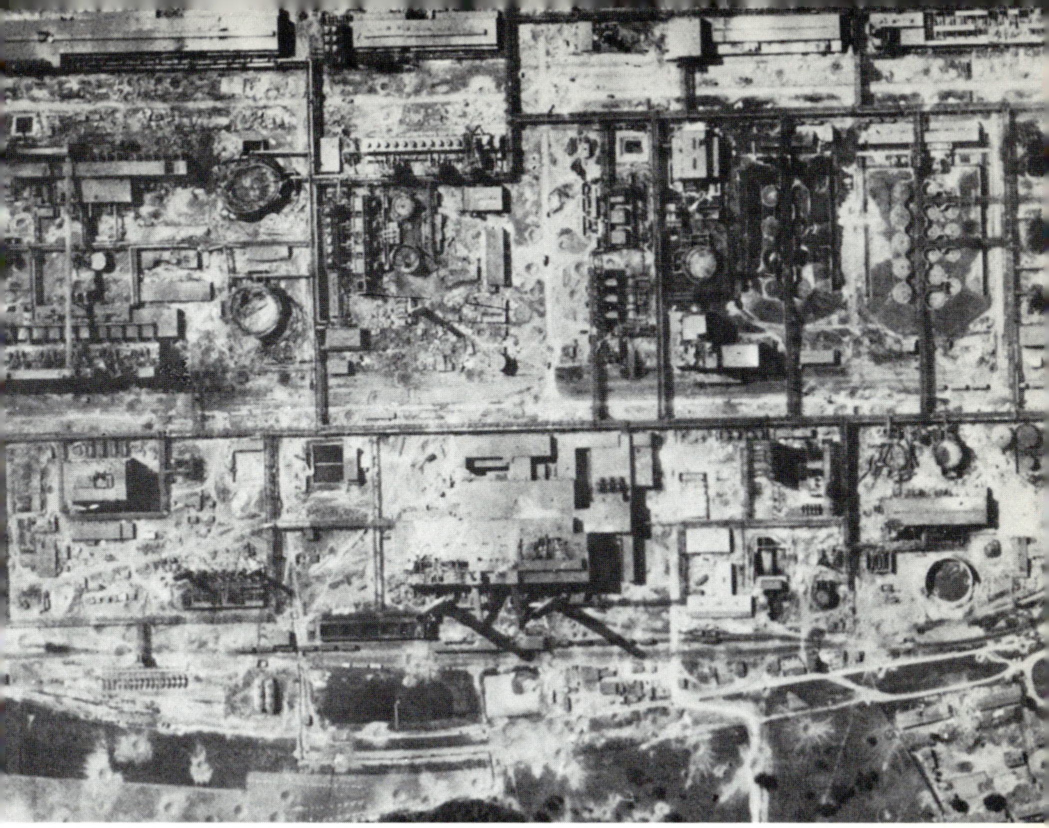

Zunächst beschränkt die Royal Air Force ihre Luftangriffe auf die an Rhein und Ruhr gelegenen Werke der Treibstoffindustrie. Das erst 1941 in Betrieb genommene Hydrierwerk Wesseling wird zum ersten Mal in der Nacht zum 22. Juni 1944 wirkungsvoll bombardiert, wobei es einen 40%igen Produktionsausfall erleidet. Das Foto zeigt die Anlagen von Wesseling nach dem Angriff der RAF in der Nacht zum 19. Juli 1944. (Imperial War Museum, London)

In der Nacht 12./13. Juni 1944 leiten die Engländer ihre Treibstoff-Offensive mit einem schweren Angriff auf das Hydrierwerk Gelsenberg ein. Die Werke in und um Gelsenkirchen zählen neben Leuna zu den am häufigsten bombardierten Ölzielen. Auf dem während eines Nachtangriffes über Gelsenkirchen aufgenommenen Foto sind eine von Zielmarkierungen abgesteckte Anlage sowie zahlreiche Leuchtbomben, Einschläge und Brände zu erkennen. (Imperial War Museum, London)

Die Standardjäger, mit denen auch die in der Reichsluftverteidigung eingesetzten Jagdverbände ausgerüstet sind: Bf 109 G (oben) und FW 190 A (unten). (Sammlung Girbig; Donald Cuntz)

Angriff mit zehn gefallenen Flugzeugführern teuer bezahlen. Allein die 5. Staffel zählt in der Gegend über Eschwege–Bebra fünf Gefallene, und Fw. Bauer, erfolgreicher Pilot dieser Einheit mit bereits einigen Dutzend Abschüssen auf seinem Konto, wird bei Nordhausen verwundet.
Zwar hat die Höhenschutzgruppe, die I./JG 300, schon weit im Westen versucht, den Sturmjägern den Weg zu den Kampfflugzeugen offen zu halten – vergebens. Beide Verbände sehen sich einer Vielzahl von Mustang und Thunderbolt gegenüber. Um 11.35 Uhr schießt Uffz. Schröder von der 5. Staffel im Raum Kassel eine P-51 ab. Es ist sein zweiter Luftsieg. Im gleichen Einsatz beschädigt er noch eine weitere Mustang, ehe er eine knappe Stunde später in Bayreuth landet.
Die im Sommer 1944 aus der Erprobungsgruppe 25 entstandene JGr. 10 ist mit der 3. Staffel aus Parchim gleichfalls im Raum Eschwege im Einsatz. Die Gruppe, welche hauptsächlich neue Waffen für die Bekämpfung von Bomberverbänden zu erproben hatte, stellte seit ihrer Umbenennung des öfteren Staffeln für den Abwehreinsatz über dem Reich ab, wie heute die 3./JGr. 10 unter der Führung von Hptm. Zinnert. Ihre Focke-Wulf werden nahezu aufgerieben; drei Piloten fallen: Fw. Grube und Fw. Held bei Langensalza, der Obergefreite Laube im Nordwesten von Rittmannshausen, Kreis Eschwege. Über Eschwege wird auch der Staffelkapitän im Luftkampf verwundet; Hptm. Zinnert erleidet Verbrennungen im Gesicht.
Unterdessen dauern die Gefechte an. Der Geschwaderstab des JG 300 und die in Alperstedt, zwischen Erfurt und Sömmerda gestartete IV. Sturm/JG 3 haben sich von den Gegnern lösen können und dringen nun weiter nach Nordwesten vor, den auf die Hydrierwerke im Merseburger Raum angesetzten Bombern nacheilend. Vor Halle, im Gebiet zwischen Mansfeld und Eisleben, erreicht der Jagdverband die zum Teil bereits wieder abfliegenden Fortress-Pulks. Mehrere Abschüsse werden erzielt, darunter der 17. Luftsieg von Fw. Unger (15. Staffel), doch die 13. und 14. Staffel der Sturmgruppe des JG 3 verliert vier Flugzeugführer im genannten Gebiet: Fw. Lindbichler, Fhr. Lobner und Uffz. Tandl fallen, Uffz. Zechner muß bei Reinsdorf an der Unstrut, westlich von Mücheln, verwundet mit dem Fallschirm aussteigen. Inzwi-

schen gelangen die Maschinen des Stabs JG 300 an eine Fortress-Formation und Major Dahl hält auf eine B-17 aus der Mitte der letzten Kette zu. Nach Treffern in Rumpf und Tragflächen zeigt der Bomber eine Rauchfahne, ehe er nach links abkippt und nach unten stürzt. Von der 92nd Bombardment Group gehen acht Fortress in die Tiefe, eine davon ist mit Sicherheit der Flak zum Opfer gefallen.
Dann sind wieder die Mustang da. Dahl hatte noch einen Bomberabschuß erzielt, aber nun müssen er und seine Rottenflieger, Major Lindenberger, sich den Gegnern durch Hineinstoßen in eine Wolkenbank zu entziehen versuchen. Etwa um 13.15 Uhr landen sie wieder in Erfurt-Bindersleben. Kurz darauf fliegen Mustang einen Bordwaffenangriff auf den Platz.
Aus der I. Gruppe des Zerstörergeschwaders ZG 76 war im Juli 1944 nach Umrüstung auf einmotorige Jäger die I./JG 76 entstanden.*) Nach einigen verlustreichen Luftkämpfen über Frankreich erfolgt dann an diesem 11. September der erste große Abwehreinsatz der Gruppe in der Reichsluftverteidigung. Mit etwa 20 Maschinen startet die I./JG 76 von dem nördlich von Finsterwalde gelegenen Platz Gahro bei Crinitz: Nur ein Viertel der am Einsatz beteiligten Flugzeugführer sollen den Tag unverletzt überstehen.
Die Gruppe wird von den Mustang der 55th und 359th Fighter Group in die Zange genommen, welche vorwiegend den 1st und 41st Combat Wing zu schützen haben. Im Raum zwischen Kassel und Eschwege holen die amerikanischen Jäger vier Messerschmitt der von Oblt. Michi geführten 1. Staffel herunter; Uffz. Fietz, Oblt. Hellmann, Uffz. Schulze und Fw. Trapp fallen im Luftkampf, FjUffz. Sommer wird bei Mühlhausen verwundet. Ofhr. Hodes bleibt mit seiner schwarzen »7« auch bis heute noch vermißt. Zwischen Eschwege und Eisenach ist es dann die 4. Staffel, welche sich mit den US-Jägern herumschlagen muß. Fw. Günter, der Gefreite Paschedag und Uffz. Pipke erleiden Verwundungen, der Gefreite Maurer wird mit der blauen »1« bei Eisenach tödlich abgeschossen. Der erste Einsatz der I./JG 76 über dem Reich steht also unter keinem guten Stern.

---

*) Im Oktober 1944 wurde diese Gruppe in IV./JG 300 umbenannt.

Mehr Erfolg hingegen hat die II. Sturm/JG 4, obwohl die am Abwehreinsatz beteiligten beiden Gruppen des Geschwaders (II. und III./JG 4) dafür einen ungewöhnlich hohen Blutzoll entrichten müssen. Im April 1944 war es in Kassel zur Bildung eines Geschwaderstabes z.b.V. gekommen, der im August in Stab/JG 4 umbenannt wurde. Kurz darauf entstand in Salzwedel aus Teilen der alten Sturmstaffel 1 die II. Sturm/JG 4 unter Oberstlt. v. Kornatzki. Seit Ende August liegt die Sturmgruppe nun in Welzow/Niederlaulitz. Ihre Staffelkapitäne sind zu diesem Zeitpunkt Hptm. Jugel (5.), Hptm. Köpke (6.), Oblt. Zehart (7.) und Hptm. Schröder (8.). Ausgerüstet ist die Gruppe mit der FW 190 A-8, und zwar größtenteils mit der Untervariante R2, bei der die beiden in den Außenflächen angebrachten MG 151/20 durch je eine MK 108 vom Kaliber 3 cm ersetzt ist.
Die Verbände des JG 4 werden an die auf Chemnitz, Ruhland und Brüx zufliegenden Kampfformationen der 3. Bomberdivision herangeführt. Über dem Erzgebirge und nördlich davon entwickeln sich die heftigsten Luftkämpfe seit langem. Im Raum Annaberg können innerhalb weniger Minuten elf B-17 zum Absturz gebracht werden. Ein schwarzer Tag für Col. Jeffreys 100th Bombardment Group aus Thorpe Abbotts, welcher diese Bomber allesamt angehören. Der Verband wird später wegen der ungewöhnlich hohen, in verhältnismäßig kurzen Intervallen über dem Reichsgebiet erlittenen Kampfeinbußen in die Geschichte der USAF als »The Bloody Hundredth« eingehen.*)
Oblt. Vorberg von der 5. Staffel meldet einen Herausschuß, seinen ersten Luftsieg. Der gesamte Kampfverband war nahezu ohne Begleitschutz angetroffen worden, doch nun ist Major Gravette mit Teilen seiner 379th Fighter Group heran. Die Bomberverluste wären, so berichten die Amerikaner später, noch viel höher ausgefallen, wenn die Mustang nicht eingegriffen hätten. Und jetzt sind die Deutschen die Gejagten.
Die Luftkämpfe spielen sich hauptsächlich in den Planquadraten OF/OG-PF/PG, im Raum zwischen Zschopau und der Grenze zum »Protektorat« ab, die meisten Ausfälle entstehen über dem

---

*) Die höchsten Verluste aller Bombardment Groups der 8. US-Luftflotte weist die 91st Group mit 197 Viermotorigen auf, gefolgt von der 100th Group mit 177.

Fichtelberg bei Oberwiesenthal und bei Weipert entlang der Straße nach Annaberg. Hier gehen mindestens sieben FW 190 der II./JG 4 und fünf Bf 109 der III./JG 4 verloren. Hptm. Jugels Staffel zählt drei gefallene Flugzeugführer, bei der 6. Staffel sind es sechs. Der im Gefecht verwundete Lt. Hankner wirft bei Oberwiesenthal seine schwarze »8« auf den Bauch, während Fw. Kiefer im gleichen Gebiet verwundet mit dem Fallschirm abspringt.
Unterdessen haben zwei Combat Wings Kurs auf Brüx genommen. Das JG 4 verfolgt den Kampfverband, kommt aber bis kurz vor dem Zielgebiet nicht an ihn heran. Bei Komotau rammt Lt. Rausch von der 8. Staffel eine B-17, der Leutnant bezahlt dieses Unternehmen mit seinem Leben. Der Angriff auf die Bomberformationen hat bereits im Raum Annaberg zu einigen Verlusten unter den Jagdfliegern geführt, darunter Uffz. Eilmes, 6. Staffel, der bei Annaberg fällt, und Uffz. v. Wenkstern von der 7./JG 4 bei Sehma. Auch die 9. Staffel büßt dort zwei Piloten ein.
Im heutigen Abwehreinsatz muß das Jagdgeschwader 4 einen Verlust von insgesamt 21 Gefallenen und neun Verwundeten hinnehmen. Von der Sturmgruppe kehren zwölf Flugzeugführer nicht wieder zurück. Wahrlich ein hoher Preis für die etwa zwölf errungenen Bomberabschüsse.
Von den Verbänden, welche Chemnitz angeflogen haben, lösen sich anschließend 40 B-17 der 96th und 37 B-17 der 452th Bombardment Group, um nach Rußland weiterzufliegen. Vermutlich handelt es sich hier um den Pendeleinsatz »Frantic VI«. Mustang der 20th Fighter Group begleiten die Bomber; der Flug verläuft jedoch ohne weitere Feindberührung.
Deutscherseits ist noch die II./JG 27 in Finsterwalde gestartet. Auch für sie wird es ein verlustreicher Einsatz. Die 5., 6. und 7. Staffel haben Feindberührung mit gegnerischen Jägern, welche wahrscheinlich die nach Halle fliegenden Pulks abschirmen. Von Eschwege bis in die Gegend von Kölleda entwickeln sich die Luftkämpfe, wobei eine Mustang abgeschossen wird, die 5./JG 27 aber Lt. Torfer und Ofhr. Pfundner verliert. Torfer gehörte noch zu dem alten Pilotenstamm der Gruppe, er hatte neun Luftsiege, darunter vier Viermot.-Abschüsse erringen können. Als die Gruppe nach dem Einsatz wieder landet, fehlen insgesamt sechs Flugzeugführer.

Von Mörtitz aus waren ebenfalls Teile der III./JG 53 aufgestiegen. Sie sollen dann im Raum Marburg-Gießen an den amerikanischen Jagdschutz geraten. Ofhr. Baer vom Gruppenstab bringt eine P-51 herunter und wird kurz darauf bei Hassenhausen von Jägern abgeschossen. Die schwarze »7« von Uffz. Pusch ist getroffen, der Pilot steigt aus – Mustang feuern auf ihn am Fallschirm, bringen ihm tödliche Verletzungen bei. Nordwestlich der Burg Gleiberg, bei Fellinghausen, fällt der Flieger Weinzierl. Die restliche 11. Staffel wehrt sich verzweifelt gegen die Vielzahl der Mustang, die den Bombern lückenlos Schutz geben. Da in den Truppenunterlagen Luftkämpfe mit P-51 und B-24 verzeichnet sind, die Liberator der 2. Bombardment Division jedoch Ziele viel weiter nördlich, im Raum Hannover–Magdeburg–Stendal angreifen, wird vermutet, daß es sich hier um Rückflüge aus den genannten Zielgebieten handelt. In einer Kurbelei mit den Mustang erhält Lt. Harpel Treffer in Rumpf und Motor seiner G-6. Die Maschine beginnt zu brennen, so daß Harpel mit dem Fallschrim abspringt. Beim Aufkommen am Boden zieht er sich eine Gehirnerschütterung zu. Auch Uffz. Sommerhoff wird verwundet. Ein Kabinentreffer zwingt ihn zur Notlandung, und mit einem Splitter in der Ferse liefert man ihn in das Marburger Lazarett ein.
Unklar ist, ob die auch an der Reichsgrenze im Raum Aachen und westlich des Ruhrgebiets gemeldeten Feindbegegnungen sich auf den amerikanischen Bombereinflug beziehen oder ob es zu Luftkämpfen mit den zahlreichen Jabo kommt, welche in den Grenzgebieten eine ganze Reihe von Tiefangriffen unternehmen. Fest steht, daß die von Italien ins Reich zurückverlegte und zur Zeit in Oldenburg in Auffrischung befindliche I. Gruppe des JG 77 Luftkampf hat und dabei den Tod von drei Piloten beklagen muß: Fhr. Groofhold vom Gruppenstab bei Eupen, Fw. Alle von der 1. Staffel südwestlich von Heerlen und Fhr. Schmid, 3. Staffel, im Süden von Aachen. Die III. Gruppe des »Schlageter«-Geschwaders JG 26 verzeichnet zwei Verwundete: Uffz. Gehrte, der nach Luftkampf mit Motortreffer bei der Landung in Bönninghardt abstürzt, und Ofw. Erbskorn, welcher ebenfalls mit lädiertem Motor bei Venlo bauchlandet.
Damit geht dieser ereignisreiche und verhängnisvolle Montag zu Ende. Die alliierten Luftstreitkräfte haben mit dem Großangriff

der Öl- und Rüstungsindustrie wiederum einen vernichtenden Schaden zugefügt, ganz abgesehen von den Zerstörungen in den in Mitleidenschaft gezogenen Stadtgebieten. Nach dem Einsatz melden die Amerikaner den Abschuß von 116 deutschen Jägern. Sie selbst büßen nach eigenen Angaben 40 Viermotorige und etwa 15 Begleitjäger ein. Vierzig von rund 1130 gestarteten Bombern, das sind noch keine 4% der eingesetzten Streitmacht. Die Reichsluftverteidigung hat etwa 400 Maschinen in die Luft bringen können. Genaue Erfolgszahlen sind nicht bekannt, aber etwa 30 Abschüsse werden erzielt und mindestens weitere 15 gegnerische Flugzeuge fallen vorwiegend der die mitteldeutschen Industrien schützenden 14. Flakdivision zum Opfer.

Doch es gehen auf deutscher Seite rund 80 Jagdflugzeuge verloren, nahezu 18% des Einsatzes! 60 Piloten fallen, 25 werden verwundet. Der hauptsächlich dem synthetischen Treibstoff geltende Angriff am 11. September 1944 hat der Jagdwaffe eine schwer zu verkraftende Niederlage eingebracht.

Einsatz Nr. 623 der USAAF am 11. 9 . 44

	Ziele	gestartet	Ziel angeflogen	abgeworfene Bombenmenge (t)	Verluste
1. Bombardment Division (B–17)					
1st Bombat Wing	Lützkendorf, Merseburg	74	73		
40th Combat Wing	Merseburg, Eisenach	117	105		11
41st Combat Wing	Lützkendorf, Merseburg	83	74		2
94th Combat Wing	Lützkendorf, Merseburg, Eisenach	77	71		1
		351	323	724,6	14
2. Bombardmet Division (B–24)					
2nd Combat Wing	Misburg	96	87		
14th Combat Wing	Hannover	58	49		4
20th Combat Wing	Magdeburg	82	72		5
95th Combat Wing	Hannover, Magdeburg	72	68		
96th Combat Wing	Magdeburg, Stendal	64	60		1
		372	336	1074,2	10

	Ziele	gestar-tet	Ziel ange-flogen	abgeworfene Bombenmenge (t)	Ver-luste
3. Bombardment Division (B–17)					
4th Combat Wing	Böhlen, Fulda	66	65		4
13th Combat Wing	Böhlen, Fulda, Ruhland	89	48		12
45th Combat Wing	Fulda, Chemnitz	79	65		
92nd Combat Wing	Böhlen, Fulda, Stendahl	99	91		
93rd Combat Wing	Fulda, Brüx	75	74		
		408	343	713,7	16
		1131	1002	2512,5	40

Verluste im Tageseinsatz am 11. September 1944

Verluste Tagjagd

	ge-fal-len	ver-wun-det	Ausfälle ins-gesamt	Maschinen-typ	Verlusträume
I./JG 3	1		1	Bf 109 G–14	Eisleben, Mansfeld
IV./JG 3	3	1	4	FW 190 A–8	Reinsdorf
JG 3	4	1	5		
II./JG 4	12	4	16	FW 190 A–8	Annaberg, Ober-
III./JG 4	9	5	14	Bf 109 G–6/G–14	wiesenthal, Weipert
JG 4	21	9	30		
I./JGr. 10	3	1	4	FW 190 A–8	Eschwege, Langensalza
III./JG 26		2	2	Bf 109 G–6	Bönninghardt, Venlo
II./JG 27	6		6	Bf 109 G–6/G–14	Eschwege, Kölleda
III./JG 27	1		1	Bf 109 G–6/G–14	Meckenheim
JG 27	7		7		
III./JG 53	3	2	5	Bf 109 G–6	Marburg-Gießen
I./JG 76	7	7	14	Bf 109 G–6/G–14	Eisenach, Eschwege
I./JG 77	3		3	Bf 109 G–6	Aachen, Eupen
I./JG 300	1	1	2	Bf 109 G–6/G–14	Fritzlar
II./JG 300	10	2	12	FW 190 A–8	Eisenach, Eschwege
III./JG 300	1		1	Bf 109 G–6	Diedenhofen
JG 300	12	3	15		
	60	25	85		

DIENSTAG, 12. SEPTEMBER 1944 / MITTWOCH, 13. SEPTEMBER 1944

Am 12. September berichtet die Reichspresse von einem überwältigenden Abwehrerfolg, den die Luftverteidigungskräfte am Montag über Mitteldeutschland errungen hatten. Aus gewissen Gründen nicht erwähnt sind natürlich die dabei erlittenen hohen Eigenverluste, und auch über die entstandenen Schäden, den Produktionsausfall in den Werken und die Auswirkungen dieser Angriffe gibt es keine Informationen.

Ungeachtet der heftigen Luftschlacht am Montag fliegen die Amerikaner am folgenden Tag, den 12. September, erneut ins Reich ein, um in einem Wiederholungsangriff abermals Böhlen, Brüx, Magdeburg-Rothensee, Misburg und Ruhland zu bombardieren. Daneben werden auch die Anlagen von Hemmingstedt bei Heide im Dithmarschen angegriffen. Von den insgesamt 851 gestarteten Bombern haben Teilverbände ferner Industrieobjekte in Berlin, Hannover und Kiel zum Ziel. Auch die RAF führt wiederum einen Tageseinsatz gegen Hydrierwerke bei Bocholt und Recklinghausen durch und sie erscheint dann am Abend noch einmal über Dortmund, Essen und Münster. Beide Einsätze werden zusammen mit rund 550 Maschinen geflogen; neun davon kehren nicht zurück.

Diesmal fliegen die amerikanischen Kampfverbände über die Deutsche Bucht ein, nehmen danach allgemeinen Kurs Südost und nähern sich, in mehreren Angriffswellen formiert, der Mark Brandenburg. Starke Jagdstreitkräfte fliegen zum Teil den Bombern voraus und schirmen die Verbände nach Norden und weit nach Süden hin ab, so unter anderem auch die um 9.27 Uhr gestartete 353rd Fighter Group, welche heute unter der Führung von Major Junttila die den Raum Hannover anfliegenden Formationen, Fortress der 1. und Liberator der 2. Bombardment Division, begleitet. Weitere Verbände der 1. und 3. Division nähern sich unterdessen dem Magdeburger Raum, wobei die Fortress der 1. weiter nach Ruhland fliegen werden. Die 457th Bombardment Group greift zudem bei Lauta, zwischen Senftenberg und Hoyerswerda, ein Aluminiumwerk an.

Westlich von Magdeburg und zwischen Oschersleben und Halber-

stadt hat dann einer der drei großen Gefechtsverbände der Reichsluftverteidigung, welche für den heutigen Abwehreinsatz gebildet worden sind, Feindberührung mit diesen gegnerischen Formationen. Der hier eingesetzte Jagdverband besteht aus der II. Sturm/JG 4, III./JG 4 und der I./JG 76. Nachdem bekannt wurde, daß ein Teil der amerikanischen Bomberstreitmacht etwa im Gebiet Salzwedel-Wittenberge auf Südkurs geht, war der Gefechtsverband mit rund 50 Maschinen nach Westen dirigiert worden. An der Spitze der II./JG 4 die grüne »3« des Kommandeurs, Oberstlt. v. Kornatzki. Die anderen beiden Gruppen sollen den Sturmjägern die Bombereskorte vom Leib halten.
Doch abermals werden die Deutschen von unzähligen Mustang gestellt, so daß ein Angriff auf die Bomber fast einer Selbstaufopferung gleichkommt. Dennoch fallen einige B-17 vom Himmel. Die 457th Bombardment Group verliert eine Viermotorige, zwei weitere werden so schwer zusammengeschossen, daß sie zwar noch mit einiger Mühe den Rückflug antreten können, aber über Frankreich hinunter müssen und zu Bruch gehen. Oblt. Schlegel und Oblt. Vorberg von der II. Sturm/JG 4 melden je einen Abschuß, doch Vorbergs Focke-Wulf erhält ebenfalls Treffer; er bringt sie noch nach Welzow zurück und bruchlandet dort.
Die 8. Staffel zählt drei Gefallene, nachdem Uffz. Pickel in der Nähe von Halberstadt, Uffz. Rosenthal westlich von Schöppenstedt bei Groß-Dahlum, und Ofhr. Wolf im Raum Köthen tödlich abgeschossen worden sind. Der verwundete Ofhr. Schaar von der 5. Staffel kann sich durch Fallschirmabsprung retten.
Doch die Sturmgruppe muß noch einen recht schmerzlichen Verlust hinnehmen, denn auch ihr Kommandeur fällt in diesem Luftkampf. Oberstlt. v. Kornatzki wird bei Zilly, nordwestlich von Halberstadt abgeschossen. Um die Jahreswende 1943/44 hatte v. Kornatzki in Salzwedel die Sturmstaffel 1 aufgestellt, aus der zunächst die IV. Sturm/JG 3 und später die II. Sturm/JG 4 gebildet wurden. V. Kornatzki führte letztere seit ihrer Aufstellung im August 1944. Sein Nachfolger als Gruppenkommandeur wird der Staffelkapitän 8./JG 4, Hptm. Schröder, dessen Staffel wiederum von Oblt. Markhoff weitergeführt wird.
Im Luftkampf mit den Mustang erleidet die III./JG 4 über dem Raum Magdeburg-Halberstadt insgesamt neun Ausfälle: Acht Pi-

loten fallen, Ofhr. Puhlmann von der 10. Staffel steigt, verwundet zwar, über Haldensleben mit dem Fallschirm aus. Nicht viel anders sieht es bei der I./JG 76 aus, von der die 1., 2. und 4. Staffel im gleichen Gebiet, die 3. Staffel über dem Harz Gefechtsberührung haben. Letztere verzeichnet am heutigen Tag drei Gefallene. Von der II. Sturm/JG 4 kehren von den ersten beiden Abwehreinsätzen, die sie seit ihrer Aufstellung über dem Reich geflogen hat (11. und 12. September) insgesamt 33 Flugzeugführer, darunter der Gruppenkommandeur, nicht mehr zurückgekehrt. Weitere elf Piloten tragen Verwundungen davon. Dieser Aderlaß ist so groß, daß die Gruppe mit ihrem Einsatz schon fast am Ende ist, bevor dieser überhaupt erst richtig begonnen hatte. Erst am 27. September werden die Focke-Wulf der Sturmgruppe erneut starten.
Der andere große Gefechtsverband, der sich aus dem JG 300, zwei Gruppen des JG 3, der II./JG 27 und der III./JG 53 zusammensetzt, gelangt im Norden der Reichshauptstadt, in den Planquadraten EF/EG/EH, an die von starken Jagdkräften begleiteten Kampfverbände. Hier können die beiden Sturmgruppen IV./JG 3 und II./JG 300 bei etwa sieben eigenen Totalausfällen eine ganze Reihe von Luftsiegen erzielen. Fw. Unger, 15./JG 3, holt eine B-17 herunter, während die Gruppe noch sieben Mustang-Abschüsse meldet. In der Gegend über Neuruppin fällt Uffz. Seidel (15. Staffel), Uffz. Lechner (7./JG 300) und Lt. Jänecke von der Höhenschutzgruppe I./JG 300. Weiter westlich davon, bei Kyritz, wird Uffz. Eiselt, 11./JG 300, tödlich abgeschossen. Ebenfalls in der Nähe von Kyritz schickt Uffz. Heitkötter von der 11..JG 53 einen Viermotorigen in die Tiefe, bevor kurz darauf Mustang seine schwarze »18« abschießen. Heitkötter wird verwundet und springt mit dem Fallschirm ab.
Südlich des Werbellin-Sees, zwischen Eberswalde und Finowfurt, sowie bei Liebenwalde verliert die II./JG 300 mit Uffz. Simon und Uffz. Schulze zwei weitere Flugzeugführer, während dort auch Uffz. Hauer von der 14./JG 3 nach Luftkampf mit Jägern verwundet aussteigt. Insgesamt verzeichnet der Gefechtsverband bei rund 20 Abschüssen (diese Zahl ist nicht belegt) einen eigenen Ausfall von 20 Piloten: 13 Gefallene und sieben Verwundete, darunter je drei Gefallene der beiden Sturmgruppen.
Ein weiterer Schwerpunkt der Luftkämpfe dieses Tages zeichnet

sich über dem Rhein-Main-Gebiet ab. Hier hat der dritte, aus der I./JG 2, I./JG 11 und der I./JG 77 bestehende Gefechtsverband Feindberührung, wobei die Kämpfe sich vorwiegend über dem Wiesbadener Raum abspielen. Es ist durchaus möglich, daß der genannte Verband auf die Bomberrückflüge angesetzt wurde und in jenem Luftraum an die amerikanischen Jäger gerät, welche dort diese Bomber aufnehmen und zurückbegleiten sollten. Über Wiesbaden tritt auch der Großteil der Verluste unter den deutschen Jägern auf. Am schlimmsten trifft es das »Richthofen«-Geschwader, welches in harten Kurvenkämpfen mit etwa 50 Mustang allein acht Gefallene zu beklagen hat. Uffz. Klaubes Focke-Wulf wird bei Platte-Neuhof abgeschossen, Oblt. Bordewick fällt unweit davon bei Watzhahn, Uffz. Hielscher stürzt bei Wiesbaden-Sonnenberg tödlich getroffen ab und Uffz. Nitschke kommt bei Idstein herunter.
Zwei Gefallene und zwei Verwundete auch bei der I./JG 11. Südlich von Idstein schießen die Mustang Uffz. Gebhardt von der 2./JG 77 ab. Bei der 1./JG 77 ist es der Obergefreite Mahlow, der verwundet über Wildsachsen abspringt, während seine weiße »8« ein paar Kilometer südlich davon in Langenhain abstürzt und ein Gehöft in Brand setzt.
Die 8. Luftflotte verliert am 12. September nach eigenen Angaben 35 Viermotorige. Allein von der im 93rd Combat Wing fliegenden 293rd Bombardment Group sind sieben Fortress abgeschossen worden. Dagegen ist die exakte Zahl der deutschen Erfolge nicht bekannt: Das I. Jagdkorps meldet 55 Abschüsse durch Flak und Jäger, eine Zahl, die sicherlich zu hoch liegt. Aber der eigene Einsatz bringt insgesamt 45 Gefallene und 15 Verwundete ein.
Nochmals 24 Stunden später erfolgt am 13. September der zweite Wiederholungsangriff der Amerikaner. Die 8. Luftflotte startet mit 854 Viermotrigen ihrer drei Bombardment Divisions gegen die Hydrierwerke Leuna und Lützkendorf, gegen Verkehrsziele bei Darmstadt, Heidelberg, Stuttgart, Ulm und Wiesbaden. Weitere Verbände bombardieren Industrieanlagen bei Eisenach, Gera, Leipzig und Weimar. Ferner sollen Flugplätze im süddeutschen Raum, darunter Böblingen und Schwäbisch Hall angegriffen werden.
Zum jetzigen Zeitpunkt erhält die Luftwaffe nur unter schwieri-

gen Bedingungen Treibstoff aus den noch bestehenden Reserven, wobei die Jagdverbände immer noch am besten dran sind, denn nur sie sollen (noch) uneingeschränkte Abwehreinsätze fliegen. Nachdem im August die Erdölgebiete in Rumänien von der Roten Armee erobert worden waren, geht es mit der Produktion im Reich unaufhaltsam abwärts. Hinzu kommt, daß die in Italien liegende 15. Luftflotte diese Anlagen um Ploesti nicht mehr anzugreifen braucht und daß sie ihre Unternehmen dafür nun auf die in Oberschlesien und in der Ostmark befindlichen Treibstoffwerke ausrichten kann. So nähert sich auch am 13. September von Süden her die 15. Luftflotte mit einigen aus insgesamt rund 400 Maschinen bestehenden Bomberformation dem Raum Wien, wobei Teilverbände weiter nach Oberschlesien vordringen, um die Hydrierwerke Blechhammer und Odertal anzugreifen.
Die Verbände der Reichsluftverteidigung sind durch die beiden vorangegangenen großen Abwehreinsätze jetzt so geschwächt, daß kaum mehr als etwa 130 Jäger in die Luft gelangen. Es ist bezeichnend, daß sich vermutlich nur eine der drei Sturmgruppen an diesem Tag im Einsatz befindet. Und diese Gruppe, die II./JG 300, wird scheinbar vom Divisionsgefechtsstand fehlgeleitet und zu weit nach Norden geführt, so daß sie keine Feindberührung bekommt. Zumindest ist am 13. September von den Sturmgruppen kein einziger Verlust bekannt.
So sind es die I./JG 3, die III./JG 53, die I./JG 76 und die I./JG 300, welche heute den Kampf führen. Die Gefechtstätigkeit erstreckt sich ausschließlich über dem Gebiet zwischen Kassel und Erfurt, während sich den im Stuttgarter Raum operierenden amerikanischen Pulks kaum ein deutscher Jäger entgegenzustellen scheint. So greift auch die 353rd Fighter Group mit ihren Mustang ungehindert den Flugplatz Nellingen im Tiefflug an und zerstört dort etliche Maschinen am Boden.
Über Bad Hersfeld und Homberg kommen die Staffeln des JG 3, JG 53 und JG 76 ins Gefecht, wobei insgesamt elf Flugzeugführer im Luftkampf fallen. Wieviel Bomberabschüsse dabei erzielt werden, ist nicht bekannt. Weiter ostwärts, zwischen Rhön und Thüringer Wald, ist die I./JG 300 von Hptm. Stamp mit gegnerischen Jägern in Kurvenkämpfen verwickelt. Die Gruppe verzeichnet einen Gefallenen: Lt. Neumann, dessen weiße »2« bei Haselbach,

südwestlich von Meiningen, abgeschossen wird. Allerdings werden sechs Piloten verwundet, von denen Uffz. Büthe, Lt. Lenz und Fw. Riedel mit dem Fallschirm abspringen. Die restlichen Flugzeugführer müssen allesamt mit Beschußschäden bruchlanden. Die Amerikaner büßen diesmal 16 Bomber ein, davon vermutlich nur sechs durch Jäger. Der Großteil der Verluste dürfte wieder auf das Konto der Flak in Mitteldeutschland gehen. Von den 36 Fortress der 457th Bombardment Group, welche heute Lützkendorf angegriffen hatten, kehren 16 mit Beschädigungen nach England zurück. Die Reichsluftverteidigung meldet zwölf gefallene und sieben verwundete Piloten.
Über Deutschland, so haben Galland und Speer derzeit einmal ausgerechnet, ging im Durchschnit für einen abgeschossenen Bomber auch ein eigener Jäger verloren, während der beidseitige Materialaufwand jedoch im Verhältnis 1:6 stand. Doch da ein Großteil der abgeschossenen deutschen Piloten sich durch Fallschirmabsprung über eigenem Gebiet retten kann, die Amerikaner aber in Gefangenschaft geraten, ist selbst bei der Überlegenheit des Gegners an Mensch, Material und Ausbildungsstand der Vorteil des Kampfes immer noch auf deutscher Seite. Bei nur zehn heruntergebrachten Viermotorigen sind es immerhin rund 100 Mann, welche nicht mehr nach England oder Italien zurückkehren. Die Verluste am 11., 12. und 13. September zeigen jedoch, daß hier auf einen abgeschossenen Bomber im Durchschnitt bereits drei deutsche Jäger kommen, wie folgende Aufstellung zeigt:

	8. US-Luftflotte Bomberverluste durch Jäger	insgesamt	*Reichsluftverteidigung* Gefallene	Jägerverluste
11. 9. 44	etwa 25	40	60	etwa 80
12. 9. 44	etwa 23	35	45	etwa 60
13. 9. 44	etwa 6	16	12	etwa 20

Verluste im Tageseinsatz am 12. September 1944

Verluste Tagjagd

	gefallen	verwundet	Ausfälle insgesamt	Maschinentyp	Verlusträume
I./JG 2	8		8	FW 190 A–8	Wiesbaden, Idstein
I./JG 3		2	2	Bf 109 G–14	Berlin
IV./JG 3	3	2	5	FW 190 A–8	Neuruppin, Eberswalde
JG 3	3	4	7		
II./JG 4	4	1	5	FW 189 A–8	Oschersleben
III./JG 4	8	1	9	Bf 109 G–6/G–14	Halberstadt, Magdeburg
JG 4	12	2	14		
II./JG 6	2	1	3	FW 190 A–8	Düren
I./JG 11	2	2	4	FW 190 A–8	Wiesbaden
II./JG 27	2		2	Bf 109 G–6/G–14	Brandenburg
III./JG 53	3	1	4	Bf 109 G–6/G–14	Kyritz, Rechlin
I./JG 76	4	2	6	Bf 109 G–6/G–14	Magdeburg/Halberstadt
I./JG 77	4	1	5	Bf 109 G–14	Wiesbaden, Idstein
I./JG 300	1		1	Bf 109 G–14	Neuruppin, Kyritz
II./JG 300	3	1	4	FW 190 A–8	
III./JG 300	1	1	2	Bf 109 G–6/G–14	
JG 300	5	2	7		
	45	15	60		

In aussichtsloser Position

Oktober – Dezember 1944

OKTOBER 1944

Das ab 17. September beginnende Luftladeunternehmen der Alliierten im Raum Arnheim-Eindhofen-Nijmegen erfordert deutscherseits die Verlegung etlicher Jagdgruppen in den westdeutschen Raum, wo sie zum Teil auf den Plätzen Dortmund, Lippspringe, Paderborn und Störmede einfallen. Zu den Verbänden, die somit der 3. Jagddivision unterstellt werden, gehören unter anderem die I./JG 3, III./JG 4, III./JG 11, II./JG 27, IV./JG 54, I./JG 77 und III./JG 300. Das macht Gallands Absicht, eine starke Jagdstreitmacht für ein großes Abwehrunternehmen aufzustellen und in Warteposition zu halten, vorerst zunichte, obwohl der Einsatz deutscher Jäger im Luftlandegebiet im ganzen gesehen mit Erfolg verläuft.
Zudem kommt es am 27. und 28. September zu heftigen Luftschlachten über West- und Mitteldeutschland, bei denen die Amerikaner an beiden Tagen zwar 61 Viermotorige verlieren, die Jagdwaffe jedoch einen Ausfall von insgesamt 89 Flugzeugführern hinnehmen muß: 63 Gefallene, darunter allein 16 vom JG 300, sowie 26 Verwundete. Am 27. melden das JG 3, JG 4 und JG 300 den Abschuß von 39 Bombern (die USAAF gibt 27 Ausfälle bekannt), darunter drei B-24 durch Oblt. Romm, dem Kapitän der 15./JG 3, und zwei B-24 durch Uffz. Schröder von der 5./JG 300. Vom 28. September sind 23 Viermot.-Abschüsse bekannt, wobei Romm diesmal zwei B-17, seine Luftsiege Nr. 84 und 85 verbucht (die USAAF meldet 34 Bomberverluste).

Hauptziel der alliierten Luftstreitkräfte ist auch im Oktober wieder die Treibstoffindustrie, gefolgt von Angriffen auf Verkehrsknotenpunkte. Gegen die Hydrierwerke im Ruhrgebiet richten sich zudem mindestens elf Tageseinsätze des RAF Bomber Commands. Obwohl die Ölindustrie an erster Stelle steht, werfen die beiden amerikanischen Luftflotten und die RAF im Oktober etwa 12600 Tonnen Bomben auf diese Ziele ab, während auf die Verkehrsanlagen 19000 Tonnen fallen. Neben diesen beiden Zielkomplexen bombardiert der Gegner natürlich auch weiterhin die deutsche Flugzeugindustrie und fliegt außerdem zahllose Tiefangriffe auf die Flugplätze der Luftwaffe im Westen des Reiches.
Anfang des Monats, am 4. Oktober, verlegt das JG 300, Kern der Reichsluftverteidigung, in den Süden der Reichshauptstadt. Die I. Gruppe liegt nun in Borkheide, die II. Sturm/JG 300 in Löbnitz und die III. Gruppe in Jüterbog. Die IV./JG 3 ist in Alteno stationiert.
Etliche kleinere Angriffe der Engländer bei Nacht gelten ebenfalls den Hydrierwerken des Ruhrgebiets sowie den Raffinerien bei Hamburg. Sie bringen keine gravierende Erfolge. Am 6. Oktober startet ein aus 292 Maschinen bestehender britischer Verband, darunter die mit Lancaster ausgerüstete 35., 156. und 635. Squadron zu einem der erwähnten Tageseinsätze gegen Scholven-Buer und Sterkrade. Die Zielmarkierungen liegen sehr genau, so daß besonders die Anlagen von Sterkrade schwer getroffen werden. Dennoch bekommen die Engländer äußerst heftiges Abwehrfeuer aus den Rohren der in diesem Raum postierten Batterien der 4. Flakdivision zu spüren, dem insgesamt neun Lancaster zum Opfer fallen. Allein die 635. Squadron verliert über Scholven-Buer sechs Maschinen, eine weitere ist so schwer angeschlagen, daß sie nach Rückkehr bei der Landung zu Bruch geht.
Am gleichen Freitag, den 6. Oktober, greift die 8. Luftflotte Berlin und mit einem Teilverband Hamburg an, während ein kleiner Einsatz sich gegen Pölitz richtet. Insgesamt sind über 1000 Kampfflugzeuge über dem Reich; der amerikanische Verlust beträgt 19 Maschinen, die Reichsluftverteidigung verbucht 16 Abschüsse, davon die Mehrzahl durch die IV. Sturm/JG 3. Von der II. Sturm/JG 4 liegen vier Bomberabschüsse vor, darunter zwei B-17 durch Oblt. Vorberg, 5. Staffel, im Raum Brandenburg. Nach dem

Kontrahent der deutschen Jagdmaschinen ist hauptsächlich die amerikanische P-51. Zahlenmäßig überlegen, zwingen diese Mustang die deutschen Piloten fast bei jedem Einsatz zum Luftkampf und verhindern somit ein Vordringen zu den Bombern. Im Bild eine P-51D der 353rd Fighter Group. (U.S. Air Force Photo)

Ein Kampfverband der 8. US-Luftflotte während des Bombenwurfs über einem deutschen Ziel. Trotz örtlicher Erfolge durch Flak und Jäger der Reichsluftverteidigung gelingt es nicht, die Bombereinflüge und die immer wuchtiger durchgeführten Angriffe des Gegners abzuwehren. (U.S. Air Force Photo)

Die Werke der B.A.S.F. in Ludwigshafen mit den Hydrieranlagen in Oppau während eines Tagesangriffes der 8. US-Luftflotte. (U.S. Air Force Photo)

letzten Abschuß, seinen 6. Luftsieg, wird Vorberg selbst abgeschossen und muß mit seiner Focke-Wulf bruchlanden.
Der nächste Vernichtungsschlag gegen die Hydrierwerke erfolgt dann einen Tag darauf, am Sonnabend, den 7. Oktober. Das Ziel der 1348 in den frühen Morgenstunden gestarteten Kampfflugzeuge*) sind die Werke Böhlen, Leuna, Lützkendorf, Misburg, Pölitz und Ruhland sowie Industrieanlagen bei Kassel und Zwikkau.
Innerhalb von sechs Wochen, ab Ende des Monats September, soll nach den Ausführungen Speers in seiner 4. Hydrierdenkschrift vom 5. 10. 1944 die Produktion in den Werken Blechhammer, Brüx, Leuna, Moosbierbaum und Pölitz wieder anlaufen, wobei zu diesem Zeitpunkt mindestens 1000 Jäger zur Abwehr zu erwartender Luftangriffe bereitstehen müßten: »Wenn das nicht geschieht, so kann höchstens mit den Produktionszahlen, die bei Fortdauer der Fliegerangriffe angegeben sind, gerechnet werden.« Das waren unter anderem 12000 t Flugbenzin. Unter Normalbedingungen sollten die Werke im Oktober 1944 in der Lage sein, rund 60000 t Flugbenzin erzeugen zu können; die tatsächliche Produktionsmenge beläuft sich dann auf 18000 t (5. Hydrierdenkschrift vom 19. 1. 45).
Das I. Jagdkorps kann am 7. Oktober aber nur etwa ein Viertel der fünf Tage zuvor noch einsatzbereit gemeldeten rund 360 Maschinen der Tagjagd zum Abwehreinsatz aufsteigen lassen, doch sollen die Amerikaner bei ihrem heutigen Unternehmen insgesamt 42 Viermotorige verlieren. Auch heute sind wieder die drei Sturmgruppen der Reichsluftverteidigung gestartet. Sie werden um die Mittagszeit Feindberührung über Sachsen haben. Doch zunächst zum Angriff auf Pölitz.
Gegen 7.00 Uhr waren die Verbände der 1. Bombardment Division in England gestartet. Von dieser Streitmacht soll der 94th Combat Wing mit insgesamt 144 B-17 das Hydrierwerk Pölitz angreifen. Das Unternehmen war bereits für den 6. Oktober angesetzt, doch führten schlechte Witterungsverhältnisse zu einer Änderung des Einsatzplanes. Am heutigen Sonnabend haben die Fortress-Piloten mit starken Gegenwinden zu kämpfen, die Ver-

*) nach Freeman 1422 Maschinen

bände erreichen dennoch wie vorgesehen die Wendepunkte über Pommern nach Zeitplan. Schließlich steht der Combat Wing im Südosten von Stettin und bereitet sich auf den Bombenanflug vor. Um nicht länger als notwendig im Bereich des bekanntlich starken Flakgürtels um Pölitz verweilen zu müssen, ist geplant, nach dem Angriff über die Stettiner Bucht abzufliegen.
Die Sichtverhältnisse sind gut, wenn auch die Anlagen von Pölitz sich wieder einmal unter einem künstlichen Nebelschirm verbergen. Den Pulks voraus fliegt die 457th Bombardment Group. Schon setzt die erste Welle ohne Behinderung zum Zielanflug an, da kommt es eine Minute darauf fast zu einer Katastrophe. Plötzlich sind die zwölf Maschinen der ersten Welle von unzähligen Flakwolken umgeben. Die gesamte Führungskette, darunter die B-17 mit Col. Luper, der heute die 457th führt, wird vom Flakfeuer erfaßt, Bomben fallen im Notwurf, einige Fallschirme stehen am Himmel, alle drei Fortress stürzen in die Tiefe.
Während die zweite Welle um 12.57 Uhr ungestört das Ziel bombardiert, geht von der nächsten Welle wiederum eine Maschine durch Flakeinwirkung verloren. Und noch zwei B-17 werden abgeschossen. Eine Fortress der 457th Bombardment Group gelangt mit Beschußschäden nach Schweden und landet in Jönköping, während eine zweite beim Rückflug nach England im Kanal notwassern muß. Nachdem die Bomberverbände endlich allesamt über die Stettiner Bucht nach Westen abgedreht sind, landet die erste Maschine um 16.20 Uhr wieder in England – nach neuneinhalb Stunden Flug! Im Werk Pölitz entstehen abermals erhebliche Schäden, die Produktion muß erneut für drei Wochen lang eingestellt werden.
Gegen zwölf Uhr meldet die IV. Sturm/JG 3 im Westen von Leipzig Gefechtsberührung mit starken Kampfverbänden und deren Jagdschutz. Die Gruppe kommt im heutigen Luftkampf tatsächlich einmal ohne eigene Ausfälle davon und schießt in kurzer Zeit eine Reihe von Bombern ab. Fw. Unger von der 15. Staffel erzielt dabei seinen 19. Luftsieg. Auch Fw. Schäfer von der 13. Staffel ist erfolgreich, er holt um 12.06 Uhr aus 8000 Meter Höhe eine B-17 herunter. Desgleichen bringt Fw. Angres eine Fortress zum Absturz – neun Tage später, am 16. Oktober, fällt Angres bei der Abwehr eines Viermot.-Verbandes der 15. Luftflotte über dem

»Protektorat«. Hingegen büßt die II. Sturm/JG 4 und die sie begleitende III. Gruppe dieses Geschwaders, welche im Planquadrat LD die auf die Hydrierwerke Mitteldeutschlands angesetzten Bomberpulks angreifen, je einen Flugzeugführer der 5., 6. und 12. Staffel ein. Uffz. Damske, 5./JG 4, fällt über Querfurt, Uffz. Barion von der gleichen Staffel wird verwundet und macht mit seiner weißen »7« etwa zehn Kilometer westlich von Mansfeld bei Abberode eine Bauchlandung. Uffz. Kott, vermutlich von der III./JG 4, erzielt heute mit dem Abschuß einer B-17 seinen fünften Luftsieg. Die amerikanischen Kampfformationen werden von etlichen Fighter Groups geschützt, darunter auch die etwa 40 Maschinen der 353rd Fighter Group, welche den Leuna-Verband begleiten. Die Mustang sind es hauptsächlich, die den deutschen Jagdstaffeln Verluste zufügen, aber es gelingt den Focke-Wulf und Messerschmitt immer wieder, ihrerseits im Luftkampf erfolgreich zu bleiben. Dabei können die Sturmgruppen den Großteil der Erfolge für sich in Anspruch nehmen. Lt. Bretschneider, Kapitän der 5./JG 300, schießt allein zwei B-17 ab, eine dritte bringt er durch Rammstoß herunter. Er selbst bleibt unverletzt. Zwei Piloten der Sturmgruppe lassen in diesem Einsatz ihr Leben: Uffz. Auth von der 5. Staffel und FjOfw. Födisch, 6. Staffel, der mit seiner Focke-Wulf zwischen Kölleda und Bad Bibra bei Ostramonda abgeschossen wird. Die III. Gruppe des JG 300 hat gegen 12.30 Uhr Luftkampf mit den Begleitjägern, wobei Lt. Buchmeier in der Nähe von Oberrißdorf im Osten von Eisleben fällt.
Die deutschen Jäger bleiben auch noch an den abfliegenden Kampfverbänden dran. Etwa um die Mittagszeit erreichen die ersten Rückflüge bereits den Raum Eisenach, wo die Amerikaner von der Flak unter Beschuß genommen werden. Weiter westlich, kurz vor Herleshausen, kommt es dann noch einmal zum Luftgefecht. Eine B-17 brennt. Sie verliert ständig an Höhe, ehe sie unweit des Hahnhofes auf einem Acker flach aufschlägt. Sechs Mann der Besatzung werden tot geborgen, die restlichen Flieger konnten sich vermutlich vorher durch Fallschirmabsprung retten.
Auch die in Brandis liegende I./JG 400 ist mit einigen Me 163 im Einsatz. Nach Durchstoßen der Wolkendecke kann Fw. Schubert aus einem ohne Jagdeskorte fliegenden Pulk eine Fortress abschießen, während Lt. Bott eine weitere B-17 schwer beschädigt.

Wenig später aber sind die Mustang der 364th Fighter Group zur Stelle und zwingen die Me 163 von Fw. Stratznicky und Fw. Zimmermann zur Notlandung. Die beiden Piloten bleiben unverletzt. Ofw. Nusser wird im Luftkampf verwundet. Schließlich kehrt auch Uffz. Eisenmann mit Beschußschäden zum Platz Brandis zurück, wo bereits andere Me 163 auf den Start warten. Eisenmanns Landung mißglückt, der Flugzeugführer stürzt mit seiner Maschine tödlich ab. Kurz darauf startet der bis dahin mit drei Viermot.-Abschüssen erfolgreiche Raketenjägerpilot, Fw. Schubert, zum zweiten Einsatzflug dieses Tages. Doch da setzt das Triebwerk aus, eine gewaltige Explosion der Treibstofftanks folgt, und Schubert kommt dabei ums Leben. Bilanz des Abwehreinsatzes der I./JG 400 an jenem 7. Oktober: Zwei Fortress-Abschüsse bei gleichzeitigem Verlust von zwei Flugzeugführern.
Die bisherigen Einsatzerfahrungen mit den Me 163 haben gezeigt, daß nur bei günstiger Wetterlage und bei gleichzeitig guter Bodenführung mit Erfolgen zu rechnen ist, da die Flugzeit von knapp vier Minuten mit Vollschub gerade ausreicht, um einen Bomber praktisch nur einmal anfliegen zu können, und das nur in einem Umkreis von etwa 50 Kilometern um den Einsatzhorst.
Am gleichen Tag gehen ebenfalls drei Me 262 des Kdo. Nowotny verloren. Der Verband, das ehemalige Erprobungskommando 262 aus Lechfeld, befindet sich seit Anfang Oktober 1944 auf den nördlich von Osnabrück gelegenen Plätzen Achmer und Hesepe; er soll später als III./JG 7 für den Abwehreinsatz in der Reichsluftverteidigung bereitstehen. Noch aber ist er der 2. Jagddivision (Stade) unterstellt. Die in der Luft allen Feindjägern an Geschwindigkeit weit überlegenen Me 262 erweisen sich jedoch bei Start und Landung als äußerst gefährdet, so daß es auch heute zu zwei Ausfällen während des Starts in Achmer kommt. Einer der Turbo-Piloten, Lt. Kobert, wird von Mustang der 361st Fighter Group tödlich abgeschossen, während Lt. Bley mit dem Fallschirm abspringen kann. Weitere Me 262 haben unterdessen Feindberührung mit den Liberator der vermutlich auf Pölitz angesetzten Kampfverbände. Major Nowotny, Fw. Lennartz und Ofhr. Russel melden hierbei den Luftsieg über je eine B-24, doch Russel wird von Thunderbolt der 479th Fighter Group abgeschossen und er steigt mit dem Fallschirm aus.

Neben den Hydrierwerken und Raffinerien, die am 7. Oktober von den Amerikanern angegriffen werden, fliegen rund 120 Viermotorige gegen Kassel, um die Henschel-Werke zu bombardieren, während ein anderer Teilverband Industrien in Zwickau angreift. Vermutlich sind es diese Verbände, gegen die sich der Abwehreinsatz der I./JG 2, der I./JG 11 und der I./JG 77 richtet. Alle drei Gruppen melden Feindberührung ab dem Raum Bonn, wobei sich die Luftkämpfe, vorwiegend mit der gegnerischen Bombereskorte, bis in den Frankfurter Raum hinziehen. Vier Piloten des JG 77 fallen, der 19jährige Ofhr. Harcken wird seitdem »im Raum Bonn« vermißt. Zwei der Gefallenen gehören der 4. Staffel an, beide werden im Nordosten von Frankfurt, zwischen Büdigen und Bindsachsen abgeschossen. Im Gefecht mit den Mustang verliert auch das JG 11 zwei Flugzeugführer über dem Fulda-Gebiet im Nordosten des Knüll, während rund 20 Thunderbolt die I./JG 2 im Raum Siegburg abfangen, wobei Lt. Seimetz tödlich getroffen wird. Die Gruppe des »Richthofen«-Geschwaders war nach langen und schweren Kämpfen an der Westfront und nach anschließender Auffrischung etwa Anfang September 1944 unter der Führung von Hptm. Matoni auf dem Platz Merzhausen im Taunus eingefallen, von wo aus sie jetzt den Abwehrkampf über dem Reich führen wird.
Gleichfalls am 7. Oktober bombardierten starke Kampfverbände der 15. Luftflotte Ölziele vorwiegend im Wiener Raum sowie Industrieanlagen bei Klagenfurt. Die Amerikaner melden 15 Viermot.-Verluste, aber da von einem Abwehreinsatz deutscher Jäger über der Ostmark nichts bekannt ist, scheinen die genannten Ausfälle hauptsächlich den Flakverteidigungskräften zuzuschreiben sein.
Am frühen Nachmittag ist der vernichtende Großangriff auf die deutschen Treibstoffproduktionsstätten vorüber. Von den 42, nach amerikanischen Angaben nicht wieder zurückgekehrten Bombern sind heute acht in Schweden gelandet, allein vier davon von der 351st Group der 1. Bombardment Division. Die Reichsluftverteidigung verzeichnet 20 gefallene und vier verwundete Flugzeugführer.
Ab 8. Oktober fliegen die Jagdgruppen keinen größeren Abwehreinsatz mehr. Einer der Gründe dafür ist, daß Galland nach Been-

digung der Kämpfe um Arnheim seine Jagdstreitmacht für den Großeinsatz erneut versammelt. Bei einem weiteren Einsatz im bisherigen Stil und mit einem Großteil noch unerfahrener Flugzeugführer wäre ein noch geringerer Erfolg bei gleichzeitig noch höher ansteigendem Verlust zu erwarten gewesen. Daher entspricht die Oberste Luftwaffenführung nun auch endlich Gallands Forderung nach einer mehrwöchigen Ruhepause für die angeschlagenen und abgeflogenen Jagdverbände, nach der dann der so oft zitierte »Große Schlag« erfolgen soll. Den Amerikanern entgeht natürlich nicht, daß bis Ende Oktober die Luftwaffe sich ihnen nur mit ganz geringen Kräften entgegenstellt; sie merken es besonders daran, daß sie in diesem Monat »nur« 72 deutsche Jäger abschießen. Demgegenüber verbuchten sie im September den Abschuß von 469 Maschinen (nach Freeman). Der eigentliche Grund für das Ausbleiben der Luftwaffe am Himmel über dem Reich aber dürfte dem Gegner vermutlich nicht bekannt gewesen sein.
Bis Ende des Monats erfolgen noch einige Einsätze gegen Treibstoffziele, wobei es sich hauptsächlich um Unternehmen der 15. Luftflotte handelt. Die Angriffe richten sich gegen Blechhammer und Odertal in Oberschlesien, gegen Brüx im »Protektorat« sowie gegen die Hydrierwerke im Wiener Raum. Am 13. Oktobre fliegen Fortress- und Liberator-Verbände Blechhammer, Floridsdorf bei Wien und Brüx an. Die Abwehr ist sehr gering. Wahrscheinlich sind es Maschinen der IV./SG 151 aus Proßnitz; welche Gefechtsberührung mit dem Blechhammer-Verband haben. Es ist nur ein Verlust bekannt: Lt. Dommeratzky, der mit seiner F-8 im Raum Mährisch-Weißkirchen abgeschossen wird.
Der schwerste Angriff, bei dem auch die Panzerwerke von St. Valentin und die KFZ- und Flugmotorenwerke von Steyr sowie ein Benzolwerk bei Linz bombardiert werden, findet am Montag den 16. Oktober statt. Zwar ist die eigene Jagdabwehr diesmal verhältnismäßig stark, doch zersplittert sie in Einzelaktionen gegen die vielen kleinen Bomberformationen, die an diesem Tage in der Luft sind. Die Amerikaner büßen dreizehn Viermotorige ein, während das I. Jagdkorps mindestens zehn gefallene Flugzeugführer verzeichnet. Sechs Gefallene zählt allein das JG 3, dessen Maschinen von den amerikanischen Begleitjägern bereits beim Anflug über der Niederlausitz abgefangen werden.

Die II. Gruppe befindet sich gerade in der Gegend von Lauban, als die Mustang auftauchen und sie in einen Luftkampf verwickeln, in dem Uffz. Elwischer und FjUffz. Wenzel, beide 5. Staffel, tödlich abgeschossen werden. Die 7./JG 3 verliert Uffz. Lechnik, der bei Löwenberg fällt. Uffz. Schunk von der 8. Staffel entkommt dem Kurvenkampf doch seine blaue »4« ist so schwer beschädigt, daß der Pilot südwestlich von Sagan, bei Halbau beim Versuch der Notlandung tödlich abstürzt.
Die restlichen Ausfälle müssen das JG 4 und die II./JG 5 im Raum Komotau–Saaz–Jeschnitz hinnehmen. Über dem böhmischen Raum, bei Horaschtowitz im Nordwesten von Strakonitz erwischt es die G-14 von Fw. Rixecker, 9./JG 4, während Uffz. Salow von der 4. Staffel bei Komotau verwundet mit dem Fallschirm abspringt. Die 8. Staffel der II./JG 5 hat drei Verluste, nachdem Uffz. Mahnke und Uffz. Steiner im Luftkampf gefallen sind und Fhr. Ehrhardt mit Verwundungen davonkommt. Wegen Spritmangel macht er mit seiner blauen »8« bei Postelberg eine Notlandung. Für die Gruppe des Eismeergeschwaders ist es übrigens der letzte Einsatz unter der Stammbezeichnung JG 5; am 18. Oktober in IV./JG 4 umbenannt, verlegt sie nach Finsterwalde.
Den letzten Treibstoffeinsatz des Monats unternimmt wieder die 8. Luftflotte sowie die RAF am 30. Oktober. Über 1200 Kampfflugzeuge, begleitet von etwa 440 P-47 und P-51, fliegen in das Reichsgebiet ein. Ein Verband von 120 Viermotorigen wirft 346 t Sprengbomben auf das Hydrierwerk Scholven-Buer, ein weiterer Verband von 180 Maschinen greift mit 400 t Sprengbomben zwei Raffinerien bei Hamburg an.*)
Diesmal verbuchen die Amerikaner nur zwei Verluste. Von den 212 Lancaster des RAF Bomber Commands, welche das Hydrierwerk Wesseling bei Köln bombardieren, geht sogar nur eine verloren. An diesem Tag aber gerät einer der erfolgreichen amerikanischen Jagdflieger, Col. Hubert Zemke, in deutsche Gefangenschaft. Die Mustang der von ihm angeführten 479th Fighter Group werden von starken Sturmböen überrascht, die über Nordwestdeutschland dahinfegen, Zemkes P-51 dreht sich auf den Rücken, eine Tragfläche montiert ab, der Colonel steigt mit dem Fallschirm aus.

*) Unterlagen I. Jagdkorps

Verluste im Tageseinsatz am 7. Oktober 1944

Verluste Tagjad

	gefallen	verwundet	Ausfälle insgesamt	Maschinentyp	Verlusträume
I./JG 2	1		1	FW 190 A–8	Siegburg
I./JG 3	1		1	Bf 109 G–14	NO Naumburg
II./JG 4	2	1	3	FW 190 A–8	Naumburg
III./JG 4	1	1	2	Bf 109 G–14	Querfurt
JG 4	3	2	5		
Kdo. Nowotny	1		1	Me 262 A	Achmer
I./JG 11	2		2	FW 190 A–8	Nordhessen
I./JG 77	5		5	Bf 109 G–14	Bonn, Frankfurt
I./JG 300	1		1	Bf 109 G–14	Sangerhausen,
II./JG 300	2		2	FW 190 A–8	Eisleben,
III./JG 300	2	1	3	Bf 109 G–14	Leipzig
JG 300	5	1	6		
I./JG 400	2	1	3	Me 163	Brandis
	20	4	24		

Verluste im Tageseinsatz am 16. Oktober 1944

Verluste Tagjagd

	gefallen	verwundet	Ausfälle insgesamt	Maschinentyp	Verlusträume
I./JG 3	1		1	Bf 109 G–14	Greifendorf
II./JG 3	4		4	Bf 109 G–14	Halbau, Lauban,
IV./JG 3	1		1	FW 190 A–8	Löwenberg
JG 3	6		6		
I./JG 4		1	1	Bf 109 G–14	Komotau
III./JG 4	1		1	Bf 109 G–6	Horaschtowitz
JG 4	1	1	2		
II./JG 5	2	1	3	Bf 109 G–14	Sudeten
	9	2	11		

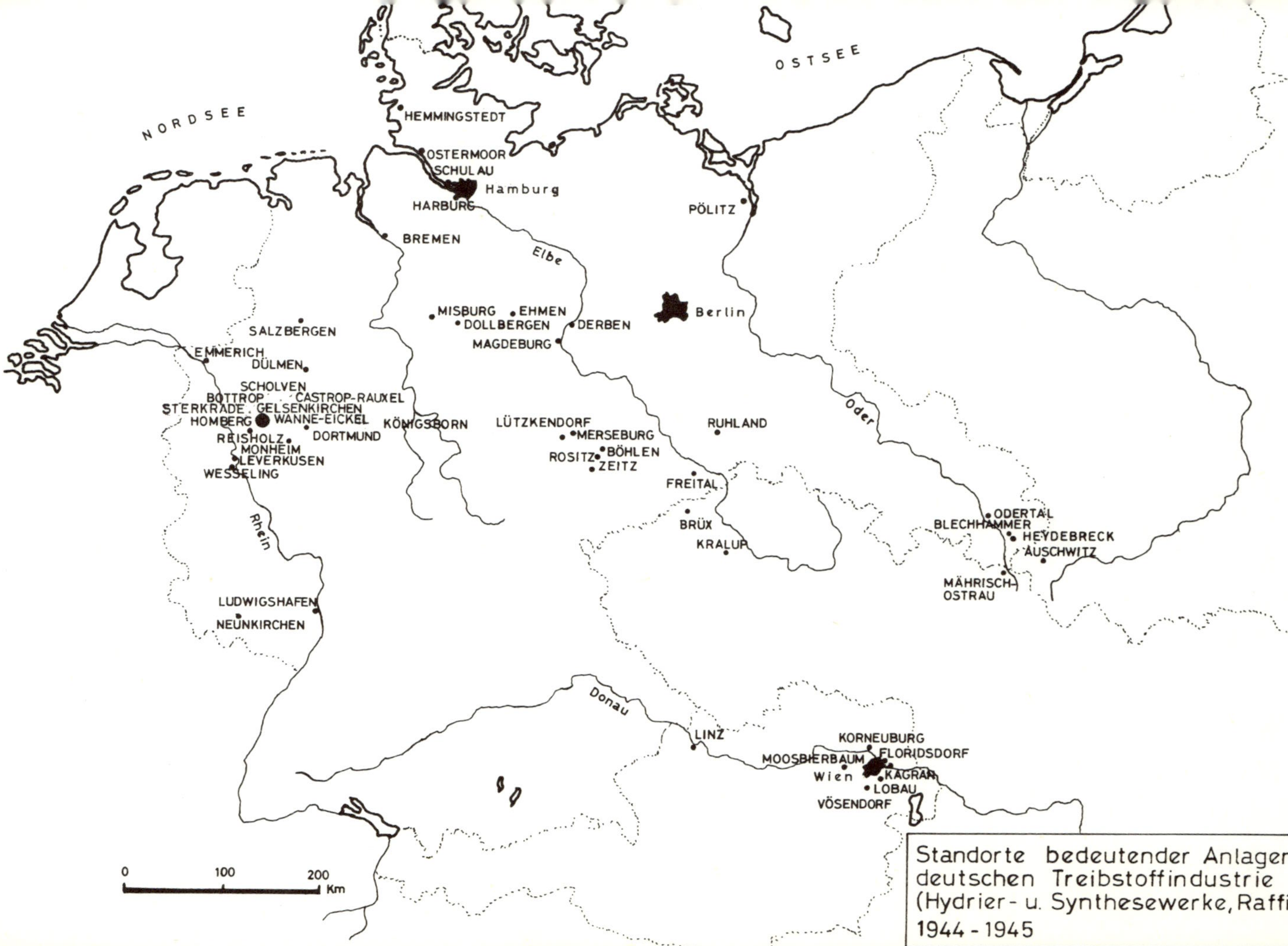

Standorte bedeutender Anlagen der deutschen Treibstoffindustrie (Hydrier- u. Synthesewerke, Raffinerien, Depots) 1944 - 1945

Nach wie vor konzentriert sich der Einsatz beider amerikanischen Luftflotten und des Bomber Commands der RAF auf die deutsche Treibstoffindustrie, die im November allerdings ihre Gesamtproduktion etwas erhöhen kann.*) Die RAF ist in diesem Monat mit über 20 Unternehmen, davon zwölf Tagesangriffe, an der Treibstoff-Offensive beteiligt; die Bombardierung der Hydrierwerke im Ruhrgebiet stellt damit einen gewissen Schwerpunkt dar. Ferner greifen die Alliierten im Zusammenhang mit der Zerschlagung der Hydrier- und Synthesewerke jetzt auch andere Industriezweige an, so zum Beispiel Werke, die Stickstoff und Methanol, also Grundstoffe für die Sprengstoff-Erzeugung herstellen. Der Angriff auf die Verkehrsziele, dabei vorwiegend Wasserstraßen und Kohletransporte, nimmt im November ebenfalls zu.
Der so oft erwähnte Großeinsatz seitens der deutschen Jagdwaffe zur Wiedergewinnung der Luftherrschaft über dem Reich ist gleichfalls für November geplant, aber die Wetterverhältnisse lassen einen solchen Einsatz nicht zu und er wird schließlich zugunsten der Mitte Dezember anlaufenden Ardennen-Offensive, für die alle verfügbaren Kräfte der Luftwaffe bereitgestellt werden sollen, abgesetzt. Gleich am ersten Novembertag führen die Engländer mit 220 Maschinen einen Angriff auf das Hydrierwerk Meerbeck bei Homberg, die Amerikaner mit 280 Viermotorigen einen Einsatz gegen Gelsenkirchen durch. Das schlechte Wetter macht an diesem Tag einen Abwehreinsatz der Reichsluftverteidigungskräfte unmöglich.
Dann folgt am Donnerstag, den 2. November, ein Großeinsatz der 8. Luftflotte gegen die mitteldeutschen Hydrieranlagen, speziell gegen das Werk Leuna. Der Angriff ist vom Verfasser bereits ausführlich beschrieben worden, so daß an dieser Stelle nur noch einmal der hohe Ausfall erwähnt werden soll, den die deutschen Jagdverbände über Mitteldeutschland erleiden: Von den rund 490 gestarteten Jägern werden 120 abgeschossen, 70 Piloten fallen. Die beteiligten Sturmgruppen melden dabei etwa 30 Abschüsse,

*) 164 000 t, davon 41 000 t Flugbenzin. Im Oktober waren es 141 000 t, davon 18 000 t Flugbenzin (5. Hydrierdenkschrift, Speer, vom 19. 1. 1945).

sie verlieren jedoch von rund 60 Maschinen fast genau die Hälfte.**) Am gleichen Tag fliegen Fortress der 15. Luftflotte einen Einsatz gegen die Treibstoffwerke im Wiener Raum. Während hierüber keine Verlustangaben bekannt sind, büßt die 8. Luftflotte am 2. November 40 Maschinen ein. Die RAF verliert bei einem Angriff auf Homberg sechs Viermotorige.
Die 8. Luftflotte unternimmt danach am 5. November, einen Sonntag, mit 1240 Kampfflugzeugen einen Großeinsatz im Raum Metz sowie einen Angriff auf das Hydrierwerk von Ludwigshafen als Ausweichziel. Auch heute kann das I. Jagdkorps wegen der schlechten Witterung keinen Jäger zur Abwehr aufsteigen lassen. Hingegen kommt es im Südosten zu Luftkämpfen mit der 15. Luftflotte. Mit 500 Maschinen greift diese Wien und Floridsdorf an, wobei rund 1100 Tonnen Bomben abgeworfen werden. Zur Abwehr sind 62 Jäger der deutschen Luftflotte 4, darunter auch die ungarischen Jagdstaffeln 101 und 102 von Major Heppes aufgestiegen. Bei schlechter Sicht können allerdings nur vier Luftsiege erzielt werden. Die Wiener Flak meldet weitere fünf Abschüsse, jedoch verzeichnen die Amerikaner nur einen Gesamtverlust von fünf Maschinen. Da dies sich allerdings auf viermotorige Bomber bezieht, könnten sich unter den deutscherseits genannten Abschüssen auch Begleitjäger befinden.
Die Hydrierwerke Sterkrade und bei Duisburg sowie Hamburger Ölraffinerien sind am folgenden Tag das Ziel von fast 1100 Kampfflugzeugen der 8. Luftflotte, während die 15. Luftflotte rund 400 Tonnen Bomben über Moosbierbaum abwirft. Der Verlust beträgt dabei nur insgesamt acht Viermotorige.
Bis zum 20. November führen amerikanische und englische Kampfverbände weitere Tagesangriffe auf folgende Treibstoffziele durch: Blechhammer, Bottrop, Brüx, Floridsdorf, Homberg-Meerbeck, Korneuburg, Leuna und Linz. Einem am 11. November von der RAF geflogenen Einsatz gegen Bottrop folgt kurz darauf ein weiterer mit 150 Maschinen der 8. Luftflotte gegen das gleiche Werk, während ein anderer amerikanischer Verband mit 115 Flugzeugen Castrop-Rauxel und Gelsenkirchen bombardiert. Auf die genannten Hydrierwerke werfen die Amerikaner an diesem Tag insgesamt 580 Tonnen Bomben ab.

**) Girbig: Start im Morgengrauen (Motorbuch Verlag, Stuttgart)

Die Ausfälle des Gegners sind, von einigen Großangriffen abgesehen, im November auffallend gering; sie liegen jedoch im Durchschnitt bei der 15. Luftflotte höher als bei der 8. aus England. So verliert die 15. bei ihrem Einsatz am 20. November gegen das Werk Blechhammer, welches teils optisch und teils blind bombardiert wird, 16 von 476 Kampfflugzeugen, während ein gegen Gelsenkirchen angesetzter Verband der 8. Luftflotte an diesem Tage keine einzige Maschine einbüßt.
In der Nacht zum 12. November fallen rund 1130 Tonnen Bomben auf das Hydrierwerk von Dortmund. Etwa 200 Kampfflugzeuge des RAF Bomber Commands führen diesen Angriff durch. In der Nacht zum 16. ist Dortmund erneut das Ziel der Briten. Am Dienstag, den 21. November, greift ein Liberator-Verband mit rund 480 Tonnen Bomben die Rhenania-Raffinerie in Hamburg an, während die B-17 der 1. und 3. Bombardment Division die mitteldeutschen Treibstoffwerke, insbesondere Leuna, mit der gleichen Bombenmenge belegen. Insgesamt sind es über 1200 Maschinen, von denen 25 nicht mehr zurückkehren. Heute können nach langer Zeit wieder starke deutsche Jagdkräfte gegen den Leuna-Verband angesetzt werden, doch die zahlenmäßig weit überlegenen amerikanischen Begleitjäger stellen den Großteil dieser Streitmacht und verwickeln ihn in Luftkämpfe, so daß nur fünf Bomberabschüsse verbucht werden. Die restlichen Ausfälle der Amerikaner gehen auf das Konto der Flak oder sind auf andere Ursachen zurückzuführen.
Die klare Nacht zum 22. November sieht den Einflug zweier Verbände der RAF, von denen der eine mit 260 Maschinen das Hydrierwerk Castrop-Rauxel und der zweite, aus 247 Viermotorigen bestehende Verband das Hydrierwerk Sterkrade bombardiert. In beiden Werken entstehen schwere Schäden. Hatten die September-Angriffe und der vom 6. Oktober durchgeführte Einsatz auf Sterkrade einen etwa fünfwöchigen Produktionsausfall bewirkt, so liegen die Anlagen, als die Produktion gerade erst wieder aufgenommen werden konnte, nach dem nun folgenden Angriff abermals still.
Der nächste Einsatz der Amerikaner richtet sich am 25. November wiederum gegen Mitteldeutschland, wo durch eine geschlossene Wolkendecke hindurch fast 1400 Tonnen Bomben auf die

Anlagen von Leuna abgeworfen werden. Im konzentrischen Feuer der Flak gehen acht Kampfflugzeuge verloren, über ein Drittel der rund 760 angreifenden Maschinen kehren mit erheblichen Beschußschäden nach England zurück. Die Jagdverbände der Reichsluftverteidigung müssen wegen der schlechten Wetterlage wieder einmal am Boden bleiben.
Auch die Angriffe vom 26. und 30. November auf Misburg und Mitteldeutschland sind vom Verfasser in der erwähnten Einsatzchronik »Start im Morgengrauen« (Motorbuch Verlag, Stuttgart) eingehend beschrieben worden. Der Misburg-Einsatz zeigt mäßige Angriffswirkung, ein Teil der Bomben fällt hierbei auch auf das Stadtgebiet von Hannover. Jagdverbände des I. Jagdkorps und des Luftwaffenkommandos West melden insgesamt 35 Abschüsse, amerikanische Unterlagen weisen diesmal unterschiedliche Verluste von 20 und 34 Kampfflugzeugen aus. Am 29. November hingegen gelingt es der 8. Luftflotte, mit dem Abwurf von rund 1150 Tonnen Bomben das Werk Misburg nun vollkommen lahmzulegen.
Inzwischen hat die Jagdwaffe am 27. November bei der Abwehr eines amerikanischen Großangriffes auf Verkehrsziele im westdeutschen Raum wieder äußerst empfindliche Verluste hinnehmen müssen: Über 50 Piloten fallen im Luftkampf mit den Mustang oder werden verwundet, so daß der deutsche Abwehreinsatz gegen die letzten Einflüge des Gegners in diesem Monat praktisch ohne Bedeutung bleibt. Am Donnerstag, den 30. November, führt die 8. Luftflotte einen abermaligen, sehr wirksamen Schlag gegen die mitteldeutsche Treibstoffindustrie. Über 1200 Viermotorige der drei Bombardment Divisions werfen 166 Tonnen Bomben auf Böhlen, 1015 Tonnen auf Leuna, 419 Tonnen auf Lützkendorf und 320 Tonnen auf Zeitz ab. Das Ausmaß dieser Angriffe ist verheerend. Nur geringe Jagdkräfte können sich den Angreifern entgegenstellen, sie verzetteln sich in vielen Einzelaktionen, die nur zu wenigen Luftsiegen führen. Von den 33 verlorengegangenen Kampfflugzeugen kann die Flak den Großteil für sich beanspruchen. Ein am gleichen Tag von der RAF gegen die Hydrierwerke von Oberhausen und Bottrop durchgeführter Einsatz kostet die Engländer nur zwei Maschinen.
Es stellt sich heraus, daß das RAF Bomber Command bei ihrem

Tag- und Nachteinsatz im Monat November mehr Bomben auf Ölziele abwirft als die USAAF, nämlich insgesamt 14 312 Tonnen. Allein auf das Werk Meerbeck fallen rund 4300 Tonnen. Die den Briten zugewiesenen Ziele im Ruhrgebiet sind nun so nachhaltig getroffen oder zerstört, daß man folgende Hydrierwerke vorerst von der Angriffsliste streichen kann: Bottrop, Castrop-Rauxel, Dortmund, Kamen, Meerbeck, Nordstern bei Essen, Scholven-Buer, Sterkrade, Wanne-Eickel und Wesseling.

DEZEMBER 1944

Der geringe Produktionsgewinn an Treibstoff im Vormonat wird jedoch sehr rasch zunichte gemacht, nachdem die Amerikaner und Engländer ihre Einsatzaktivität im Dezember nochmals erheblich steigern. Mit Beginn der deutschen Offensive im Westen konzentriert sich allerdings der alliierte Einsatz vorwiegend auf Verkehrsziele im Westen des Reiches, um den Nachschub für die Ardennen-Offensive zu stören oder zu unterbinden, was letztlich dieses Unternehmen auch zum Erliegen bringen soll. Die Angriffe auf die Treibstoffindustrie im Dezember führen nach Untersuchungen der USAAF dazu, daß dem Reich nunmehr noch vier Ölraffinerien sowie sechs Hydrierwerke, die allesamt nur unter reduzierten Bedingungen produzieren, zur Deckung des Treibstoffbedarfs zur Verfügung stehen.
Die deutschen Jagdverbände, zur Unterstützung der Ardennen-Offensive zum größten Teil in den Westraum verlegt, können diese Einsätze der Alliierten schon lange nicht mehr aufhalten oder verhindern. In den letzten beiden Wochen des Jahres 1944 erleidet die Jagdwaffe einen unvorstellbaren Aderlaß, von dem sie sich jetzt nicht mehr erholen wird. Hunderte von Flugzeugen werden abgeschossen, Hunderte von Flugzeugführern, in der Mehrzahl unerfahrene, junge Flieger, aber auch die kampferprobten Piloten, fallen oder bleiben verschollen. Die Amerikaner der 8.

Luftflotte hingegen büßen während ihrer Einflüge ins Reich im Dezember nur 63 viermotorige Bomber ein (Angaben I. Jagdkorps).

Für die deutsche Westoffensive wird ab Mitte des Monats nahezu die gesamte Jagdwaffe bereitgestellt. Eine exakte Zahlenangabe über die Stärke dieser Verbände ist nicht zu erhalten. Es werden hierzu die unterschiedlichsten Zahlen genannt, welche von 1000 bis 1800 reichen. Bleibt man einmal beim Mittelwert, so ergibt das eine durchaus nicht unzutreffend erscheinende Anzahl von rund 1400 Jägern. Die meisten Jagdverbände sind für die Zeit der Ardennen-Offensive dem II. Jagdkorps (Luftwaffenkommando West) unterstellt: Zehn komplette Geschwader mit insgesamt 31 Gruppen sowie vier teils eigenständige, teils den vorgenannten Verbänden unterstellte Gruppe oder Einsatzstaffeln anderer Geschwader. Zur Verteidigung der mitteldeutschen Industrien verbleiben somit nur die »Reichsverteidigungs-Geschwader« JG 300 und JG 301 der 1. Jagddivision. Ein erschreckend geringer Schutz. Die einzelnen Gruppen dieser beiden Geschwader verteilen sich zu jenem Zeitpunkt wie folgt:

Stab/JG 300	Jüterbog	FW 190 A–8
I./JG 300	Borkheide	Bf 109 G–14/G–10
II./JG 300	Löbnitz	FW 190 A–8/A–9
III./JG 300	Jüterbog	Bf 109 G–14/G–10
IV./JG 300 (ex. I./JG 76)	Reinsdorf	Bf 109 G–14/G–10
Stab/JG 301	Stendal	FW 190 A–8/A–9
I./JG 301	Salzwedel	FW 190 A–8/A–9
II./JG 301	Sachau	FW 190 A–8/A–9
III./JG 301	Stendal	FW 190 A–8/A–9

Der 8. Jagddivision, welche den Abwehreinsatz im Süden zu führen hat, verfügt schon ab Oktober 1944 über keinen einzigen Tagjagdverband mehr, abgesehen von den ungarischen Jagdgruppen, die dem Jagdabschnittsführer Ungarn untersteht. So finden sich in diesem Einsatzraum nur die Nachtjagdgruppen III./NJG 6 in Vat/Ungarn, die II./NJG 101 in Parndorf/»Ostmark« sowie eine ungarische Nachtjagdstaffel.

Was die Treibstoff-Offensive der Alliierten betrifft, so beginnt der Monat mit dem Einflug von 451 Liberator und Fortress der 15. Luftflotte, die am Sonnabend, den 2. Dezember, einen Angriff auf das Hydrierwerk Blechhammer, Odertal und auf die Raffinerie von Floridsdorf im Norden von Wien unternehmen. Die Amerikaner büßen hierbei 15 Maschinen ein.

Am darauffolgenden Mittwoch, den 6. Dezember, greift die 8. Luftflotte mit rund 400 Kampfflugzeugen die Werke Leuna und Lützkendorf an und wirft insgesamt 1075 Tonnen Bomben ab. Weitere Verbände bombardieren gleichzeitig Bielefeld. Von den insgesamt 775 an beiden Einsätzen beteiligten Maschinen kehren nur vier nicht mehr zurück. In der Nacht zum 7. Dezember fliegt die RAF einen Angriff auf das Leuna-Werk, dem bisher einzigen Ölziel der Engländer außerhalb des Ruhrgebietes. Der Bombenabwurf erfolgt durch eine vollkommen geschlossene Wolkendekke, der gesamte Angriff zeigt nur geringe Auswirkungen.

Knapp eine Woche später, am Dienstag, den 12. Dezember, erscheint wieder die 8. Luftflotte über den gleichen Zielen. Ein weiterer schwerer Angriff richtet sich gegen Verkehrsziele im Raum Hanau–Aschaffenburg. Der Gegner, heute mit rund 1200 Maschinen eingeflogen, verliert nicht mehr als zwei Viermotorige. Für den gleichen Tag hatte die 15. Luftflotte einen Einsatz gegen Brüx geplant, der jedoch aus nicht näher bekannten Gründen auf den 9. Dezember verschoben wird. Dafür fliegen 96 Kampfflugzeuge, darunter auch die B-17 der 463rd Bombardment Group aus Celone im Nordwesten von Foggia, wieder Blechhammer an. Gegen 11.30 Uhr sind die über Ungarn eingeflogenen amerikanischen Bomber über dem Ziel. Mit Westkursen haben sie sich dem Hydrierwerk genähert, um nach dem Bombardement sogleich in allgemeiner Richtung Budapest-Szolnok nach Süden abzudrehen. Bei Baja, kurz vor der ungarisch-jugoslawischen Grenze, schlagen die Verbände dann den gleichen Weg wie auf dem Hinflug ein. Der Gesamtverlust der 15. Luftflotte am 12. Dezember beträgt ebenfalls nur zwei Maschinen.

Nachdem in der Nacht zum 16. Dezember britische Kampfflugzeuge rund 1550 Tonnen Bomben auf das Hydrierwerk Ludwigshafen abgeworfen haben, beginnt in den frühen Morgenstunden der letzte deutsche Gegenschlag im Westen, die Ardennen-Offen-

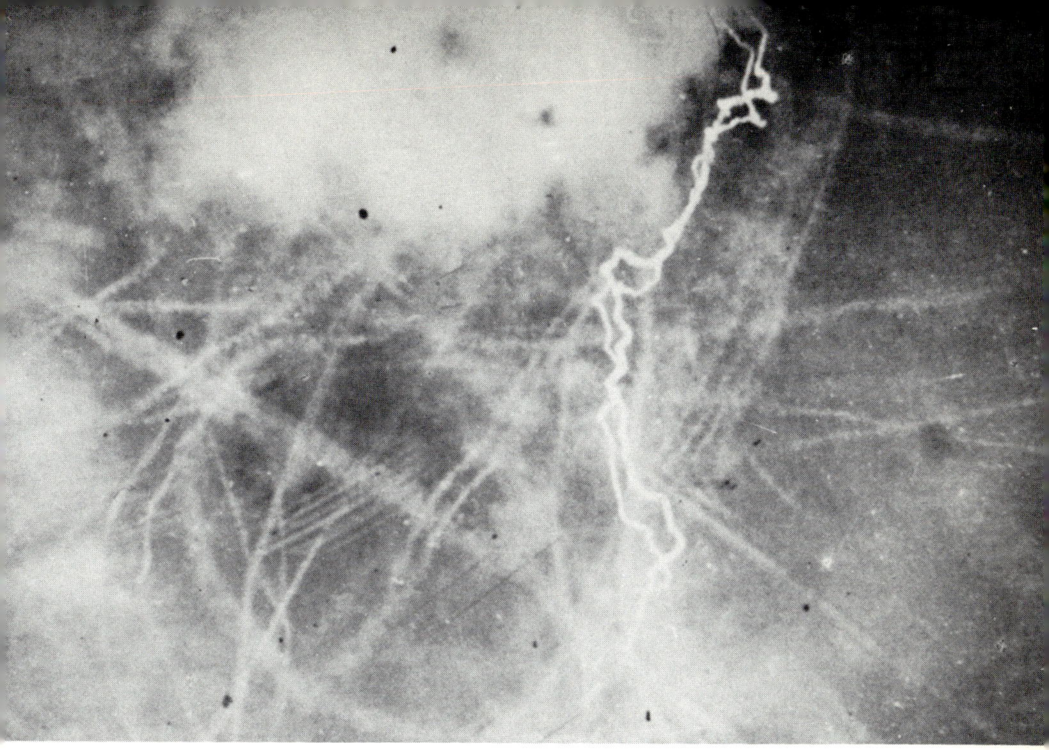

Während eines Luftangriffes auf Leuna, Herbst 1944. Weiße Rauchzeichen markieren den einschwenkenden Viermot.-Verbänden das Ziel. Die zahllosen Kondensstreifen kurvender Jäger lassen auf einen ausgedehnten Luftkampf schließen. (Jörn Ulrich, Fachbach)

Die Kommandostelle der 1./Flakabt. 377 während eines Luftangriffes auf Leuna im Herbst 1944. Batteriechef ist zu dieser Zeit Lt. Kuhlmann, hier ohne Stahlhelm. (Jörn Ulrich, Fachbach)

Zur Verstärkung des Flakschutzes für das Hydrierwerk Leuna wird die 1. schwere Flakabt. 377 vom ursprünglichen Standort Berlin im August 1944 nach Beuna, westlich von Leuna verlegt. Geschütze »Anton«, »Emil« und »Berta« in Gefechtsbereitschaft. (Jörn Ulrich, Fachbach)

Bei der Flakabteilung 377 neu eingetroffenes Geschütz »Frieda«, eine 8,8 (41). Imposant ist die Rohrstellung von 90 Grad. (Jörn Ulrich, Fachbach)

sive. Durch das schlechte Wetter begünstigt dringen die Truppen der Wehrmacht zunächst zügig vor und überrollen die völlig überraschten Amerikaner in ihren Stellungen. Am gleichen Tag fliegt die 15. Luftflotte einen Angriff auf das Hydrierwerk Brüx. Ein weiterer Einsatz am 17. Dezember gegen Blechhammer und die Raffinerie von Auschwitz ist vom Verfasser in der schon zitierten Chronik beschrieben worden.

Die 8. Luftflotte konzentriert ihren Einsatz, wie erwähnt, ab der zweiten Dezemberhälfte ausschließlich auf Verkehrsziele und Flugplätze im westdeutschen Raum und im Rhein-Main-Gebiet; sie greift erst am 31. Dezember – ein ebenfalls schon aufgezeichneter Einsatz – strategische Ziele an (Hamburg-Harburg und Misburg).

Auch der Gesamteinflug des RAF Bomber Command bei Nacht nimmt im Dezember zu. Die rege Aktivität britischer Mosquito-Aufklärer über dem Gebiet von Pölitz läßt vermuten, daß das Hydrierwerk demnächst einen Angriff zu erwarten hat, der dann auch in der Nacht zum 22. Dezember tatsächlich erfolgt. Zahlreiche durch explodierende Treibstoffvorratsbehälter verursachten starken Brände lassen die Nacht fast zum Tag werden. Die Flak, darunter auch die vierzehn 12,8cm-Geschütze der 4. schweren Flakabteilung 154, schießen ausschließlich Sperrfeuer, denn es sind zu viele Flugzeuge am Himmel, um sie einzeln unter Beschuß nehmen zu können.

Die deutsche Nachtjagd erreicht in dieser Zeit, Ende 1944, ihre zahlenmäßig größte Stärke. So werden noch am 31. Dezember 913 Maschinen der Zweimot.-Nachtjagd einsatzbereit gemeldet, doch das Fehlen erfahrener Besatzungen und nicht zuletzt der Mangel an Flugtreibstoff bewirkt eine weitgehende Minderung dieser zahlenmäßig starken Abwehrkraft. Am 29. Dezember bombardiert die RAF mit je einem Verband Koblenz und das Hydrierwerk Scholven-Buer, welches in der kommenden Nacht nochmals angegriffen wird. Und am 30. Dezember ist das Hydrierwerk von Bochum das Ziel der Engländer.

Damit geht das Jahr 1944 zu Ende. Die Treibstoffproduktion sinkt im Dezember infolge der vernichtenden Bombardements der USAAF und der RAF wieder auf 25000 t herab. Eine Erholung und Verbesserung der Treibstofflage wird nicht mehr stattfinden.

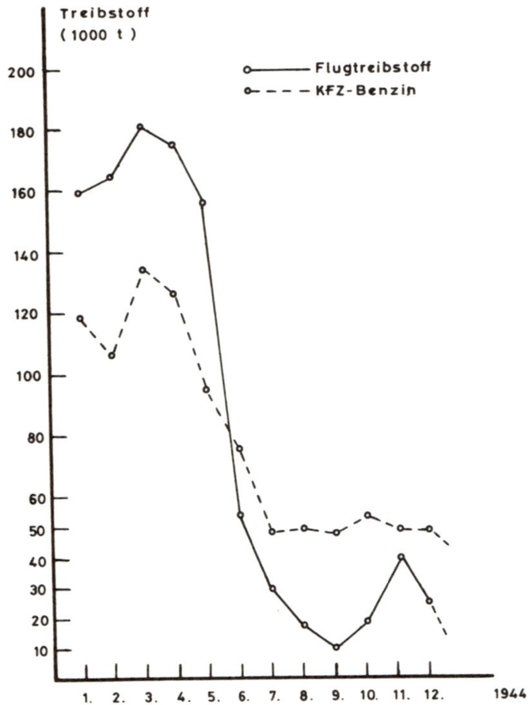

(nach Effects of Strategic Bombing on the German War Economy, 1945)

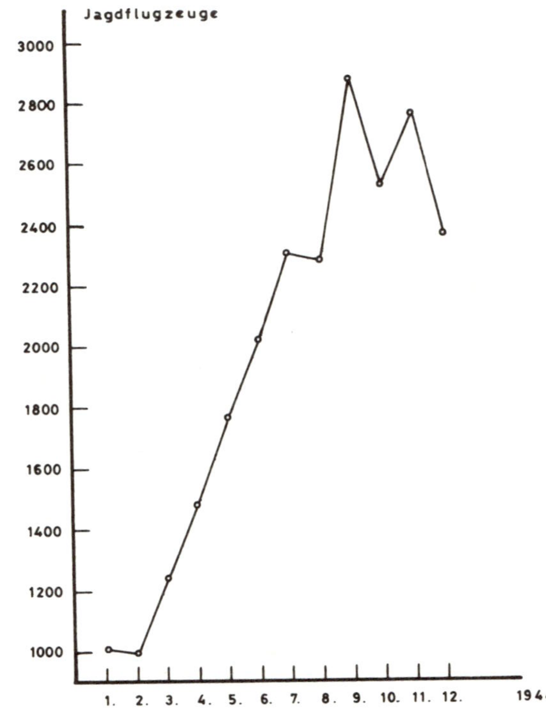

(nach "Ausstoß-Übersicht" des Technischen Amtes vom 6.2.45)

Gegenüberstellung der Auswirkungen alliierter Luftangriffe auf die deutsche Treibstoff- und Jagdflugzeugproduktion 1944

Der Zusammenbruch

Januar – April 1945

JANUAR 1945

Nachdem die alliierten Streitkräfte schon bald nach Beginn der Ardennen-Offensive im Westen den Vormarsch der deutschen Divisionen stoppen und ihrerseits zum Gegenangriff antreten können, muß die Offensive trotz beachtlichen Geländegewinns Ende Januar 1945 endgültig abgebrochen werden. Dieser letzte Großeinsatz bringt nicht nur den Bodentruppen und auch der Luftwaffe während ihres Unternehmens »Bodenplatte« am 1. Januar 1945*) äußerst schwere Verluste ein, sondern verzehrt auch den größten Teil der letzten, dringend benötigten Benzinreserven. Das führt nun an allen Fronten zu einer noch weitergreifenden Einschränkung der Wehrmacht. Wenn auch die deutsche Rüstungsindustrie nach wie vor mit Hochdruck produziert, gelingt es kaum, dieses Kriegsgerät wegen Treibstoffmangel zum Einsatz zu bringen. Speer hat für Januar eine theoretische Gesamtproduktion von 154000 t, davon 22000 t Flugbenzin errechnet; der Bedarf der Wehrmacht liegt zu diesem Zeitpunkt etwa bei 45000 t Flugtreibstoff pro Monat, aber nur 11000 t werden tatsächlich hergestellt.

Während die 15. Luftflotte im Januar den Angriffsschwerpunkt bereits auf Verkehrsziele verlegt, bleiben die Anlagen der Treibstoffindustrie immer noch Primärziel der 8. Luftflotte und des RAF Bomber Commands. Eine ernstzunehmende Gegenwehr braucht man nicht mehr zu fürchten, zumal im Januar noch fast

alle Jagdverbände dem Luftwaffenkommando West für die Ardennen-Offensive unterstellt sind. Der Einsatz der im Reich verbliebenen Jagdkräfte erweist sich – bezogen auf den Gesamteinflug des Gegners – als völlig erfolglos und äußerst verlustreich. Die RAF weicht im Januar infolge schlechter Wetterbedingungen hauptsächlich auf Nachtangriffe aus, aber obwohl den Nachtjagdgruppen im Gegensatz zu denen der Tagjagd etwas mehr Treibstoff zur Verfügung steht, bleibt auch ihr Abwehreinsatz im großen und ganzen ohne überragenden Erfolg.
Ein am ersten Tag des neuen Jahres durchgeführter Einsatz der 8. Luftflotte mit rund 1200 Maschinen ist bereits aufgezeichnet worden, desgleichen das amerikanische Unternehmen gegen Mitteldeutschland am 14. Januar.*) Am 1. Januar hatte ein Teilverband von 109 Fortress das nordnordwestlich von Peine gelegene Hydrierwerk Dollbergen bombardiert; die Amerikaner meldeten an diesem Tag den Ausfall von insgesamt neun Viermotorigen. Der für die Verbände der Reichsluftverteidigung sehr verlustreich verlaufene 14. Januar brachte dem Gegner 17 Einbußen, wobei deutscherseits ursprünglich 37 Abschüsse verbucht worden sind.
Bei Nebel und einer geschlossenen Wolkendecke greifen die Engländer mit 93 Maschinen am Mittwoch, den 3. Januar, die Hydrierwerke von Dortmund und Castrop-Rauxel an. Nur ein viermotoriger Bomber kehrt nicht mehr zurück.
Ein über Südschweden und die Pommersche Bucht eingeflogener Viermot.-Verband der Engländer greift in der Nacht zum 14. Januar Pölitz an. Das Werk wird jedoch kaum getroffen. Uffz. Scherer von der 4./NJG 4, um 22.34 Uhr mit seiner Ju 88 in Gütersloh gestartet, gelingt nahe dem Funkfeuer Quelle, westlich von Hamburg der Abschuß einer Zweimotorigen, vermutlich ein Beaufighter-Fernnachtjäger. Es ist sein 3. Nachtluftsieg.
In der folgenden Nacht zum Montag, den 15. Januar, erscheinen viermotorige Kampfflugzeuge und Mosquito über Mitteldeutschland, um einen schweren Doppelangriff auf Leuna durchzuführen. Die Mosquito fliegen hierbei einen Ablenkungseinsatz gegen die Reichshauptstadt. Über dem Zielgebiet liegt eine dichte Wolkendecke mit Untergrenzen um 600 Metern Höhe. Als Sqd.Ldr. De

---

*) siehe »Start im Morgengrauen«

Wesselow, »Master Bomber« der zweiten Angriffswelle, Leuna erreicht, ist von dem vier Stunden zuvor erfolgten Bombardement der 200 Maschinen der ersten Welle kaum etwas zu bemerken. Nur im Norden des Werkes sind kleine Brände zu beobachten. Mit dem Setzen neuer Zielmarkierungen beginnt nun der zweite Bombenabwurf, und bald darauf steigen gewaltige Rauchsäulen in den nächtlichen Himmel. Aufklärerfotos weisen aus, daß an den gesamten Anlagen schwere Schäden entstanden sind.
Über dem Ziel kommt es zu einem nicht seltenen Ereignis, als herabfallende Bomben zwei eigene Kampfflugzeuge treffen: Der Lancaster von Sqd.Ldr. Everett zerschlagen sie das Heck; der gesamte Waffenstand mit dem Bordschützen fällt in die Tiefe. Zwei Bomben durchschlagen den Rumpf und die rechte Tragfläche der Lancaster von Flight Officer Lloyd. Doch beide Maschinen gelangen nach England zurück!
Den Nachtjägern, die seit längerem wieder einmal in größerer Anzahl aufsteigen können, läßt sich durch das Täuschungsmanöver der Briten das eigentliche Angriffsziel erst verhältnismäßig spät erkennen. Sie erzielen nach Angaben des I. Jagdkorps' dennoch zwölf Abschüsse bei einem eigenen Verlust von sechs Maschinen. Die über Koblenz–Fulda nach Mitteldeutschland eingeflogene erste Angriffswelle der Engländer hat im Süden des Vogelsberg Feindberührung mit dem NJG 6, welches mit insgesamt 35 Maschinen der I., II. und IV. Gruppe zum Abwehreinsatz gestartet ist. Ofw. Schmidt von der I. holt um 23.10 Uhr eine Viermotorige herunter und schießt um 0.36 Uhr einen weiteren Bomber ab, während auch Lt. Artus von der gleichen Gruppe um 0.12 Uhr einen Gegner zum Absturz bringt. Bei Sterbfritz, Kreis Schlüchtern, wird die Bf 110 der Besatzung Uffz. Schmidt/Uffz. Fries/Uffz. Morhardt (10. Staffel) abgeschossen. Der Flugzeugführer rettet sich durch Fallschirmabsprung, die beiden anderen Besatzungsmitglieder fallen. Desgleichen geht eine Ju 88 der 6. Staffel durch Beschuß eines britischen Fernnachtjägers verloren; die Maschine 2Z+EP mit der Besatzung Fw. Mrusek/Uffz. Brand stürzt bei Bad Orb ab.
Leuna erleidet in jener Nacht sehr schwere Beschädigungen. Als die Engländer einen Monat später Luftaufnahmen von den Anlagen zurückbringen, stellt man fest, daß das Werk immer noch völ-

lig stillzuliegen scheint, und es lassen sich keine Anzeichen erkennen, daß bis dahin irgendwelche Instandsetzungsarbeiten vorgenommen worden sind.

Der 16. Januar, ein Dienstag, sieht den Einflug von rund 590 Kampfflugzeugen der 8. Luftflotte, welche neben Industriezielen bei Dessau und Bitterfeld auch die Hydrierwerke Ruhland und Magdeburg angreifen. Das Werk Ruhland bleibt jedoch heute von Treffern nahezu verschont. Von den zum Angriff gelangenden Kampfflugzeugen der Amerikaner kehren drei nicht mehr zurück. Eine B-24 der 488th Bombardment Group erhält einen Flaktreffer, die Maschine verliert ihren Treibstoff, so daß der Pilot sofort auf Gegenkurs geht. Bis nach Lille in Nordfrankreich schafft er es noch, dann sind die Tanks leer und die Motoren setzen aus. Etwas außerhalb der Stadt macht die Liberator eine Bruchlandung. Den auf Magdeburg angesetzten Verband begleiten 65 Mustang der gegen 9.30 Uhr in Raydon/England aufgestiegenen 353rd Fighter Group unter der Führung von Col. Rimerman. Wegen Schneefalls über dem Heimathorst muß die Group daher auf dem Rückflug vom Einsatz in Coulommiers bei Paris landen.

Nach leichter Wetterbesserung starten am Sonntag, den 28. Januar, um die Mittagszeit 115 Liberator der 8. Luftflotte zum Angriff auf Treibstoffziele im Ruhrgebiet, darunter die Hydrierwerke von Dortmund. Hier empfängt schweres Flakfeuer die in knapp 7000 Meter Höhe fliegenden B-24. Bomben fallen im Notwurf. Eine aus dem Pulk herausgeschossene Maschine der 488th Bombardment Group geht bis fast in Bodennähe hinunter, doch dem Piloten gelingt es, seine Liberator abzufangen und sie im Tiefstflug nach Westen durchzubringen, wo er schließlich auf luxemburgischen Territorium eine Notlandung vornehmen muß.

Am Mittwoch, den 31. Januar, fliegt auch die 15. Luftflotte seit langem wieder ein Treibstoffziel in der »Ostmark« an. Die 15. hat in diesem Monat wegen des schlechten Wetters überhaupt nur neun Einsätze durchführen können, wobei der vom 31. Januar der stärkste ist. Der Angriff von 217 Fortress und 407 Liberator richtet sich diesmal gegen die Anlagen der Donau-Chemie AG von Moosbierbaum.

Es ist nur noch eine Frage der Zeit, wann die letzten noch zur Verfügung stehenden geringen Flugtreibstoffreserven aufgebraucht sein werden. Die Werke Blechhammer, Brüx, Leuna, Pölitz und Zeitz haben nach den letzten schweren Angriffen im Januar ihre Produktion für einen längeren Zeitraum einstellen müssen, und die in Westdeutschland gelegenen Hydrierwerke, darunter Gelsenkirchen, Scholven, Wesseling, sind total ausgefallen. Während beispielsweise für Dieselöl und KFZ-Benzin auch noch andere Produktionsstätten zur Verfügung stehen, kann die Herstellung von Flugbenzin am Ende des Krieges nur noch in vier Hydrierwerken erfolgen.
Die Luftaktivität der Alliierten am Tage erreicht im Februar einen neuerlichen Höhepunkt, wobei das Unternehmen »Clarion« am 22. und 23. herausragt. An beiden Tagen demonstrieren Amerikaner und Engländer ihre Luftmacht, indem sie jeweils mit rund 2400 Kampfflugzeugen und sehr starken Jagd- und Jaboverbänden Angriffe auf das Verkehrsnetz des Reiches fliegen. Die Wirkung ist katastrophal. Ferner praktiziert der Gegner bei seinem Einsatz nun die Taktik, nach geschlossenem Einflug den Bomberstrom in unzählige kleine Verbände aufzuteilen, was die deutschen Abwehrkräfte vor ein schier unlösbares Problem stellt. Anfang des Monats sind folgende Verbände der 1. Jagddivision im Reich stationiert:

II./JG 3	Alperstedt
I./JG 7	Kaltenkirchen
II./JG 7	Brandenburg-Briest
JG 10	Parchim
IV./JG 54	Sachau
II./ZG 76	Großenhain
I./JG 300	Borkheide
II./JG 300	Löbnitz
III./JG 300	Jüterbog
IV./JG 300	Wittstock
I./JG 301	Finsterwalde
II./JG 301	Welzow
III./JG 301	Alteno

I./JG 400	Brandis
II./JG 400	Brandis
IV./NJG 5	Greifswald
NJG 10	Werneuchen
II./NJG 11	Jüterbog

Die Vielzahl der Verbände täuscht jedoch nicht darüber hinweg, daß der Abwehreinsatz der Reichsluftverteidigung am Tage bedeutungslos geworden ist, obwohl es immer noch zu örtlichen Erfolgen kommt. Viele der genannten Gruppen können ohnehin nur noch in Staffelstärke operieren. Gemäß eines Befehls des Oberkommandos der Luftwaffe werden die Jagdgeschwader 300 und 301 sowie Teile der Nachtjagd für unbestimmte Zeit taktisch an der Ostfront eingesetzt und zwar im Bereich des russischen Durchbruchs an der Oder.
Am Mittwoch, den 7. Februar, greifen über 700 Kampfflugzeuge der 15. Luftflotte in zwei Verbänden Wien und Moosbierbaum an. Auf die Donau-Chemie AG fallen 528 Tonnen Bomben. Die 24. Flakdivision, ab Februar dem V. Flakkorps unterstellt, verzeichnet den Abschuß von zwölf Viermotorigen, während die Amerikaner nur acht Verluste melden.
Nach dem enttäuschenden Einsatz vom 13./14. Januar fliegt die RAF in der Nacht zum Freitag, den 9. Februar, erneut mit zwei Wellen gegen Pölitz und führt einen »Newhaven«-Angriff durch.*) In jener Nacht liegt über den Anflugwegen eine starke Wolkenschicht, die erst rund 30 Kilometer vor dem Ziel aufreißt, was eine exakte Markierung des Zieles ermöglicht. Die Engländer lassen ein in Flammen und Rauch gehülltes Werk zurück: Diesmal ist der Angriff erfolgreich verlaufen. In der gleichen Nacht bombardiert ein anderer Kampfverband des Bomber Commands das Hydrierwerk Wanne-Eickel. Die deutsche Nachtjagd, mit etwa 60 Maschinen aufgestiegen, verbucht den Abschuß von insgesamt 16 britischen Maschinen.

---

*) »Newhaven« war die Bezeichnung für das Abstecken eines Angriffsziels bei Sicht mit Hilfe von Fallschirm-Leuchtbomben. Den ersten Pfadfinderbombern folgte ein zweiter Verband, welcher anders gefärbte Leuchtkörper, die bekannten »Christbäume« setzte. Im Blindwurf geworfene Boden- oder Luftmarkierungen leiteten die sogenannten »Parramatta«- und »Wanganui«-Angriffe ein.

Am darauffolgenden Tag sind die Amerikaner mit fast 1300 Maschinen über dem Reichsgebiet. Dieser Einsatz ist ebenfalls in der erwähnten Chronik des Verfassers beschrieben. Neben Verkehrsanlagen bombardiert die 8. Luftflotte des Hydrierwerk Lützkendorf mit Erfolg, während die 15. Luftflotte mit einem kleineren Verband einen ebenso wirksamen Angriff auf Moosbierbaum ausführt. In verlustreichen Luftkämpfen, an denen die Jagdgeschwader 300 und 301 beteiligt sind, sowie durch Flak verliert der vom Westen eingeflogene Gegner nur acht Viermotorige.
Das Ruhrgebiet ist am 16. Februar wieder das Ziel einer aus 900 Maschinen bestehenden Bomberstreitmacht der 8. Luftflotte, wobei auch die Hydrierwerke Gelsenkirchen und Dortmund angegriffen werden. Gleichzeitig führen die zum Teil den Bombern vorausfliegenen Begleitjäger in diesem Raum Bordwaffenangriffe durch. Über Erfolge deutscher Abwehrkräfte ist nichts bekannt, doch die Amerikaner büßen acht Kampfflugzeuge ein, darunter ein B-17 der von Lt.Col. Francis geführten 457th Bombardment Group. Lt. Rademacher von der gerade in Parchim neu aufgestellten, aus dem Kdo. Nowotny hervorgegangenen III./JG 7 schießt mit seiner Me 262 eine Mustang ab.
Nach einem mit starken Störschleier, verursacht durch abgeworfene Aluminiumfolien, eingeleiteten britischen Angriff am 13./14. Februar auf Böhlen und Zeitz-Tröglitz (die gleiche Nacht, in der die Vernichtung von Dresden beginnt und die Zehntausende von Menschenopfern fordern wird) gelingt den Engländern in der Nacht zum Donnerstag, den 15. Februar, eines der umfangreichsten Täuschungsmanöver, dem die deutsche Nachtjagd zum Opfer fällt. Das RAF Bomber Command unternimmt in jener Nacht einen Doppelangriff auf Chemnitz, während ein weiterer Angriff sich gegen das Hydrierwerk von Rositz, nordostwärts Zeitz richtet. Ein Mosquito-Verband fliegt gleichzeitig einen Störeinsatz gegen Berlin. Für den Angriff auf Chemnitz sind über 300 Kampfflugzeuge vorgesehen, denen etwa drei Stunden später nochmals fast 400 Maschinen folgen werden. Der Rositz-Verband besteht aus 224 Viermotorigen.
Um den Einflug dieser Formationen zu tarnen, legen die Engländer vom südholländischen Raum bis weit südlich der Ardennen eine rund 250 Kilometer reichende Störfolienbarriere und behin-

dern somit das deutsche Frühwarnsystem erheblich. Ferner täuschen die Briten mit zwei dem Bomberstrom vorausfliegenden Mosquito-Verbänden einen Anflug auf Mainz und Duisburg vor. Deshalb herrscht in den Nachtjagdleitstellen zunächst große Verwirrung, da sich das eigentliche Angriffsziel des Gegners nicht klar abzeichnet. Als die englischen Großverbände bei Aachen und Koblenz plötzlich diesen Störschleier ihrer »windows« durchbrechen, werden die Nachtjäger der verschiedensten Einheiten zunächst zum Funkfeuer Ida bei Münstereifel beordert. In Höhe von Koblenz trennen sich die gegnerischen Kampfverbände, um erst bei Erfurt wieder zusammenzutreffen. Inzwischen aber hat der Großteil der Nachtjäger durch mehrmaliges Umdirigieren den Anschluß fast verloren, er kann den Gegner nicht mehr einholen. Die Angriffe selbst verlaufen demnach nahezu ungestört ab.
Deutscherseits werden zehn Abschüsse verbucht, aber die Verluste sind etwa gleich hoch. Das NJG 6 ist mit sieben Maschinen zum ersten Einsatz gestartet. Major Lütje und Ofhr. Bunje erzielen je einen Luftsieg, aber Hptm. Weigel stürzt nach Abschuß einer Lancaster um 21.37 Uhr infolge Motortreffers tödlich ab. Beim zweiten Einsatz mit zwölf Maschinen gelingt Ofw. Schmidt um 0.40 Uhr und Oblt. Heiner um 0.43 Uhr der Abschuß je einer Viermotorigen. Bei Stöckheim, nördlich von Ansbach, wird eine Ju 88 des Gruppenstabes IV./NJG 6 von einem britischen Fernnachtjäger abgeschossen, die Besatzung der 2Z+AF, Oblt. Deuper/Fw. Rampf/Fw. Schwindt, fällt. Eine Ju 88 der II. Gruppe stürzt ebenfalls nach Feindbeschuß ab, doch die Besatzung bleibt unverletzt.
Um 22.03 Uhr erzielt der Kapitän der 2./NJG 2, Oblt. Rökker, mit dem Abschuß eines Bombers seinen 54. Luftsieg. Das der 3. Jagddivision unterstellte Geschwader hat vermutlich keine Ausfälle, doch dagegen verliert die 7. und 8. Staffel des NJG 4 im Großraum Paderborn–Lübbecke zwei Ju 88: Fw. Mörth wird um 23.28 Uhr, Uffz. Schacht um 23.50 Uhr abgeschossen; alle acht Besatzungsmitglieder fallen. Weitere Einbußen muß das NJG 5 hinnehmen. Die in Parchim stationierte I. und die von Schlesien aus operierende II. Gruppe verlieren insgesamt vier Maschinen. Uffz. Siebert von der 2. Staffel springt bei Celle verwundet mit dem Fallschirm ab, Oblt. Wörndl von der 3. Staffel wird um 23.40

Uhr beim Absturz während der Landung in Berlin-Staaken getötet, während die restliche Besatzung mit Verletzungen davonkommt. Zwei Bf 110 der von Hptm. Tham geführten 5./NJG 5 gehen im Raum Leipzig und bei Tetschen-Bodenbach verloren; der Pilot der einen Messerschmitt, Fw. Wolff, fällt, und die dreiköpfige Besatzung der zweiten Bf 110 mit Fw. Schmidt als Flugzeugführer kommt gleichfalls ums Leben.
Das Bomber Command gibt einen Verlust von insgesamt 15 Maschinen an. Leider ist nichts über die Angriffsauswirkungen in Rositz bekannt, doch dagegen hätten nach britischer Auffassung nur die schlechten Wetterverhältnisse Chemnitz vor einem zweiten Dresden bewahrt, da die Sichtmarkierungen nicht wie geplant abgesetzt werden konnten.
Dann folgt in der Nacht zum Dienstag, den 20. Februar, ein weiterer Großangriff der RAF auf Böhlen, wobei Mosquito wiederum einen Ablenkungsangriff, diesmal gegen Magdeburg fliegen. Gleichzeitig bombardieren die Briten das Hydrierwerk Hemmingstedt bei Heide in Schleswig-Holstein. Das Werk wird von über 400 Kampfflugzeugen zwischen 3.30 und 4.00 Uhr nahezu völlig zerstört. Obwohl der »Zeremonienmeister«, also der Leiter des gesamten Angriffes – meistens eine Mosquito, die in 8–10 000 Meter Höhe über dem Zielgebiet flog und den Einsatz dirigierte oder korrigierte – wegen Motorstörung erst später als vorgesehen über dem Ziel eintrifft, kann er die Anlagen von seinen Pfadfindern exakt markieren lassen und dem Hauptbomberstrom einen präzisen Bombenwurf ermöglichen.
Die Luftangriffe reißen nun nicht mehr ab. Tag für Tag, Nacht für Nacht sind die gegnerischen Verbände über dem Reich. An eine geschlossene Abwehr dieser Einflüge ist längst nicht mehr zu denken. Ein mit 526 Maschinen der 15. Luftflotte am Mittwoch, den 21. Februar, gegen Wien durchgeführten Großangriff hinterläßt schwere Schäden. Verkehrsanlagen und Treibstoffproduktionsstätten werden so nachhaltig bombardiert und getroffen, daß der Oberbefehlshaber der 15., General Twining, den Wiener Raum als strategisches Ziel vorläufig auszuklammern beabsichtigt. An jenem Mittwoch kehren fünf Viermotorige nicht mehr zurück; sie werden vermutlich allesamt das Opfer der Flak.
Einer der letzten Großangriffe gegen Treibstoffziele findet am

Sonnabend, den 24. Februar, statt. Die 8. Luftflotte fliegt mit über 1000 viermotorigen Kampfflugzeugen in das Reichsgebiet ein und bombardiert neben Verkehrszielen auch die Raffinerien von Hamburg und Bremen sowie das Hydrierwerk Misburg. Gerade zu dieser Zeit stehen auch die der deutschen 6. Luftflotte unterstellt gewesenen Verbände der Reichsluftverteidigung wieder der Luftflotte Reich zur Verfügung, doch sie gelangen heute gegen den Westeinflug noch nicht zum Einsatz. Dafür aber sind die Bf 109 G der I./EJG 2 am Gegner, jedoch ohne Erfolg. Bei der Landung in Perleberg, dem Horst der Gruppe, wird Uffz. Riek, 3. Staffel, von Mustang tödlich abgeschossen. Die Amerikaner melden ihrerseits den Verlust von zwei Kampfflugzeugen. Zwei von Eintausendunddreiundvierzig!

MÄRZ-APRIL 1945

Die Verbände der Reichsluftverteidigung schrumpfen immer mehr. Den Abwehreinsatz bestreiten nunmehr vorwiegend die Turbinenjäger Me 262 der 1. und 7. Jagddivision. Neben den Gruppen des JG 7 entsteht der mit Me 262 ausgerüstete Jagdverband 44, den der abgelöste General der Jagdflieger Galland aufgestellt hat und der später von Brandenburg-Briest nach München-Riem verlegt. Die Piloten sind allesamt hochdekorierte, einsatzerfahrene Tag- und Nachtjäger. Daneben existiert eine von Oberstlt. Bär geführte Gruppe des EJG 2 mit Me 262 in Lechfeld, welche aber nur Staffelstärke erreicht. Ab 18. März kommt noch die I./KG(J) 54 hinzu, eine der vielen Gruppen verschiedener Kampfgeschwader, die auf Me 262 umgerüstet haben und als Jagdverband operieren. Der Einsatz all dieser Verbände erweist sich immer noch als erfolgreich, doch die erlittenen Verluste stehen in keinem Verhältnis dazu. Obendrein fehlt es an Maschinen. Die mit Strahltriebwerken ausgerüsteten Maschinen bedingen die Verwendung eines neuen Treibmittels, das unter der Bezeichnung J_2 aus einem Gemisch von Vergaser- und Dieselkraftstoff besteht

und das bereits seit Sommer 1944 produziert wird. Von diesem, nicht hochwertigen Benzin sollen - nach Gundelach – im Februar 1945 noch 43000 t vorhanden gewesen sein.
Anfang März stehen die Alliierten bereits weit auf deutschem Boden. Krefeld und Trier sind erobert, die 9. US-Armee erreicht am 2. März den Rhein bei Neuß. Drei Tage später fällt Köln. Truppen der Roten Armee stoßen zur Ostsee vor. Stettin wird am 5., Küstrin am 12. März erobert. Weitere Teile Schlesiens befinden sich in russischer Hand.
Im März greifen die Alliierten nur noch wenige Male Treibstoffziele an, wogegen die Zerschlagung des Verkehrsnetzes jetzt und im Folgemonat an erste Stelle der Einsatzplanung rückt. Beim RAF Bomber Command sieht es nicht anders aus, wobei hier noch die Bombardierung von Hafenanlagen hinzukommt. Die deutsche Nachtjagd kann infolge Treibstoffmangels nur noch bei wenigen Gelegenheiten in größerer Anzahl zur Abwehr aufsteigen.
Gleich am ersten Märztag führt ein Angriff von 644 Kampfflugzeugen der 15. Luftflotte auf das künstlich vernebelte Werk Moosbierbaum zum totalen Produktionsstillstand. Am Sonnabend, den 3. März, fliegen zwei Großverbände der 8. Luftflotte mit insgesamt rund 1100 Viermotorigen ins Reich ein, um die Hydrierwerke Dollbergen, Magdeburg, Misburg und Ruhland zu bombardieren. Im Raum Hannover-Braunschweig kommt es zu einem Luftkampf mit Me 262 des JG 7, in dem acht Abschüsse verbucht werden. Einen davon erzielt Ritterkreuzträger Hptm. Gutmann von der 9. Staffel, aber kurz darauf wird er selbst tödlich getroffen und stürzt südwestlich des Platzes Braunschweig-Waggum ab. Die Amerikaner geben für diesen Tag einen Verlust von neun viermotorigen Bombern an.
Über 1300 amerikanische Maschinen greifen am Donnerstag, den 8. März neben Verkehrsanlagen im Raum Ludwigshafen–Frankfurt–Gießen–Siegen wieder die Hydrierwerke im Ruhrgebiet an, wobei besonders in Gelsenkirchen, Dortmund und Essen erhebliche Schäden entstehen. Die Amerikaner büßen keine einzige Maschine ein. In der vorangegangenen Nacht erzielt der erfolgreichste aller deutschen Nachtjäger, Major Schnaufer, während eines britischen Angriffes auf das Hydrierwerk Hemmingstedt im Raum Hamburg seinen 119. Luftsieg. Der Kommodore des NJG 4 holt

in der gleichen Nacht bei Dessau noch zwei Bomber herunter und erringt damit seine beiden letzten Luftsiege des Krieges, Nr. 120 und 121.
Bei einem in der Nacht zum 15. März mit rund 200 Kampfflugzeugen auf Leuna durchgeführten Großangriff können sich wieder etliche Nachtjagdstaffeln den Engländern entgegenstellen. Sie verzeichnen dabei 16 Abschüsse. Die Briten dringen aus dem Nürnberger Raum heraus zwischen Bamberg und Bayreuth nach Nordnordost vor und fliegen über Thüringen in Richtung Leipzig. Das mit insgesamt 21 Maschinen rechtzeitig gestartete Nachtjagdgeschwader 6 wird zunächst in das Rhein-Main-Gebiet beordert, doch die Bodenstelle korrigiert den Fehler rasch und führt die Nachtjäger an den Südeinflug heran. Kurz nach 21.00 Uhr haben die Piloten Gefechtsberührung, um 21.24 Uhr schießt Major Lütje, seit Mitte September 1944 Kommodore des NJG 6, den ersten Bomber ab. Um 22.10 Uhr fällt eine Viermotorige durch Ofhr. Bunje. Eine gute Stunde darauf bringt der Kommandeur der I. Gruppe, Hptm. Friedrich, innerhalb von rund zehn Minuten drei weitere Gegner zum Absturz. Ritterkreuzträger Hptm. Friedrich kommt nur eine Nacht später mit seiner gesamten Besatzung ums Leben, nachdem er nach Abschuß einer Lancaster bei Stuttgart in die Explosion der Bombenladung hineinfliegt, was den Absturz seiner Ju 88 zur Folge hat.
Eine seltene Luftsiegserie erringt in dieser Nacht zum 15. März der erfolgreiche Kommandeur der IV. Gruppe, Hptm. Becker, und dessen Bordfunker, Lt. Johannsen. Von 21.53 Uhr bis 23.37 Uhr schießt Becker sechs und Johannsen drei gegnerische Bomber ab. Das NJG 6 zählt insgesamt sechs Gefallene und vier Verwundete. Eine Ju 88 der 5. Staffel macht auf dem Platz Schwäbisch Hall eine Bauchlandung und gerät in Brand; Hptm. Giese und seine Besatzung werden dabei getötet. Hptm. Fellerer, Kommandeur der III. Gruppe, wird bei Jagdstzell von einem englischen Fernnachtjäger abgeschossen, doch die Besatzung erleidet nur leichte Verwundungen.
Am 15. März führen etwa 620 Maschinen der 15. Luftflotte Angriffe auf Wien und Wiener Neustadt durch, während weitere 109 Fortress zum ersten Mal bis nach Ruhland weiterfliegen und das nördlich der Schwarzen Elster gelegene Werk bombardieren.

Zwei Tage darauf, am 17. März, erscheinen Verbände aller drei Divisionen der 8. Luftflotte über dem Reichsgebiet, insgesamt 1312 Maschinen mit starkem Jagdschutz. Die erste Angriffswelle hat Verkehrsanlagen zwischen Augsburg–München–Regensburg zum Ziel, während der zweite Bomberstrom vor allem die Hydrierwerke Mitteldeutschlands angreift. An diesem Sonnabend herrscht ausgesprochen schlechtes Wetter vor, so daß der Großteil aller abgeworfenen Bomben auf freiem Gelände niedergeht – die Hydrierwerke selbst erleiden nur geringfügige Schäden. Natürlich bleibt wegen des Wetters auch der Abwehreinsatz aus. Die Amerikaner verlieren fünf Viermotorige, darunter zwei B-17 der 490th Bombardment Group, die in der Luft kollidieren und abstürzen. Die anderen drei Verluste sind vermutlich der Flak zuzuschreiben. Die gegen 9.20 Uhr in England zum Begleitschutz für die Bomber nach Ruhland gestartete 353rd Fighter Group büßt über Westdeutschland eine von 47 Mustang ein. Der Pilot dieser P-51 muß infolge Motorschadens ostwärts Köln mit dem Fallschirm aussteigen, er kehrt erst zwei Wochen später zu seiner Einheit zurück.
Ölraffinerien um Hamburg, das Hydrierwerk Hemmingstedt und Uboot-Werften bei Kiel sind das Ziel von etwa 430 Viermotorigen der 8. Luftflotte am Dienstag, den 20. März. Teile des JG 7 sind mit 29 Me 262 gegen den Hamburg-Verband aufgestiegen, 24 davon haben Feindberührung. Die Turbo-Piloten melden acht Abschüsse, während der Gegner nach eigenen Angaben nur vier Maschinen verliert. Luftkämpfe mit den Begleitjägern führen zu insgesamt drei Ausfällen: Über Kaltenkirchen, dem Platz der I. Gruppe, schießen P-51 der 339th Fighter Group Uffz. Mehn tödlich ab, und Ofhr. Gehlkers Me 262 erhält über dem Raum Kiel Treffer von angreifenden Mustang. Gehlker fällt ebenfalls. Ein dritter Pilot, Ofw. Büttner, erleidet über Kiel-Holtenau Verwundungen durch Bordwaffenbeschuß.
In der Nacht zum Mittwoch, den 21. März, melden die Leitstellen den Einflug eines britischen Kampfverbandes mit vorausfliegenden Mosquitopulks in Richtung Mitteldeutschland. Das Ziel sind die Hydrierwerke Böhlen und Altenburg im Raum Leipzig. Abermals gelingt es, Dutzende von Nachtjägern zum Abwehreinsatz in die Luft zu bringen; sie verbuchen den Abschuß von 17 Maschinen aus dem auf Böhlen angesetzten Verband. Das NJG 6

steigt diesmal zu spät auf, so daß nur ein Luftsieg erzielt werden kann, und zwar eine Lancaster um 4.59 Uhr durch Major Lütje. Der britische Angriff selbst erweist sich als ergebnislos, denn beide Werke werden in dieser Nacht kaum beschädigt.

Mit insgesamt 687 viermotorigen Kampfflugzeugen führt die 15. Luftflotte am Donnerstag, den 22. März, dann wieder einen Großeinsatz durch, wobei unter anderem ein Verband das Stadtgebiet von Wien bombardiert und ein aus 136 Fortress bestehender Teilverband das Hydrierwerk Ruhland angreift. Gegen die B-17 des Ruhland-Verbandes starten 21 Me 262 der III./JG 7. Die 15. Luftflotte verzeichnet an diesem Donnerstag einen Verlust von 24 Kampfflugzeugen, darunter drei durch Me 262. Deutscherseits werden allerdings zwölf Abschüsse gemeldet. Ofw. Lübking, ehemaliger Eismeerjäger (JG 5) mit 38 Luftsiegen, fällt nach Abschuß einer Fortress südlich von Bischofswerda bei Nieder-Ottersdorf im Luftkampf mit P-51 der 31st Fighter Group aus San Severo/Italien. Bei Altdöbern in der Niederlausitz wird auch Fw. Eichner tödlich abgeschossen.

Gegen 11.30 Uhr starten in Nidda etwa neun FW 190 D-9 der II. Gruppe des JG 2 zum Einsatz gegen einen amerikanischen Bomberverband. Nachdem die deutschen Maschinen von Nordosten her den Taunus erreicht haben, werden sie über dem Feldberg-Gebiet plötzlich von Mustang überrascht. Die schwarze »12« von Uffz. Zimmer erhält sofort Treffer und beginnt zu brennen; nur mit großer Mühe kommt der Pilot frei und springt über den bewaldeten Hängen ab. Mit Verbrennungen im Gesicht bringt man ihn von Glashütten aus in das Krankenhaus von Usingen. Nur etwas weiter südwestlich davon, bei Schloßborn, stürzt Uffz. Polomsky ab; seine Maschine zerschellt mit Aufschlagbrand. Ob der vermutlich nur kurz andauernde Luftkampf noch weitere Ausfälle forderte und ob es den Piloten des JG 2 gelang, auch dem Gegner Verluste zuzufügen, ist nicht bekannt.

Offensichtlich ist auch die I./KG(J) 54 am Einsatz beteiligt, denn die Gruppe verliert eine Me 262 im Luftkampf mit Mustang. Die Maschine wird nahe des Platzes Giebelstadt abgeschossen, ihr Pilot, Uffz. Egri, steigt verwundet mit dem Fallschirm aus. Die Mustang-Piloten beanspruchen heute fünf Me-262-Abschüsse, darunter einen durch Capt. Dillard.

Leuna während eines großen Luftangriffes im September 1944. Immer wieder gelingt es, die Produktion im Werk anlaufen zu lassen. Auch die schweren Bombardements, welche bis Jahresende 1944 erfolgen, können das Hydrierwerk nie gänzlich ausschalten. (U.S. Air Force Photo)

Die Destillationsanlage (links) und die Hydrieranlage (rechts) von Leuna, aufgenommen etwa März 1941. (Firmenarchiv Hoechst AG)

Das in vier Millionen Exemplaren gedruckte und zwischen 30. August und 2. Oktober 1944 von den Alliierten über dem Reich abgeworfene Flugblatt XG 26 ist an die »Deutschen Arbeiter« gerichtet. Am Beispiel der Luftangriffe auf die Treibstoffindustrie will man ihnen die Sinnlosigkeit einer Instandsetzung zerstörter Werke und einer Weiterarbeit verdeutlichen. (Klaus Kirchner, Erlangen)

Bericht von der Luftfront

In den letzten drei Monaten hat sich die Luftoffensive der Alliierten hauptsächlich gegen die Ölraffinerien und Anlagen für synthetischen Treibstoff in Deutschland gerichtet. Ausserdem wurden u.a. wiederholt angegriffen und schwer beschädigt:

die rumänischen Ölraffinerien in Ploesti, die Mitte Juni praktisch ausser Betrieb waren,
die ungarischen Raffinerien in Czepel bei Budapest und
die jugoslavischen Raffinerien von Smederevo,
ferner Treibstofflager der Wehrmacht an allen Fronten

Seit Sommer 1943 ist die deutsche Treibstoffversorgung um mehr als die Hälfte zurückgegangen, d.h. statt 16 Millionen Tonnen Treibstoff, d Deutschland bis dahin erzeugt hat, stehen ihm je nur noch rund 8 Millionen Tonnen zur Verfügun

Der deutsche Bedarf beträgt jedoch auch na Durchführung der neuen rigorosen Einschränkung noch immer 10 Millionen Tonnen, davon 6 M lionen Tonnen für den Bedarf der Wehrmacht u. 3,5 bis 4 Millionen Tonnen für Industrie u Transport.

Die fehlenden 2 Millionen Tonnen müss aus den immer mehr zusammenschrumpfend Reserven gedeckt werden.

Deutschlands Treibstofflage ist al hoffnungslos.

Auch Deine Arbeit kann daran nichts me ändern, sondern höchstens noch das En hinauszögern.

In Deutschland selbst wurden in den letzten drei Monaten u.a. folgende Ölraffinerien und Anlagen für synthetischen Treibstoff angegriffen:

Blechhammer-Nord	Oberschlesische Hydrierwerke A.G.
Blechhammer-Süd	Oberschlesische Hydrierwerke A.G.
Böhlen-Rotha	Braunkohle Benzin A.G.
Bottrop-Welheim	Ruhröl G.m.b.H.
Bremen-Oslebshausen	Deutsche Vacuum Oel A.G.
Brunsbüttelkoog-Ostermoor	Mineralöl — und Asphaltwerke A.G.
Brüx	Sudetenländische Treibstoffwerke A.G.
Castrop-Rauxel	Gewerkschaft Victor, Stickstoff- und Benzinwerke
Deschowitz b. Beuthen	Schaffgottsch-Benzin G.m.b.H.
Dollbergen	Deutsche Petroleum A.G.
Dortmund	Westfälische Mineralöl - und Asphaltwerke W.H. Schmitz K.G.
Dortmund-Wambelerholz	Hoesch-Benzin G.m.b.H.
Emmerich	Deutsche Gasolin A.G.
Gelsenkirchen-Buer	Hydrierwerke Scholven A.G.
Gelsenkirchen-Nordstern	Gelsenberg Benzin A.G.
Misburg b. Hannover	Gewerkschaft Deutsche Erdöl-Raffinerie A.G.
	Gewerkschaft Neue Erdöl-Raffinerie A.G.
Hamburg	Mineralwerke Albrecht & Co. K.G.
	Europäische Tanklager- und Transport A.G.
Hamburg-Harburg	Ebano-Asphalt-Werke A.G.
	Rhenania-Ossag Mineralwerke A.G.
Hamburg-Grasbrook	Ernst Schliemanns Oelwerke.
	Rhenania-Ossag Mineralwerke A.G.

Hamburg-Neuhof	Oelwerke Julius Schindler G.m.b.
Hamburg-Schulau	Deutsche Vacuum Oel A.G.
Hamburg-Wilhelmsburg	Deutsche Petroleum A.G.
Kamen-Dortmund	Chemische Werke Essener St kohle A.G.
Korneuburg	Creditul Minier Österreichisch Rumänische Petroleum Vertri Gesellschaft.
Lutzendorf-Mücheln	Mitteldeutsche Treibstoff-und (werke A.G.
Magdeburg-Rothensee	Braunkohle-Benzin A.G.
Merseburg-Leuna	Ammoniakwerke Merseburg G.m.b.H.
Moosbierbaum	Donau Chemie A.G.
Mörs-Morbeck (Homberg)	Gewerkschaft Steinkohlenbergw „Rheinpreussen".
Pölitz	Hydrierwerke Pölitz A.G.
Sterkrade-Holten	Ruhrbenzin A.G.
Ruhland-Schwarzheide	Braunkohle-Benzin A.G.
Wanne-Eickel	Krupp Treibstoffwerke G.m.b.H.
Wesseling	Union Rheinische Braunkohlenk stoff A.G.
Wien-Lobau	Ostmärkische Mineralölwerke G.m.b.H.
Wien-Floridsdorf	Shell Floridsdorfer Mineralölfa A.G.
Wien-Kagran	Vacuum Oel Co. A.G.
Wien-Schwechat	Nova Oel-und Brennstoff- A.G.
Wien-Vosendorf	Österreichische „Fanto" A.G.
Zeitz-Troglitz	Braunkohle Benzin A.G.

Die Luftoffensive der Alliierten gegen Öl-Raffinerien und Treibstoffanlagen geht weiter. Dir bleibt nur eine Wahl:

HERAUS AUS DEN TREIBSTOFFWERKEN!

Neben den Jagdeinheiten der 15. Luftflotte haben ebenfalls etwa 150 P-51 der 4th und 56th Fighter Group, 8. Luftflotte, den Schutz für die Ruhland-Verbände übernommen. Die 4th Fighter Group meldet dabei Luftkampf mit Focke-Wulf, die vermutlich einem Schlachtgeschwader angehören und die gegen russische Stellungen an der Oderfront gestartet sind. Die Amerikaner schießen elf Jäger ab, wobei Lt.Col. Woods allein fünf für sich verbucht. Es könnte sich hierbei um die mit FW 190 F-8 ausgerüstete I./SG 1 handeln, welche an diesem Tag zwei Gefallene und zwei Verwundete verzeichnet.
Die Anlagen von Ruhland werden am 23. März durch ein Bombardement von 157 Kampfflugzeugen der 15. Luftflotte nun so schwer getroffen, daß das Werk total ausfällt.
Noch einmal fliegt die RAF mit 150 Halifax am 24. März einen Tagesangriff auf Sterkrade, wobei vor allem aber die Bahnanlagen völlig zerstört werden. Zwei kleinere englische Verbände bombardieren am gleichen Tag mit erheblicher Wirkung die Stinnes-Ölraffinerie von Bottrop sowie die Raffinerie Harpener Weg im Südwesten von Dortmund. Der gesamte Einsatz des Tages fordert nur vier Bomberverluste. Ein weiteres Kampfflugzeug, die Lancaster von Flight Officer Hampson, 165. Squadron, erhält einen direkten Flaktreffer, der die Maschine in Brand setzt. Dennoch gelingt es, sie wieder nach Manston zurückzubringen, wo sie allerdings danach als Wrack abgeschrieben werden muß.
Die ständige Überwachung des Luftraumes über den Einsatzhorsten der deutschen Turbinenjagdeinheiten durch vorausfliegende Jagdformationen des Gegners nimmt zu. Sie erschwert den Abwehreinsatz der Turbos erheblich oder macht ihn sogar gänzlich unmöglich, denn sobald sich beim Anlassen der Turbinen die charakteristischen Staubfahnen am Boden zeigen, stoßen die alliierten Jäger zum Bordwaffenangriff hinab.
Der soweit letzte bekannte Tagesangriff der Amerikaner auf ein deutsches Treibstoffziel findet am Sonnabend, den 31. März, statt. Mit insgesamt 1333 Viermotorigen fliegt die 8. Luftflotte nach Mitteldeutschland ein und bombardiert neben dem Hydrierwerk von Zeitz weitere Industrieanlagen bei Brandenburg, Braunschweig, Erfurt, Gotha und Halle. Nur sechs Maschinen kehren nicht zurück. Am Abwehreinsatz beteiligte Staffeln des immer

noch im Rhein-Main-Gebiet stationierten JG 2 haben im Planquadrat »Nordpol-Ulrich«, im Raum Bad Hersfeld Feindberührung mit gegnerischen Jägern, die offensichtlich zur Eskorte der nach Thüringen einfliegenden Bomberpulks gehören. In der Nähe von Bosserode kann Uffz. v. Schlieffen von der 2. Staffel einen Begleitjäger zum Absturz bringen, doch wird der deutsche Pilot kurz danach selbst tödlich abgeschossen.

Wie wirksam aber die deutschen Angriffe noch sein können, stellt sich bei der Abwehr eines am gleichen Sonnabend gegen die Uboot-Werften bei Hamburg gerichteten Tageseinsatzes der Engländer heraus. Die III./JG 7 hat das seltene Glück, an einen von Jägern ungeschützten Bomberpulk zu geraten und schießt hierbei ohne eigene Verluste vier Lancaster und drei Halifax ab. Mit den sechs Kampfflugzeugen der 8. Luftflotte ergibt das einen Ausfall von 13 Maschinen; das JG 7 meldet für diesen Tag den Abschuß von insgesamt 17 Bombern und einen Jäger. Vier eigene Me 262 gehen verloren.

Mit dem April 1945 naht dann auch das Ende der Reichsluftverteidigung. Die Angriffe der Alliierten richten sich jetzt nur noch gegen Verkehrsobjekte und vorwiegend gegen Flugplätze der ohnehin dezimierten Luftwaffe. So führt ein Großangriff der 8. Luftflotte am 10. April auf die Turbo-Plätze in Nord- und Nordwestdeutschland dazu, daß nahezu alle mit Me 262 ausgerüsteten Verbände in den Raum Prag verlegen müssen.

In der Nacht zum 9. April erfolgt der letzte britische Nachtangriff auf die deutsche Treibstoffindustrie im Reich: Rund 250 Viermotorige greifen noch einmal das Werk Lützkendorf an. Am Freitag, den 20. April, erfolgt mit dem Angriff auf Merseburg der letzte Tagesangriff des RAF Bomber Commands auf ein Treibstoffziel. Fünf Tage später, am 25. April 1945, beenden die 8. und 15. US-Luftflotte ihren strategischen Bombeneinsatz gegen Deutschland, in der folgenden Nacht fliegt auch die RAF ihren letzten strategischen Einsatz.

Die Treibstofferzeugung erreicht im Jahr 1945 durch die andauernden Luftangriffe und durch Ausfall der im Osten gelegenen Hydrierwerke einen Tiefststand. Im März können demnach nur noch insgesamt 1600 t Flugbenzin hergestellt werden. Zu diesem Zeitpunkt liegt aber der Verbrauch bei etwa 20800 t pro Monat.

Die Luftwaffe verfügt jetzt noch über einen Bestand von 30000 t, einschließlich 5000 t aus der OKW-Reserve. Einen Monat später, im April 1945, ist überhaupt keine Produktion mehr möglich. Die verheerende Situation zeigt sich wohl am deutlichsten in der für diesen Monat für die verschiedensten Luftwaffenstäbe und –kommandos wochenweise rationierte Gesamtmenge von rund 11700 t Flugtreibstoff.*)
Innerhalb eines Jahres – seit Beginn der amerikanischen Offensive am 12. Mai 1944 – ist die deutsche Treibstoffindustrie praktisch ausgeschaltet worden. Auf die Anlagen von Leuna, das bedeutenste und wohl auch das am härtesten verteidigte Hydrierwerk, sind rund 18300 Tonnen Bomben abgeworfen worden. Das Werk mußte nach den gesammelten Unterlagen während dieser Zeit insgesamt 19 Tages- und vier Nachtangriffe über sich ergehen lassen. Anfang 1945 war Leuna bei 15% seiner Produktionskapazität angelangt. Nach den letzten Angriffen zu Beginn des Jahres, die das Werk völlig außer Betrieb setzten, soll nach amerikanischen Untersuchungen dann aber nochmals eine Produktionssteigerung um den gleichen Prozentsatz wie zu Anfang des Jahres erreicht worden sein.
Was die Häufigkeit der Angriffe auf die bekannteren Treibstoffwerke betrifft, so stehen noch vor Leuna die Anlagen von Gelsenkirchen mit mindestens 25 Tages- und etlichen Nachtangriffen. Hinter Leuna folgen die Werke Blechhammer und Moosbierbaum, welche ausnahmslos von der 15. US-Luftflotte bei mindestens je rund 20 Einsätzen bombardiert wurden, sowie Brüx mit 18 Angriffen. Je etwa 15 Einsätze richteten sich gegen die Hydrierwerke und Raffinerien Bottrop, Floridsdorf, Ludwigshafen, Misburg, Ruhland. Die häufigsten Tagesangriffe erfolgten auf die Gelsenkirchener Anlagen, die häufigsten Nachtangriffe erlebte das Werk Scholven-Buer.
Nicht unerwähnt bleiben sollte abschließend die Tatsache, daß die ab Beginn des Jahres 1944 von den Amerikanern zur Ausschaltung der deutschen Jagdabwehr unternommenen Angriffe nicht den erhofften Erfolg brachten. So zeigte der lange Zeit vorrangig gegen die Flugzeugindustrie des Reiches durchgeführte Bomben-

*) Im Original: 15600 cbm (1 Tonne Treibstoff = 1,33 cbm)

einsatz zwar erhebliche Wirkung, doch zur Verwunderung der Alliierten stieg gerade im genannten Jahr die Jagdflugzeugproduktion von Monat zu Monat an und erreichte im Herbst sogar den höchsten Stand während des ganzen Krieges. Als entscheidend hingegen sollte sich dann die auf konsequente Zerschlagung von Treibstoffzielen ausgerichtete Luftoffensive der USAAF und der RAF erweisen.

Das Rumänische Öl

PLOESTI

Wenn es um eine Darstellung der Luftoffensive der Alliierten gegen die deutsche Treibstoffversorgung geht, erscheint es notwendig, dabei auch die Angriffe auf das rumänische Ölgebiet zu berücksichtigen. Gerade was das Flugbenzin angeht, so war – wie eingangs erwähnt – das Deutsche Reich zunächst einmal nahezu ausschließlich von der Einfuhr ausländischen Rohöls angewiesen, weshalb man schon verhältnismäßig früh mit dem Bau von Werken zur Herstellung von Treibstoff auf Kohlebasis beginnt. Dennoch kann man auf die ausländischen Öllieferungen nicht verzichten. Der wohl wichtigste Lieferant ist Rumänien mit seinen Erdölfeldern um Ploesti, etwa 50 Kilometer im Norden von Bukarest. Die rumänische Erdölindustrie steht schon immer im Mittelpunkt des Interesses vieler Länder, nicht zuletzt wegen der günstigen geographischen Lage in der Nähe europäischer Verbrauchszentren im Gegensatz zu anderen Öllieferanten. So erlangt das rumänische Öl für die Wirtschaft Europas eine nicht zu unterschätzende Bedeutung, obwohl die Produktion in Rumänien nur knapp 2,5 % der Weltproduktion ausmacht. Als der Zweite Weltkieg beginnt, wächst natürlich auch das Interesse an dieser Rohstoffquelle. 1939 gibt es in Rumänien insgesamt 42 Raffinerien.*)

---

*) aus: »Öl und Kohle«, Nr. 40, 1940

Ploesti selbst besteht aus einem Komplex von acht großen Raffinerien, die sich fast wie ein Ring um die Stadt herum verteilen:

Astra Romana	77% Royal Dutch Shell, 23% rumänisch
Colombia	französisch (Omnium internationale de Petrole)
Concordia	belgisch-französisch (Petrofina)
Creditul Minier	rumänisch
Prahova	italienisch (Agip)
Romana Americana	amerikanisch (Standard Oil Co.)
Steaua Romana	50% rumänisch, 50% französisch-englisch
Unirea	englisch (Phoenix Oil and Transport Co., Ltd)

Somit wird auch Ploesti für das Reich zu einem äußerst bedeutsamen Faktor, denn schließlich gelangen 35% des rumänischen Öls nach Deutschland.*) Deshalb verwundert es auch nicht, daß nach dem am 29. Mai 1940 mit Rumänien abgeschlossenen Öl-Paktes (rumänisches Öl gegen deutsche Waffen) schon im Oktober 1940 Truppenkontingente der Wehrmacht zum Schutz der Erdölfelder nach Rumänien verlegen. Als das englische Expeditionskorps einen Tag nach dem italienischen Angriff auf Griechenland am 29. Oktober zur Unterstützung des bedrohten Balkanstaates auf Kreta landet, scheint somit auch die Gefahr britischer Luftangriffe auf das rumänische Erdölgebiet akut zu werden. Dazu ein Auszug aus Hitlers Weisung Nr. 18 vom 12. November 1940: »...Ob.d.H. trifft Vorbereitung, um im Bedarfsfall aus dem bulgarischen Raum heraus das griechische Festland nördlich des Ägäischen Meeres in Besitz zu nehmen und damit Voraussetzungen für den Einsatz deutscher Fliegerverbände gegen Ziele im ostwärtigen Mittelmeer zu schaffen, insbesondere gegen diejenigen englischen Luftstützpunkte, die das rumänische Ölgebiet bedrohen...«

Bereits um die Monatswende Januar/Februar 1941 landen Messerschmitt-Jäger der II. und III./JG 27 in Bukarest. Die Gruppen bleiben hier jedoch nur für kurze Zeit und beziehen danach Flugplätze auf bulgarischem Boden. Das Jagdgeschwader 77 verlegt im April 1941 auf den Balkan, desgleichen gelangt Ende Mai der Geschwaderstab und die III./JG 52 nach Rumänien und verbleibt dort bis Ende Juli 1941. Doch in dieser Zeit, in der sich die Reichs-

*) nach K. Rust: The 9th Air Force

regierung längst auf den Rußland-Feldzug vorbereitet und mit dem Aufmarsch im Osten beginnt, bleibt es gerade im rumänischen Luftraum wider Erwarten noch ruhig.
Erst als die Vereinigten Staaten am 5. Juni 1942 den Balkanstaaten Bulgarien, Rumänien und Ungarn den Krieg erklären, planen die Amerikaner einen sofortigen Lufteinsatz gegen das bedeutenste Industriezentrum der genannten drei Länder, nämlich gegen das Erdölgebiet um Ploesti. Der erste Angriff erfolgt genau eine Woche später.

FREITAG, 12. JUNI 1942

Aus Amerika kommend waren Anfang des Monats nach Zwischenlandung in Britisch-Guinea 23 Liberator der USAAF in Khartum im Sudan eingetroffen. Der Verband, unter der Führung von Col. Halverson, soll weiter in den Fernen Osten überführt werden, um von China aus das japanische Festland zu bombardieren. Doch dann ist vorgesehen, mit diesen Liberator zunächst einen Luftangriff auf Ploesti durchzuführen. Der Verband verlegt deshalb nach Fajid am Westufer des Großen Bittersees in Ägypten. Kurz vor 23.00 Uhr des 11. Juni hebt die letzte der für diesen Einsatz eingeteilten dreizehn B-24 D vom Platz ab. Der Flug geht nach Norden über das Mittelmeer, die Maschinen überfliegen unter Mißachtung der Neutralität die Türkei und erreichen am Morgen des 12. Juni ihre Ziele. Zehn Maschinen bombardieren die Raffinerie Astra Romana bei Ploesti, eine B-24 erscheint über dem Hafen von Konstanza, die anderen beiden werfen ihre Bombenladung auf nicht näher bekannte Ziele. Die Amerikaner stoßen auf keine ernstzunehmende Abwehr. Col. Halverson landet wie vorgesehen mit sechs anderen Liberator in Ramadi im Irak, wobei eine bei der Landung zur Bruch geht. Zwei Maschinen kommen auf syrischem Territorium herunter, während die restlichen vier in der Türkei niedergehen, wo die Besatzungen inter-

niert werden. Der Schaden, den der erste Angriff auf Ploesti verursacht, erweist sich als gering – nur ein Öldepot ist zerstört.
Der Anfang war gemacht, aber gleichzeitig sind nun auch die deutschen Abwehrkräfte in höchste Alarmbereitschaft versetzt. Befehlshaber der deutschen Luftwaffe in Rumänien ist zu diesem Zeitpunkt Gen.Maj. Gerstenberg, der jetzt alles unternimmt, um eine starke Luftverteidigung aufzubauen, die neben den eigenen Flak- und Jagdfliegerverbänden auch rumänische Jagdstaffeln einschließen.
Ölziele liegen an vierter Stelle in der nach Dringlichkeitsstufen unterteilten Angriffsplanung, welche unter anderem von den militärischen Führern der westlichen Alliierten während der Casablanca-Konferenz im Januar 1943 aufgestellt wurde. Dabei sollen sich die Luftunternehmen nicht nur gegen die Produktion im Reichsgebiet, sondern auch gegen die Rohölgewinnung auf dem Balkan richten, und zwar hier im Zusammenhang mit der Zerschlagung der Transportwege. Die Alliierten halten einen kombinierten Angriff auf beide Systeme für sehr wesentlich. Noch aber sind ihre Luftstreitkräfte im Mittelmeer gebunden, so daß es außer im Frühjahr 1943 durchgeführten sporadischen Störangriffen zu keinem eigentlichen Einsatz gegen das rumänische Erdölgebiet kommt. Erst nach Abschluß der Kämpfe um Tunesien Mitte Mai 1943 rücken neue Planungen zum Angriff auf Ploesti wieder in den Vordergrund.
Inzwischen hat die 15. Flakdivision von Gen.Maj. Kuderna ihre Batterien um Ploesti postiert, insgesamt bis Juni 1943 allerdings nur etwa 15 schwere sowie 13 leichte und mittlere Batterien, darunter auch rumänische und bulgarische. Dennoch sollen die Amerikaner bei ihrem nächsten Unternehmen gegen Ploesti zwanzig Prozent der am Angriff beteiligten Maschinen durch den Einsatz der Flakartillerie einbüßen.

SONNTAG, 1. AUGUST 1943

In die Geschichte der im Mittelmeerraum stationierten US-Luftstreitkräfte wird dieser Tag als »Schwarzer Sonntag« eingehen. Es ist ein Pyrrhus-Sieg, den die Amerikaner an jenem 1. August erringen, denn obwohl die Ploesti-Raffinerien zum Teil erhebliche Schäden und Zerstörungen davontragen, verliert die USAAF 51 von 165 angreifenden Liberator.

Zwar kennen die Amerikaner die genaue Lage jeder einzelnen Raffinerie, doch wissen sie nichts über den Umfang der Luftverteidigung dieser Anlagen. Daß sie nicht gering sein wird, darüber scheint man keine Zweifel zu haben, so daß das kommende Unternehmen für alle Fälle als Tiefeinsatz geplant wird, um das Überraschungsmoment auszunützen. Zwei Bombardment Groups der 9. US-Luftflotte sowie drei der zu diesem Zweck aus England abkommandierten Groups der 8. US-Luftflotte sind für den Einsatz vorgesehen – insgesamt 179 Liberator. Der Hauptteil der Liberator-Streitmacht soll die Raffinerien in breiter Front von Nordwesten her anfliegen, um fünf Anlagen in mehreren Wellen zu bombardieren. Den Tiefflug im Verband hatte man zuvor über der nordafrikanischen Wüste eingehend erprobt.

Zwischen 4.00 und 5.00 Uhr am Morgen des 1. August erfolgt der Start. Je 37 Maschinen der 44th und 93rd sowie 29 der 389th Bombardment Group (8. Luftflotte) und 48 Maschinen der 98th sowie der 376th Bombardment Group (9. Luftflotte) heben von den Plätzen um Bengasi ab. Eine Liberator der 98th Group meldet kurz nach dem Start Motorschaden, versucht eine Notlandung und stürzt dabei ab.

Währenddessen überquert der von der 376th Bombardment Group angeführte Kampfverband das Mittelmeer, um etwa dreieinhalb Stunden später die Insel Korfu zu passieren. Hier gehen die Maschinen auf 3000 Meter Höhe. Beim Steigen legt sich plötzlich die Führungsmaschine scharf auf die Seite und stürzt ohne ersichtlichen Grund in die See – mit ihr der Hauptnavigator des gesamten Angriffsverbandes. Eine zweite B-24 schert aus der Formation aus; sie wollte Hilfestellung geben, doch gelingt es ihr nicht mehr, den anderen Maschinen nachzusteigen, so daß sie – mit dem zweiten Navigator an Bord – nach Bengasi zurückkehrt. Jetzt besitzt der Bomberverband nur noch einen Navigator für den Einsatz. Aber das sich aufgrund der beiden Ausfälle abzeichnende Durcheinander führt schließlich dazu, daß der Abstand zwischen den ersten beiden Bombardment Groups und den folgenden Groups nun so groß geworden ist, daß ab dem Raum Korfu praktisch zwei Kampfverbände existieren.

Und dann folgt die nächste Panne. Gegen 11.10 Uhr erreicht die 376th Group den Wendepunkt bei der Stadt Pitesti, etwa 90 Kilometer im Westen von Ploesti. Die Maschinen fliegen jetzt in etwa 150 Meter Höhe über das Land dahin in Richtung Floresti, dem letzten Wendepunkt vor dem Zielgebiet. Von hier führt eine Eisenbahnlinie in einem 50-Grad-Winkel zur Flugroute nach Ploesti, doch auf halbem Wege, bei Targoviste, erscheint ein ähnlich abzweigender Schienenstrang. Die Besatzungen der ersten Welle verwechseln nun Targoviste mit Floresti. Als die Amerikaner den Irrtum bemerken und jetzt erst Kurswechsel vornehmen, ist es schon zu spät; die 376th Bombardment Group befindet sich plötzlich über den Randbezirken der rumänischen Hauptstadt Bukarest, also viel zu weit im Südosten. Eine B-24 hat bei der Kursänderung den Anschluß an die Group verpaßt und schlägt sich allein durch, als die Maschine augenblicklich von schwerem Flakfeuer eingedeckt wird und dabei Treffer erhält. Der Pilot löst die Bombenladung im Notwurf aus. Wenig später taucht eine Bf 109 auf und zwingt die Liberator zur Bruchlandung.

Unterdessen können die Besatzungen der 93rd Bombardment Group auf der linken Seite weiter entfernt die Silhouetten der Raffinerien ausmachen. Der Verband schwenkt sofort ein, aber da dieser Anflug völlig unplanmäßig verläuft, wissen die Amerikaner nicht, welche Raffinerie sie jetzt angreifen. Die Überraschung bleibt denn auch nicht aus. Ein Hagel von Geschossen der leichten und schweren Flak – es handelt sich um die Verteidigung von Colombia – deckt den Verband ein. Die erste B-24 stürzt ab. Dann kommen Astra Romana und Unirea in Sicht. Sieben weitere Liberator werden von der Flak heruntergebracht, eine andere geht hinter dem Ziel auf das Konto einer angreifenden Messerschmitt. Und als die Formation der 93rd Group sich später wieder auf dem Rückflug befindet, kollidieren zwei B-24 in den Wolken. Von der 376th Group, die ebenfalls von Süden her anfliegt, geht über dem

Ziel nur eine B-24 durch Flakbeschuß verloren.
Die weit zurückgebliebenen anderen drei Bombardment Groups haben jetzt erst die Donau erreicht. Der Kontakt mit den ersten beiden Verbänden ist unweigerlich verloren, so daß die 44th, 98th und 389th Group ohne weitere Verzögerungen direkten Kurs auf Ploesti nehmen. Sie müssen durch dichte Wolkenschichten hindurch. Regenschauer fegen über das Land, als die 98th mit 41 Maschinen in fünf Wellen Astra Romana angreift, während rechts von ihr die 44th den Zielanflug auf Colombia und Creditul Minier vornimmt. Diesen Verbänden schlägt gleichfalls starkes Abwehrfeuer, darunter auch von Eisenbahnflak, entgegen. Beide Groups verlieren während des Angriffes 21 Maschinen. Weitere sieben werden auf dem Rückflug von Jägern abgeschossen.
Die 389th Group bombardiert unterdessen Steaua Romana. Der Verband hatte nach Korrektur seiner zunächst falschen Kursänderung wie geplant das Ziel mit 29 Maschinen angeflogen. Jetzt büßt die 389th ebenfalls vier B-24 durch Flak ein.
Hptm. Hahns I./JG 4, die in Mizil stationiert ist, und rumänische Jagdstreitkräfte können fünf Liberator im Luftkampf abschießen, und als die Amerikaner bereits auf Gegenkurs gegangen sind, trifft vom Luftwaffenkommando Süd (Saloniki) im Gefechtsstand der IV./JG 27 in Kalamaki der Befehl zum Einsatz gegen diese Liberator-Formationen ein. Die genaue Rückflugroute des Gegners verfolgend rechnet man sich aus, die Verbände westlich der Insel Kephalonia über dem Ionischen Meer erreichen zu können. Die Gruppe verlegt daher unverzüglich nach Araxos an der griechischen Westküste.
Zehn Bf 109 unter der Führung von Oblt. Burk, dem Kapitän der 11. Staffel, fliegen Sperre über dem Meer, bis die Liberator in Sicht kommen. Die Zusatztanks fallen, ehe der erste Anflug auf die Bomber beginnt. Die Heckschützen erwidern das Feuer und treffen die Maschine von Uffz. Graf, der daraufhin mit dem Fallschirm abspringt, aber leider von da ab vermißt bleibt. Nach mehreren Durchgängen können hingegen einige Kampfflugzeuge abgeschossen oder beschädigt werden. Als die Maschinen der IV./JG 27 wieder landen, steht der sichere Abschuß von drei B-24 fest; zwei weitere Abschüsse lassen sich später durch Abhören des gegnerischen Funkverkehrs bestätigen. Die erfolgreichen Schüt-

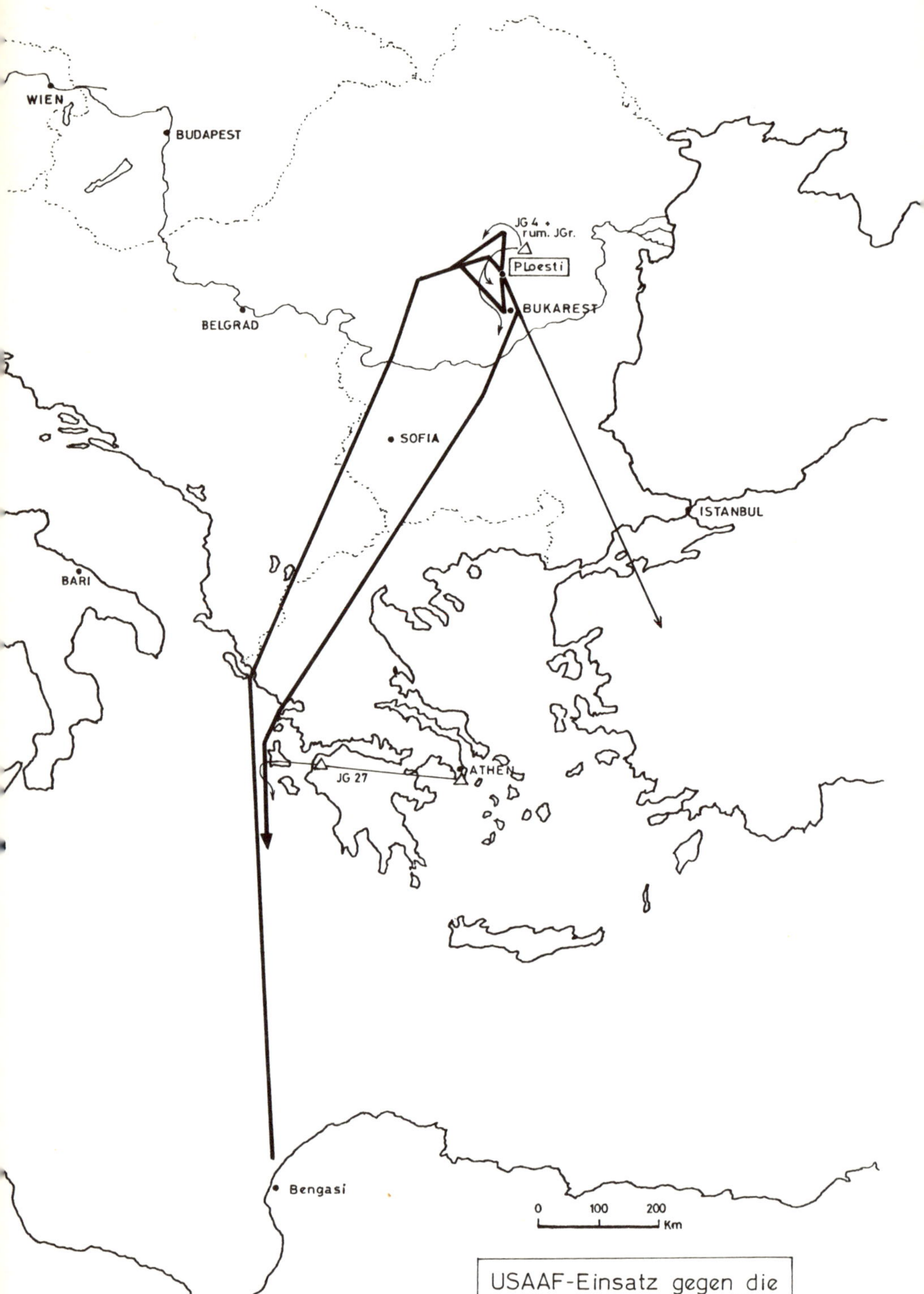

USAAF-Einsatz gegen die Raffinerien von Ploesti am 1. August 1943

zen sind: Oblt. Altnordhoff, Oblt. Burk, Lt. Flor, Fw. Hackl und Uffz. Philippi.
Das Resultat des Angriffes auf Ploesti: Zwei Raffinerien, Creditul Minier und Steaua Romana, sind total ausgefallen; sie werden im weiteren Verlauf des Krieges nicht mehr produzieren. Romana Americana und Unirea weisen hingegen keine nennenswerten Schäden auf. Die Concordia-Raffinerie kann nach 40%igem Ausfall ihre Produktion bald wieder aufnehmen. Astra Romana, die größte und wichtigste Raffinerie von Ploesti, ist zur Hälfte zerstört, und Colombia muß ihre Produktion für längere Zeit einstellen. Alles in allem wird die Gesamterzeugung von Ploesti nach etwa acht Monaten wieder den Stand von vor dem 1. August 1943 erreicht haben. Die Amerikaner sind der Auffassung, daß der Angriff sicherlich einen vollen Erfolg gebracht hätte, wenn die verhängnisvolle Kursänderung am falschen Wendepunkt nicht gewesen wäre.
Von den 165 angreifenden Liberator gehen an diesem 1. August 33 durch Flak und zehn durch Jäger verloren. Insgesamt 58 Maschinen kehren mit Beschädigungen zurück, acht landen in der Türkei. Etwa zehn deutsche und rumänische Jagdflugzeuge beträgt der eigene Verlust.

APRIL 1944

Wenn auch der Angriff des 1. August 1943 für einige Zeit eine spürbare Reduzierung der Produktion zur Folge hat, so muß der Erfolg allerdings zu teuer erkauft werden. Die Amerikaner sehen deshalb von weiteren Einsätzen gegen das rumänische Ölgebiet ab. Erst im April 1944 sollen amerikanische Flugzeuge wieder über Ploesti erscheinen, und jetzt verfügt die 15. Luftflotte auch über eine geeignete Ausgangsbasis für Unternehmen dieser Art, nämlich die Flugplatzgruppe um Foggia in Süditalien.
An deutschen Jagdstreitkräften befinden sich seit November 1942 die II./JG 51 auf dem Balkan sowie die im März 1943 in Mizil neu

aufgestellte I./JG 4, deren erster großer Einsatz der 1. August 1943 gewesen war. Im Oktober des gleichen Jahres kommt die III./JG 77 ebenfalls nach Mizil. Mitte November, als die I./JG 4 Rumänien verläßt und in Italien stationiert wird, fällt die I./JG 5 zur Sicherung Ploestis in Targsorul-Nou ein, wo sie allerdings nur bis Anfang Januar 1944 verbleibt, um von dort aus nach Bulgarien und später ins Reich zu verlegen. Im Dezember beziehen auch drei Schwärme der 2. Staffel des NJG 100 ihre Plätze bei Bukarest und Zilistea.

Am 5. April werden die Bahnanlagen um Ploesti von 95 Fortress und 135 Liberator bombardiert. Zweck dieses Angriffes soll sein, den Treibstoffnachschub an die Ostfront zu stören. Ihr Vorhaben, die Raffinerien selbst auszuschalten, werden die Amerikaner aber nicht vor Mitte Mai 1944 verwirklichen.

Die an jenem Freitag am Angriff auf Ploesti beteiligte 451st Bombardment Group wird von starken deutschen Jagdverbänden angegriffen und sie gerät über dem Ziel dann auch noch in gut liegendes Flakfeuer hinein. Die Amerikaner verlieren insgesamt 13 Bomber, darunter fünf von der in Castellucio stationierten 451st Group. Die Luftkämpfe spielen sich vorwiegend im Westen von Ploesti ab, wobei die III./JG 77 von Hptm. Omert den Hauptteil des Gefechts bestreitet.

Um 13.50 Uhr starten in Mizil die Staffeln der genannten Gruppe und gehen auf 7000 Meter Höhe. Von der Jägerleitstelle in Otopeni werden sie an den Liberator-Verband herangeführt. Nach einem um 14.15 Uhr erfolgten Herausschuß erzielt Uffz. Olejniczak knapp eine Viertelstunde später seinen ersten sicheren Abschuß. Auch Uffz. Weinbrenner, der Rottenflieger des Gruppenkommandeurs, holt eine B-24 herunter, aber Weinbrenners Messerschmitt erhält ebenfalls Treffer, was den Piloten zum Fallschirmabsprung zwingt. Um 15.00 Uhr kann Olejniczak einen zweiten viermotorigen Bomber aus dem Verband herausschießen. Zwanzig Minuten darauf landen die Bf 109 wieder in Mizil. Die Gruppe zählt zwei Gefallene: Uffz. Hackler und Oblt. Kestler, beide von der 8. Staffel, sowie zwei Verwundete. In deutschen Unterlagen lassen sich weitere Personalverluste nicht finden, obwohl der Gegner den Abschuß von 41 Jagdflugzeugen meldet. Leider ist nichts über die Höhe der Ausfälle rumänischer Jagdstaffeln be-

kannt. Der Bombenschaden in Ploesti ist gering, nur einige Vorrattanks brennen.
Inzwischen ist auch eine Staffel des JG 301 in den südosteuropäischen Raum verlegt worden. Ihr soll die II. Gruppe dieses Geschwaders folgen. Am 15. April werfen 137 Fortress der 15. Luftflotte 316 Tonnen Bomben im Blindwurf über Ploesti ab. Und wieder kommt es zum Luftkampf mit den Messerschmitt des JG 77 und der 10./JG 301.
Für die III./JG 77 trifft um 11.13 Uhr der Befehl zum Alarmstart ein, doch zunächst können die Piloten den Gegner nicht ausmachen, obwohl sie in 8000 Meter Höhe fliegen. Plötzlich aber sieht sich die 9. Staffel von zahlreichen Lightning umgeben, die Bf 109 können sich jedoch lösen – und da sind auch die Bomber. Der deutsche Angriff erfolgt von vorn. Uffz. Engfer und Uffz. Olejniczak eröffnen das Feuer, beide schießen um 11.55 Uhr je eine B-24 ab. Unterdessen beteiligen sich auch rumänische Jäger am Kampf. Seinen dritten Luftsieg holt sich Olejniczak um 12.35 Uhr mit dem Abschuß einer weiteren Liberator; Hptm. Omert ist Zeuge.
Lt. Graf springt nach Abschuß südlich von Arlena verwundet mit dem Fallschirm ab, die gelbe »10« mit Ofw. Leibing geht bei Giurgiu brennend in die Tiefe. Auf der bulgarischen Seite der Donau, bei Ruse, hat die II./JG 51 Feindberührung mit Lightning, die den Kampfverband begleiten. In diesem Luftkampf fällt Ofw. Liebe, 6. Staffel.
Der dritte und letzte Angriff des Monats auf Ploesti findet in den Mittagsstunden des 24. April statt. Von den 290 angreifenden Fortress und Liberator kehren acht nicht mehr zurück. Ein gleichzeitig auf die Verschiebebahnhöfe bei Bukarest durchgeführter Angriff bewirkt, daß die Deutschen infolge umfangreicher Instandsetzungsarbeiten ihre Transporte über Bulgarien umleiten müssen.
Die alarmgestartete III./JG 77 greift den Gegner abermals von vorn an, und schon im ersten Durchgang bringt Uffz. Olejniczak um 11.47 Uhr eine Fortress zum Absturz, der später noch eine B-24 folgt. Auch Oblt. Niese, Kapitän der 7. Staffel, erzielt einen Liberator-Abschuß und erhält dabei selbst Treffer durch das Abwehrfeuer der sich heftig wehrenden Bordschützen der Bomber. Bei der noch vor zwölf Uhr erfolgenden Rückkehr nach Mizil

macht Niese auf dem Platz eine Bauchlandung. FjFw. Rogall von der 8. Staffel kommt mit Verwundungen zurück. Die Gruppe aber wartet an diesem Montag vergebens auf die Landung ihres Kommandeurs. Wie sich herausstellt, ist der erfolgreiche Flieger und Ritterkreuzträger, Hptm. Omert, nach 70 Luftsiegen mit seiner weißen »1« bei Finta-Maro im Luftkampf bezwungen und nach dem Aussteigen vermutlich dann am Fallschirm abgeschossen worden. Hptm. Bresoschek wird ab diesem Zeitpunkt die Gruppe vertretungsweise weiterführen.
Währenddessen beginnt auch die 205. Group der Royal Air Force ab der Nacht zum 9. April mit der Verminung der Donau, um die Schiffstransporte lahmzulegen. Dieses und die Angriffe der Amerikaner auf den Schienenverkehr hat zur Folge, daß im April 1944 anstelle von 270000 t Öl nur 137000 t aus Rumänien abtransportiert werden können (nach Gundelach).

FREITAG, 5. MAI 1944

Erstmals werfen die Amerikaner eine größere Bombenmenge, nämlich rund 1250 Tonnen, auf das Gebiet um Ploesti ab. Von den angreifenden 485 Fortress und Liberator gehen 19 verloren.
Etwa 15 bis 20 Kilometer nordwestlich von Ploesti hat die um 13.15 Uhr zum Abwehreinsatz aufgestiegene III./JG 77 Feindberührung mit den Bomberpulks. Als die Staffeln zum Frontalangriff ansetzen wollen, stoßen Mustang-Schwärme aus der Überhöhung hinab, so daß den Deutschen teilweise nur der Abschwung durch den feuerspeienden Kampfverband bleibt.
Uffz. Olejniczak verspürt plötzlich einen harten Schlag gegen das linke Bein. Er will mit seiner gelben »13« sofort in Richtung Mizil abdrehen, doch die P-51 lassen von seiner Messerschmitt nicht ab. Trotz seiner Verwundung und großer Schmerzen gelingt es Olejniczak, um 13.50 Uhr eine Mustang abzuschießen. Acht Minuten darauf kann er eine zweite in die Tiefe schicken, ehe er fast besin-

Das Jagdgeschwader 300, ausschließlich für die Bekämpfung alliierter Bomberverbände über dem Reichsgebiet vorgesehen, führt einen verzweifelten Abwehreinsatz. Beachtliche Erfolge müssen mit hohen eigenen Verlusten teuer erkauft werden. Gen.Lt. Schmid, Kom. Gen. I. Jagdkorps, bei einer Inspektion der I./JG 300 in Borkheide, Herbst 1944, V.l.n.r.: Oblt. Loschinski, Adjutant der Gruppe; Major Jansen, Maj.b.Stabe; zwei Offiziere I. JK; Gen.Lt. Schmid; Major Dahl, Kdre JG 300; Hptm. Stamp, Kommandeur der I. Gruppe. (Gerhard Stamp, Nassau)

Borkheide im Südwesten von Berlin ist Liegeplatz der Höhenschutzgruppe I./JG 300. Auf dem Feld eine Bf 109 G-14 der 2. Staffel. (Gerhard Stamp, Nassau)

Bei dem am 2. November 1944 durchgeführten amerikanischen Luftangriff gegen das Hydrierwerk Leuna nehmen vorausfliegende Mustang-Schwärme den Platz Borkheide unter Bordwaffenbeschuß und vernichten einen Großteil der bereits zum Start aufgestellten Maschinen der I./JG 300. Die Piloten können sich gerade noch in Sicherheit bringen, während ihre zum Abwehreinsatz bereitstehenden Messerschmitt in Flammen aufgehen. (Gerhard Stamp, Nassau)

nungslos und unter großen Anstrengungen aus 7–8000 Meter Höhe abspringt. Als er wieder zu sich kommt, befindet er sich – bereits verbunden – in einer Flakstellung bei Astra Romana. Leider muß ihm später der linke Oberschenkel amputiert werden.

DONNERSTAG, 18. MAI 1944

Nach einem amerikanischen Angriff auf Ploesti am 6. Mai starten dann am 18. rund 700 viermotorige Kampfflugzeuge zum ersten wirklichen Luftangriff des Jahres 1944 auf das Ölzentrum von Ploesti. Das Wetter erweist sich allerdings als so schlecht, daß von der gesamten Streitmacht nur 206 Maschinen zum Bombenwurf kommen. Von den Verbänden, welche die Raffinerie Astra Romana angreifen sollen, gelangt nur die 463rd Bombardment Group mit ihren 35 Fortress über das Zielgebiet, alle anderen Formationen erhalten, nachdem sie in dichte Wolkenschichten geraten waren, den Befehl zur Umkehr. So führt die 463rd Group den Angriff allein durch und bombardiert trotz heftigen Flakfeuers die Anlagen mit guter Wirkung. Nach dem Abflug geraten die ohne Jagdschutz fliegenden B-17 an einen großen Verband deutscher Jäger, darunter Maschinen der III./JG 77 und des JG 53. Nach hartem Luftkampf können diese Jäger, noch ehe die gegnerische Eskorte eintrifft, sieben Kampfflugzeuge abschießen.
Vom JG 77 sind zwei Ausfälle bekannt: Uffz. Fehling, 8. Staffel, fällt südlich von Peris, einem Ort in der Mitte zwischen Ploesti und Bukarest. Uffz. Skreba von der 9. Staffel wird westlich von Ploesti verwundet. Weiter nordwestlich ist die Gruppe des »Pik-As«-Geschwaders an den Bombern. Hier erhält eine Maschine des Geschwaders, die schwarze »7« von Uffz. Vogel, Treffer, wobei der Pilot durch einen Geschoßsplitter am Auge verwundet wird. Insgesamt verlieren die Amerikaner 14 viermotorige Bomber. Der Gegner verbucht gleichzeitig den Abschuß von 23 deutschen Jägern.

Nochmals 16 Viermotorige büßt die 15. Luftflotte bei ihrem nächsten und letzten Angriff des Monats auf Ploesti, am 31. Mai, ein. An diesem Tag werfen 481 Fortress und Liberator über 1100 Tonnen Bomben auf die Raffinerien. Der Tag ist von einem heftigen Luftkampf gekennzeichnet, den die III./JG 77 und die 10. Staffel des JG 301 zwischen Bukarest und Ploesti mit amerikanischen Bomberverbänden und deren Jagdschutz ausficht.
Vorwiegend die 10./JG 301 und die 8. Staffel des JG 77 unter der Führung von Hptm. Goedert sind es, welche die Hauptlast des Kampfes tragen und auch die meisten Ausfälle verzeichnen. Beide Jagdverbände sind an die zahlreichen Mustang geraten, die den Bombern den Weg nach Ploesti freihalten sollen. Goederts Messerschmitt wird zehn Kilometer nördlich von Bukarest von einer P-51 getroffen. Der Staffelkapitän geht nach unten weg, die Maschine berührt im Tiefflug eine Hochspannungsleitung und stürzt ab. Mit Verbrennungen im Gesicht, einem Beindurchschuß und einer beim Aufkommen erlittenen Gehirnerschütterung liefert man ihn später in das Luftwaffen-Lazarett von Bukarest ein.
Uffz. Böttner springt verwundet mit dem Fallschirm ab, während Uffz. Ambelang tödlich getroffen wird. Bei Ciocanesti, im Nordwesten von Bukarest, fallen Fw. Gehrmann und Fw. Witschel, die beide dem JG 301 angehören. Wer in diesem Gefecht im einzelnen Luftsiege erringt, ist nicht bekannt; die Amerikaner melden den Verlust von 16 viermotorigen Bombern, darunter sicherlich etliche durch Flakbeschuß über Ploesti.
Während am 6. Juni 1944 in der Normandie die Invasion der Westalliierten beginnt, greift am gleichen Tage ein Verband von 310 Liberator Ploesti an. Im Luftkampf mit der III./JG 77 und durch Flakbeschuß büßen die Amerikaner 14 Maschinen ein. Hptm. Bresoschek macht mit seiner angeschossenen Messerschmitt bei Mihalesti, etwa 50 Kilometer ostwärts Ploesti, eine Bauchlandung. Ein Pilot der 10./JG 301, Fw. Zeisler, fällt im Gefecht mit den Bombern.

Auf dem Platz Vincenca, zwischen Foggia und Bari, starten am frühen Morgen des 10. Juni 467 Lightning der 82nd Fighter Group unter der Führung von Lt.Col. Litton zu einem Jaboangriff auf Ploesti. Das Ziel ist die Raffinerie Romana Americana. Jede Maschine trägt eine 450-kg-Bombe unter dem Rumpf. Den Verband werden 48 Lightning der 1st Fighter Group begleiten. Diese P-38 sind von dem im Norden Foggias gelegenen Platz Salsona aufgestiegen. Nach Überqueren der Adria mit Nordostkursen geht der Flug nun über Jugoslawien hinweg, bis die Formationen die Donau erreichen. Im Tiefstflug jagen sie weiter in Richtung Osten, ehe der Verband in Höhe von Bukarest nach Norden wendet. Kurz vor Erreichen des Zieles – Romana Americana war bislang von den Viermotorigen nahezu ungeschoren geblieben – steigt die 82nd Fighter Group auf Kampfhöhe. Plötzlich aber sind deutsche Jäger zur Stelle, die mit Frontalangriffen den Gegner abzuwehren versuchen. Eine Messerschmitt wird im Luftkampf abgeschossen, der Gefreite Köditz von der 1./JG 53 fällt.
Anschließend gehen die Lightning im Sturzflug nach unten, werfen ihre Bomben auf die Raffinerie, ziehen wieder hoch. Der Angriff kommt überraschend und den Deutschen bleibt nicht einmal Zeit, die Anlagen zu vernebeln, wie sie es bei vorangegangenen Anflügen der Viermotorigen getan haben. Die Bomben der P-38 zerschlagen eine Crack-Anlage, treffen einen riesigen Vorratsbehälter und demolieren weitere Anlagen der Raffinerie. Eine dicke Rauchsäule steigt in den Himmel.
Nochmals greifen deutsche Maschinen an, darunter zweimotorige Bf 110, die vermutlich dem NJG 100 angehören. Lt.Col. Mason schießt eine davon ab, nachdem er zuvor eine Flakstellung und einige LKW mit Bordwaffen beschossen hatte. Andere P-38 greifen Lokomotiven und zwei Transportzüge mit gutem Erfolg an und setzen ebenfalls drei Geschützstellungen außer Gefecht. Auf einem Flugplatz im Raum Bukarest (Otopeni?) vernichten die Lightning drei Maschinen am Boden und erzielen ferner zwei Luftsiege.
Die 1st Fighter Group hat indessen, nachdem sie am vorgeschriebenen Wendepunkt ihre Zusatztanks abgeworfen hatte, Ge-

fechtsberührung mit FW 190, von denen nach amerikanischen Angaben fünf abgeschossen und eine beschädigt werden. Insgesamt melden die Amerikaner an diesem Tag 23 Feindjäger als abgeschossen. Gleichzeitig büßen sie 21 Lightning ein, darunter allein 14 von der 1st Fighter Group. Es lassen sich jedoch in deutschen Aufzeichnungen keine Hinweise auf den Luftkampf vom 10. Juni finden, das heißt, es sind keine Personalverluste bekannt. Bei den genannten Focke-Wulf, denen sich die 1st Fighter Group gegenübersah, könnte es sich um FW 190 F-8 der in Zilistea stationierten II./SG 2 oder der II./SG 10 handeln.

FREITAG, 23. JUNI 1944
SONNABEND, 24. JUNI 1944

Von Mustang der 52nd Fighter Group begleitet fliegen am frühen Morgen des 23. Juni 139 B-17 und B-24 erneut Ploesti an. In Zilistea steigt um 8.55 Uhr die 4. Staffel der II./SG 2 unter der Führung von Hptm. Günther Müller zum Abwehreinsatz auf. Mit ihr ist auch die II./SG 10 in der Luft. Über dem Raum Ploesti kommt es zum Luftkampf mit den Mustang, welche in harten Duellen mit den F-8 zwölf Luftsiege erzielen. Die 4./SG 2 verliert drei Flugzeugführer, darunter ihren Staffelkapitän, Ritterkreuzträger Hptm. Müller, dessen weiße »13« bei Ploesti abgeschossen wird. Die beiden anderen Gefallenen sind Ofw. Mau und der Gefreite Tolle.
Uffz. Scheidler von der 4./SG 10 erleidet im Luftkampf Verwundungen und springt bei Peris im Nordwesten von Bukarest mit dem Fallschirm ab, während sein Staffelkamerad, Uffz. Schulz, bei Mizil in einer Kurbelei mit P-51 fällt. Ebenfalls Mustang sind es, die bei Malaesti eine F-8 des Geschwaderstabes SG 10 zum Absturz bringen. Für Uffz. Prünster, den Piloten dieser blauen »6«, geht der Luftkampf tödlich aus.

Die Kampfverbände werfen 283 Tonnen Bomben auf die Raffinerien von Ploesti ab, sechs Maschinen gehen verloren.
Einen Tag darauf, am 24. Juni, erscheinen 135 Liberator erneut über dem Ölzentrum. Diesmal startet die II./JG 52 zur Abwehr. Es ist einer der ganz wenigen Einsätze gegen einen amerikanischen Einflug, den diese Gruppe durchführt, denn die II./JG 52 hat es vorwiegend mit dem russischen Gegner zu tun. Um 9.42 Uhr hebt Hptm. Lipfert mit seinen Messerschmitt vom Platz Zilistea ab. Die Gruppe wird vom Boden aus an den Kampfverband herangeführt. Nach Feindsichtung greifen die Jäger sofort an, allerdings zunächst ohne Erfolg. Erst beim dritten Anflug gelingt es Lipfert, den linken Motor einer B-24 in Brand zu schießen. Wenig später platzt die Liberator auseinander. Lipferts 128. Luftsieg. Nach der Landung in Buzau steht es fest, daß die II./JG 52 sowie die gleichfalls am Abwehreinsatz beteiligte I./JG 52 und das SG 2 neun Luftsiege errungen haben. Je einer davon geht an Hptm. Lipfert und an seinen Rottenflieger, Uffz. Tamen. Allerdings muß die II./JG 52 einen Ausfall von vier Piloten hinnehmen. Uffz. Reich von der 8. und Uffz. Blätter von der 6. Staffel sind im Luftkampf mit den Mustang gefallen. Blätter hatte noch versucht, mit dem Fallschirm auszusteigen. Lt. Ewald, 6. Staffel, kommt im letzten Augenblick aus seiner brennenden Maschine heraus und erleidet schwere Verbrennungen.
Bei der II. Gruppe des Schlachtgeschwaders 2 ist Ofhr. Niemöller im Gefecht mit den Jägern gefallen. Uffz. Oestreich von der 6. Staffel macht nördlich der rumänischen Hauptstadt eine Notlandung und Fw. Uhlmann wird verwundet, als eine Mustang seine gelbe »3« bei der Landung auf dem Platz Otopeni abschießt. Die 1./JG 53 meldet einen Verlust: Oblt. Weninger, der bei Giorani den P-51 unterliegt. Über Ausfälle und Erfolge der rumänischen Jagdstaffeln, die teilweise mit IAR 80*) und der Bf 109 ausgerüstet sind, ist nichts bekannt. Der Gegner verliert an diesem Sonnabend – der zehnte Luftangriff viermotoriger Kampfflugzeuge der 15. Luftflotte auf Ploesti – abermals 14 Bomber im Luftkampf oder durch Flakbeschuß.

---

*) Hersteller: Industria Aeronautica Romana in Brasow

Ende des Monats verfügt der Jagdabschnittsführer Rumänien, Oberst Neumann, über folgende Jagdverbände zur Verteidigung des Ölzentrums:

2 Tagjagdgruppen (I./JG 53, III./JG 77) in Tarsorul-Nou und Mizil
3 Nachtjagdeinheiten (IV./NJG 6, 2./NJG 100, II./JG 301, ohne 5. Staffel) in Bukarest, Zilistea und Mizil
7 Rumänische Jagdeinheiten (darunter 51., 52. und 58. Jagdstaffel)

Die rumänischen Jagdverbände erhielten aus Deutschland bereits Anfang August 1943 etliche Bf 109 G-2, denen später die G-6 folgte. Standardjäger ist jedoch die IAR 80, ein mit Sternmotor ausgerüsteter Jagdeinsitzer, mit denen die Rumänen ihr heimatliches Erdölgebiet verteidigen. Insgesamt umfaßt die genannte Streitmacht etwa 150 Maschinen. Die restlichen Verbände, wie JG 51, JG 52 sowie die Schlachtgeschwader 2 und 10 sind den Luftflotten 4 und 6 unterstellt.

SONNTAG, 9. JULI 1944

Den rund 220 B-17 und B-24, welche in mehreren Wellen Ploesti angreifen, versuchen die I./JG 53, die 10./JG 301 und die II./JG 51 sich entgegenzustellen, aber die amerikanische Bomberbegleitung kann diese Jagdverbände zum größten Teil binden und sie in Luftkämpfe verwickeln. So werden die sechs Kampfflugzeuge, die heute verlorengehen, praktisch allesamt von der um Ploesti postierten Flak abgeschossen.
Als die Amerikaner das Zielgebiet erreichen, sind die Raffinerien diesmal zum Teil von einem dichten Nebelschirm eingehüllt. Die den Verband anführende 449th Bombardment Group, welche vom Platz Grottaglie, rund 20 Kilometer ostwärts Tarent, aus gestartet ist, findet die zu bombardierende Raffinerie Concordia mit Hilfe ihrer Radargeräte, doch gleich beim ersten Zielanflug werden drei ihrer Liberator von der schweren Flak heruntergeholt.

Dennoch richten die Bomben erheblichen Schaden an den Anlagen dieser Raffinerie an.
Inzwischen kommt es im Raum Ploesti-Mizil zu ausgedehnten Gefechten mit den Mustang und deutschen Jägern. Die Gruppe des JG 53 zählt dabei drei Gefallene: Hptm. Bauer vom Gruppenstab, Gefr. Riescher und Fw. Swonnek, beide von der 2. Staffel. Zwei Flugzeugführer der 10./JG 301, Oblt. Kobert und Fw. Kiehling, fallen, ein weiterer Pilot erleidet Verwundungen. Uffz. Esser von der II./JG 301, der mit seiner Messerschmitt in Mizil landen will, wird kurz zuvor von P-51 abgeschossen; Esser kommt mit Verwundungen davon.
Vermutlich bei der Bekämpfung an- oder abfliegender amerikanischer Formationen im bulgarisch-rumänischen Grenzgebiet im Süden von Turnu Severin verzeichnet die 4./JG 51 einen Verlust. Die Staffel meldet hier Luftkampf mit Lightning, Ofhr. Sauer wird bei Widin an der Donau von zwei P-38 abgeschossen, er springt aus niedriger Höhe mit dem Fallschirm ab und kommt dabei ums Leben.

SONNABEND, 22. JULI 1944

Nachdem genau eine Woche zuvor, am 15. Juli, die 15. Luftflotte mit über 600 Maschinen die größte Bombenlast überhaupt, nämlich rund 1500 Tonnen, auf Ploesti abgeworfen hat, starten am 22. die Fortress und Liberator zu ihrem dreizehnten Einsatz gegen die Raffinerien. Diesmal handelt es sich um einen Pendeleinsatz, denn die amerikanischen Kampfverbände werden anschließend nach Rußland weiterfliegen und in der Ukraine landen. Mustang der 31st Fighter Group aus San Severo und Lightning der 82nd Fighter Group aus Vincenco fliegen zum Teil den Bombern voraus, um gegnerische Jagdstreitkräfte rechtzeitig abfangen zu können.
Heute ist es die II./SG 2, welche an die Amerikaner gerät und dabei schmerzliche Verluste hinnehmen muß, denn unter den Gefal-

lenen befinden sich zwei erfolgreiche Schlachtflieger, die Ritterkreuzträger Oblt. Beutelspacher und Fw. Erich Müller.
P-38 und P-51 greifen die beiden Flugplätze Buzau und Zilistea im Tiefflug mit Bordwaffen an und zerstören dort nach eigenen Angaben 41 Maschinen am Boden. Am Ostrand der Transsylvanischen Alpen entwickeln sich zudem schwere Luftkämpfe zwischen den amerikanischen Jägern und den Focke-Wulf der II./SG 2. Hierbei melden die Amerikaner 15 Abschüsse. Die genannte Schlachtgruppe verzeichnet fünf Gefallene und einen Verwundeten.
Etwa einen Kilometer ostwärts Foscani fällt Oblt. Beutelspacher, Kapitän der 6. Staffel, im Luftkampf. Von Geschoßsplittern verwundet verläßt Uffz. Ziemer von der gleichen Staffel südlich von Buzau seine gelbe »3«. Die 4./SG 2 zählt zwei Gefallene, nachdem Uffz. Hartmann im Nordwesten von Sutesti und Ofw. Rüdiger nördlich von Lipia im Luftkampf abgeschossen werden. Ebenfalls mit Verwundungen springt Fw. Müller, der im Gruppenstab fliegt, vier Kilometer nordwestlich von Zilistea ab – er wird kurz darauf durch Bordwaffenbeschuß am Fallschirm hängend getötet. Unweit davon zerschellt seine grüne »1«.
Aber der Einsatz des 22. Juli kostet auch die Amerikaner 24 viermotorige Bomber. Das ist der höchste Verlust, den die 15. Luftflotte bei ihren Angriffen auf Ploesti erleidet.

FREITAG, 28. JULI 1944

Knapp eine Woche später erscheinen wiederum rund 350 Kampfflugzeuge über Ploesti. Zur Abwehr sind heute die I./JG 53 und die III./JG 77 aufgestiegen und greifen die Bomber nördlich und westlich von Bukarest an. Die Luftkämpfe erweisen sich als äußerst heftig, so daß vermutlich ein erheblicher Teil der an diesem Tag nicht wieder zurückkehrenden 20 Viermotorigen auf das Konto der Jagdabwehr geht. Fünf deutsche Piloten, zwei vom JG

53 und drei vom JG 77 fallen, vier weitere Flugzeugführer werden verwundet.
Noch bevor der Gruppenstab sowie die 7. und 8. Staffel des JG 77 sich in Angriffsposition setzen können, jagen von hinten oben kommend die Mustang der 31st Fighter Group auf die Messerschmitt zu und schneiden ihnen schließlich den Weg zu den Bombern ab. Es entsteht eine ausgedehnte Kurbelei, der deutscherseits insgesamt sechs Piloten zum Opfer fallen. Uffz. Seeger, 7. Staffel, Uffz. Nordwall und Uffz. Werner, beide 8. Staffel, gehen tödlich getroffen mit ihren Maschinen in die Tiefe. Westlich von Bukarest wird der im Stabsschwarm fliegende Lt. Schmidt im Luftkampf verwundet.
Ritterkreuzträger Ofw. Pichler, mit 75 Luftsiegen (darunter 16 Viermotorige) einer der erfolgreichsten Flugzeugführer des Geschwaders, hat die herannahenden P-51 zwar rechtzeitig ausgemacht, kann aber nicht verhindern, daß seine weiße »13« wenig später in dem sich anschließenden Luftkampf schwere Treffer einstecken muß. Pichler sprengt daraufhin die Kabinenhaube ab und steigt in 3500 Meter Höhe mit dem Fallschirm aus. Er läßt sich lange fallen, um zu verhindern, daß die Amerikaner ihn möglicherweise am Schirm beschießen könnten. Erst in Bodennähe öffnet sich die Seide. Der Oberfeldwebel, der am 3. Juli bei einem Angriff der 15. Luftflotte auf Arad und auf eine Eisenbahnbrücke bei Piatra in kurzer Zeit allein drei Fortress heruntergeholt hatte, schlägt hart am Boden auf und bricht sich dabei beide Beine. Man bringt ihn ins Lazarett von Bukarest, wo er am 30. August in russische Gefangenschaft geraten wird.
In dem genannten Luftgefecht westlich von Bukarest erzielt übrigens Capt. Molland von der 31st Fighter Group mit dem Abschuß einer Messerschmitt den 1000. Luftsieg des 306th Fighter Wing.

Den bisher niedrigsten Verlust bei Angriffen auf Ploesti erleiden die Amerikaner am 31. Juli. Nur zwei von 154 angreifenden Maschinen kehren nicht wieder zurück. Hingegen sind die Einbußen der am Abwehreinsatz beteiligten Jagdstreitkräfte wieder sehr hoch. Heute ist der Luftraum über Turnu-Magurele Schauplatz harter Gefechte zwischen den Messerschmitt der I./JG 53, der III./JG 77 und starken Mustang-Formationen. Während die Kampfflugzeuge so gut wie ungehindert 435 Tonnen Bomben über Ploesti abwerfen, kommt es gegen 11.30 Uhr über dem Donau-Gebiet ab Corabia zu dem erwähnten Kampf Jäger gegen Jäger. Allein die 1. Staffel des »Pik-As«-Geschwaders meldet zwei Gefallene und einen Verwundeten: Uffz. Becker, Uffz. Thiel und Lt. Thüroff. Letzterer kann mit seiner zusammengeschossenen schwarzen »2« bauchlanden. Von Lt. Wetzker aus Berlin fehlt bis heute jede Spur.

Die beiden Staffeln des JG 77 verlieren indessen drei Flugzeugführer: Der Gefreite Drahota, und Uffz. Woll fallen im Luftkampf, der aus Oberschlesien stammende Fw. Gillbricht bleibt vermißt. Ein vierter, Ogfr. Wassermann, wird im Luftkampf verwundet. Im einzelnen ergibt sich für den 31. Juli folgende Verlustbilanz:

	gefallen	vermißt	verwundet	insgesamt
Stab I./JG 53	1			1
1./JG 53	2	1	1	4
2./JG 53			1	1
7./JG 77	1	1	1	3
8./JG 77	1			1
10./JG 301			1	1
	5	2	4	11

Die Kriegslage an den Fronten im südosteuropäischen Raum spitzt sich unterdessen zu. Ab der zweiten Augustwoche durchstoßen die Russen mit der 2. und 3. Ukrainischen Front die Karpathenstellungen und besetzen nach und nach weite Gebiete Ungarns und Rumäniens. Ein Großteil der Wehrmachtsverbände wird hierbei eingeschlossen. Es ist nur noch eine Frage der Zeit, bis dann auch für die rumänischen Ölfelder akute Gefahr besteht, überrannt zu werden.
Nachdem an drei Tagen Anfang des Monats (4., 5. und 6. August) die letzten, mit Lightning geflogenen Pendeleinsätze der 15. Luftflotte nach Rußland stattgefunden haben, wobei neben den Anlagen verschiedener Raffinerien auch Schienenverkehrswege angegriffen wurden, folgt in der Nacht zum Donnerstag, den 10. August, ein von Wellington der 205. Group der Royal Air Force durchgeführtes Luftunternehmen gegen Ploesti; einer der wenigen Angriffe, den die Briten auf dieses Ziel unternehmen. Die Maschinen sind in Tortorella und Foggia/Italien aufgestiegen. In der Nähe von Ploesti haben die Kampfflugzeuge Feindberührung mit deutschen Nachtjägern, vermutlich mit Maschinen der II./JG 301. Eine Wellington erhält schwere Beschußschäden und versucht anschließend in die Türkei zu gelangen. Ihre Besatzung kehrt später nach Foggia zurück.
Der 10. August sieht wieder den Einsatz viermotoriger Kampfflugzeuge der 15. Luftflotte gegen Ploesti. Noch einmal büßen die Amerikaner 16 Maschinen ein, die vorwiegend von der Flak abgeschossen werden. Die 15. Luftflotte verlegt dann ab dem 12. August ihre Einsatztätigkeit in den südfranzösischen Raum, wo drei Tage später die Invasion der Alliierten an der französischen Riviera beginnen wird. Erst als dort sich die Lage stabilisiert hat, läßt Gen.Maj. Twining seine Viermot.-Verbände wieder gegen das alte Ziel Ploesti starten. Aber es sind nur noch drei Luftangriffe, die die Amerikaner gegen das rumänische Ölzentrum durchführen.
Am Donnerstag, den 17. August, fliegen 248 Liberator Ploesti an. Kein einziges Jagdflugzeug der deutschen oder rumänischen Abwehrkräfte läßt sich am Himmel blicken, doch der Verlust der An-

greifer beträgt 15 Maschinen, die wiederum nahezu allesamt auf das Konto der Flak gehen.
Schon einen Tag darauf, am 18. August, werfen die Amerikaner 825 Tonnen Bomben auf Ploesti ab, doch heute sind auch wieder die Jäger zum Abwehreinsatz aufgestiegen, darunter die I./JG 53. Der starke Bomberbegleitschutz vereitelt – wie so oft – ein geschlossenes Vordringen zu den Fortress und Liberator und meldet den Abschuß von neun Jägern. Die Luftkämpfe spielen sich im Osten von Ploesti und Bukarest ab, und im Verlauf der Gefechte werden zwei Flugzeugführer der 2. und 3. Staffel des JG 53 verwundet. Uffz. Lange springt bei Ciora mit dem Fallschirm ab, Uffz. Stadler wirft bei Ghraseni seine Messerschmitt auf den Bauch. Bei Grazanesti stürzt die schwarze »7« von Lt. Franke, 3./JG 53, in die Tiefe. Der Pilot steigt aus, aber sein Fallschirm öffnet sich nicht.
Nur sieben von 377 Kampfflugzeugen gehen durch die Jagdabwehr und durch Flakbeschuß verloren.
Der letzte amerikanische Angriff auf Ploesti erfolgt am Sonnabend, den 19. August 1944, mit 65 Fortress, welche 144 Tonnen Bomben über den Raffinerien auslösen. Der Verband kehrt ohne einen einzigen Ausfall wieder nach Italien zurück. In der Nacht zum 18. August waren die Bomber der RAF zum letzten Mal über dem Raum Ploesti erschienen. Die gesamte, äußerst wirksame Offensive der Alliierten hatte zur Folge, daß beispielsweise die Treibstoffproduktion der viertgrößten Raffinerie, Romana Americana, von August 1943 mit 109000 t ein Jahr später, im August 1944 auf 12000 t abgesunken war. Bei rund 30 Einsätzen gegen Ploesti sind insgesamt etwa 13700 Tonnen Bomben abgeworfen worden. Diesen Unternehmen steht der Verlust von 297 amerikanischen und 38 britischen Kampfflugzeugen gegenüber.
Einen Tag nach dem letzten Luftangriff beginnt die russische Offensive gegen das Erdölgebiet; am 30. August erobert die Rote Armee Ploesti. Das Reich verliert damit nicht nur seine wichtigste Rohstoffquelle, sondern von da ab werden die Verbände der 15. US-Luftflotte nun in verstärktem Maße die Treibstoffindustrien in der »Ostmark« und in Oberschlesien angreifen und zerschlagen.

Die innerhalb eines Jahres auf Ploesti abgeworfene Bombenmenge im Vergleich zur Treibstoffproduktion der viertgrößten Raffinerie Romana Americana

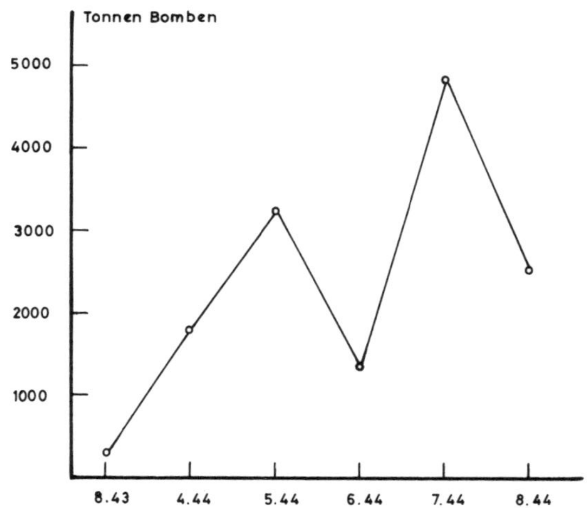

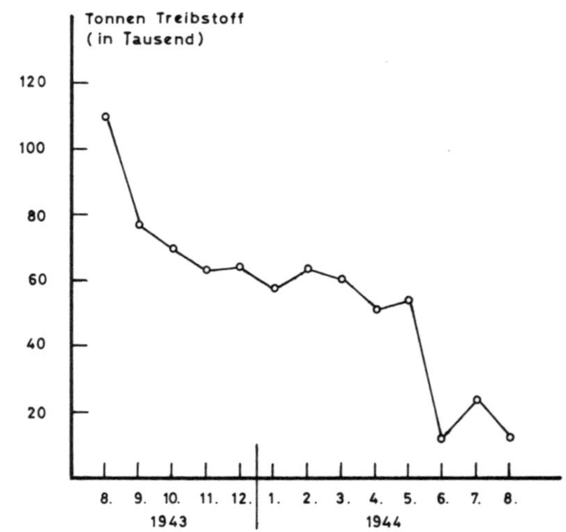

(nach USAAF)

Angriffe auf die Raffinerien von Ploesti

12. 6. 42	USAAF
1. 8. 43	8. und 9. US-Luftflotte
5. 4. 44	15. US-Luftflotte
15. 4. 44	15. US-Luftflotte
24. 4. 44	15. US-Luftflotte
5. 5. 44	15. US-Luftflotte
6. 5. 44	15. US-Luftflotte
18. 5. 44	15. US-Luftflotte
31. 5. 44	15. US-Luftflotte
6. 6. 44	15. US-Luftflotte
10. 6. 44	15. US-Luftflotte
23. 6. 44	15. US-Luftflotte
24. 6. 44	15. US-Luftflotte
9. 7. 44	15. US-Luftflotte
15. 7. 44	15. US-Luftflotte
22. 7. 44	15. US-Luftflotte
28. 7. 44	15. US-Luftflotte
31. 7. 44	15. US-Luftflotte
4. 8. 44	15. US-Luftflotte
5. 8. 44	15. US-Luftflotte
6. 8. 44	15. US-Luftflotte
9./10. 8. 44	RAF
10. 8. 44	15. US-Luftflotte
17. 8. 44	15. US-Luftflotte
17./18. 8. 44	RAF
18. 8. 44	15. US-Luftflotte
19. 8. 44	15. US-Luftflotte

Nachwort

Die Kohleverflüssigung ist nach 1945 bedeutungslos geworden. Auch die in den Vereinigten Staaten mit Hilfe deutscher Wissenschaftler gebauten Anlagen zur Kohlehydrierung werden Anfang der 50er Jahre infolge wachsenden Zustroms an damals noch billigem Erdöl eingestellt. Die rasche Verbreitung des Erdöls und Erdgases hat also eine Umwandlung der Kohle in Treibstoff nach dem Bergius-Verfahren überflüssig gemacht. Desgleichen ist auch ein unter deutscher Mitwirkung in Sasolburg/Südafrika entstandenes Synthesewerk heute die einzige Fischer-Tropsch-Anlage auf der ganzen Welt.

Erst die Ölkrise von 1973 läßt das Interesse an der Kohleveredelung in den Industrienationen wieder wach werden, und auch in der Bundesrepublik befaßt man sich mit modifizierten Verfahren der Fischer-Tropsch-Synthese. Die sich ab 1978 abzeichnende nächste Ölkrise wirft abermals die Frage auf, warum die bekannten Verfahren zur Kohleverflüssigung nicht erneut den sofortigen Betrieb von Hydrier- und Synthesewerken, wie sie im Krieg bestanden haben, erlauben, um zumindest einen gewissen Prozentsatz an Treibstoff durch Eigenproduktion decken zu können und damit zu einem Teil unabhängig von den Öllieferstaaten zu sein. Ist es aber zu diesem Zeitpunkt sinnvoll, Treibstoff aus Kohle herzustellen? Nach dem heutigen Stand der Technik würde sich die Erzeugung nach den bekannten Verfahren als unwirtschaftlich und auch als energieverschwendend herausstellen. Für eine Tonne Benzin müßten mehr als drei Tonnen Steinkohle verarbeitet werden. Der Bedarf wäre obendrein, auch teilweise, gar nicht zu dekken. Solange aber Rohöl vorhanden ist, wäre es nach Ansicht der

Chemischen Industrie wesentlich geeigneter, anstatt Kohle dieses Öl in noch erhöhterem Maße zu hydrieren.
Die Politik der OPEC-Länder gibt der Kohleveredelung jedoch wieder reelle Chancen. So wird, im Zusammenhang mit der Suche nach »Öl-Ersatz«, im Juni 1979 in Bottrop mit dem Bau eines Hydrierwerkes, einer »Versuchsanlage zur Herstellung von Kohle-Öl auf katalytischer Basis« begonnen. Hier sollen ab 1981 täglich 200 Tonnen Kohle in Heizöl, Flüssiggas und Fahrbenzin umgewandelt werden. Eine weitere Großanlage ist geplant.
Eine Steinkohlenhydrierung auf der Basis wie sie im Zweiten Weltkrieg in Deutschland und damals ohne Zweifel mit großem Erfolg betrieben worden ist, dürfte dennoch heute lediglich Historie sein.

Ein Liberator-Verband der in Italien stationierten 15. US-Luftflotte greift die Concordia-Raffinerie von Ploesti in Rumänien an, 31. Mai 1944. (U.S. Air Force Photo)

Ploesti ist der hauptsächlichste Öllieferant für die Kriegswirtschaft des Reiches. Am 5. April 1944 eröffnet die 15. US-Luftflotte ihre strategische Offensive gegen die Ölindustrie, vornehmlich gegen die Raffinerien um Ploesti. Eine riesige Rauchwolke zeugt von der Wirkung eines im Frühjahr 1944 durchgeführten Bombeneinsatzes. (U.S. Air Force Photo)

Am 18. und 19. August 1944 fliegt die 15. US-Luftflotte ihre letzten beiden Angriffe auf Ploesti und wirft insgesamt 969 t Bomben ab. Elf Tage darauf wird das Gebiet von der Roten Armee eingenommen. (U.S. Air Force Photo)

Romana-Americana ist die viertgrößte Raffinerie von Ploesti. Die Aufnahme entstand im September 1944 nach der Eroberung Ploestis durch russische Truppen. (U.S. Air Force Photo)

Anhang

LUFTANGRIFFE AUF DIE DEUTSCHE TREIBSTOFFINDUSTRIE MAI 1944 – APRIL 1945

Die folgende Aufstellung erhebt keinen Anspruch auf Vollständigkeit. Da neben der Ölindustrie oft gleichzeitig auch noch andere Ziele angegriffen worden sind, beziehen sich die Stärken und Verlustangaben auf den Gesamteinsatz (Anzahl der insgesamt gestarteten und verlorengegangenen viermotorigen Kampfflugzeuge).

Datum	Angriffsziel	8. Luftfl.	15. Luftfl.	RAF	Gesamteinsatz	Verluste
12. 5. 44	Böhlen, Brüx, Lützkendorf, Merseburg, Zeitz	+			935	46
28. 5. 44	Königsborn, Lützkendorf, Magdeburg, Merseburg, Ruhland, Zeitz	+			930	32
29. 5. 44	Pölitz	+			993	34
12./13. 6. 44	Gelsenkirchen			+		
15. 6. 44	Misburg	+			1277	4
16. 6. 44	Floridsdorf, Kagran, Lobau		+		698	20
16./17. 6. 44	Sterkrade			+		
18. 6. 44	Hamburg, Misburg, Ostermoor	+			1293	11
20. 6. 44	Hamburg, Königsborn, Magdeburg, Misburg, Ostermoor, Pölitz	+			1402	49
21. 6. 44	Ruhland	+			1215	45
21./22. 6. 44	Scholven, Wesseling			+		
26. 6. 44	Floridsdorf, Korneuburg, Lobau Moosbierbaum		+		550	12
29. 6. 44	Böhlen, Magdeburg	+			792	17
2. 7. 44	Blechhammer		+			
5./6. 7. 44	Gelsenkirchen			+		
7. 7. 44	Böhlen, Lützkendorf, Merseburg	+			1103	37
7. 7. 44	Blechhammer, Odertal		+		489	25
7./8. 7. 44	Scholven			+		
8. 7. 44	Floridsdorf, Korneuburg, Vösendorf		+		547	
9. 10. 7. 44	Scholven			+		
13./14. 7. 44	Scholven			+		
16./17. 7. 44	Homberg			+		
18./19. 7. 44	Duisburg, Gelsenkirchen, Wesseling			+		
20. 7. 44	Lützkendorf, Merseburg	+			1204	19
21. 7. 44	Brüx		+		483	10
28. 7. 44	Merseburg	+			1011	4
29. 7. 44	Bremen, Merseburg	+			1158	15
31. 7. 44	Ludwigshafen	+			1235	16
4. 8. 44	Bremen, Hamburg, Hemmingstedt	+			1348	12
5. 8. 44	Dollbergen, Magdeburg	+			1138	13
5./6. 8. 44	Wanne-Eickel			+		
6. 8. 44	Hamburg	+				
6./7. 8. 44	Castrop-Rauxel			+		
7. 8. 44	Blechhammer		+		447	12
14. 8. 44	Ludwigshafen	+			1135	3
16. 8. 44	Böhlen, Magdeburg, Rositz, Zeitz	+			1025	21
18./19. 8. 44	Sterkrade			+		
20. 8. 44	Auschwitz		+		496	3
22. 8. 44	Blechhammer, Korneuburg, Lobau, Odertal		+		564	39

Datum	Angriffsziel	8. Luftfl.	15. Luftfl.	RAF	Gesamt-einsatz	Verluste
24. 8. 44	Brüx, Freital, Merseburg, Misburg Ruhland	+			1252	25
24. 8. 44	Blechhammer		+			
25. 8. 44	Pölitz	+			1142	19
26. 8. 44	Dülmen, Emmerich, Gelsenkirchen, Ludwigshafen, Salzbergen	+			960	13
27. 8. 44	Blechhammer		+		553	10
27. 8. 44	Homberg			+	450	–
28. 8. 44	Moosbierbaum		+		583	4
29. 8. 44	Mährisch-Ostrau		+		580	17
3. 9. 44	Ludwigshafen	+			740	4
5. 9. 44	Ludwigshafen	+				
8. 9. 44	Ludwigshafen	+			1013	11
10. 9. 44	Lobau, Schwechat		+		548	16
11. 9. 44	Böhlen, Brüx, Lützkendorf, Magdeburg, Merseburg, Misburg, Ruhland	+			1080	40
11. 9. 44	Castrop-Rauxel, Gelsenkirchen			+	522	9
12. 9. 44	Hemmingstedt, Magdeburg, Misburg, Ruhland	+			851	35
12. 9. 44	Brüx		+			
12. 9. 44	Bocholt, Gelsenkirchen, Recklinghausen, Wanne-Eickel			+	550	9
13. 9. 44	Ludwigshafen, Lützkendorf, Merseburg	+			854	16
13. 9. 44	Auschwitz, Blechhammer, Moosbierbaum, Odertal		+		486	20
13. 9. 44	Gelsenkirchen			+	258	2
21. 9. 44	Ludwigshafen	+			469	3
23. 9. 44	Brüx		+		504	2
25. 9. 44	Ludwigshafen	+			1244	3
27. 9. 44	Ludwigshafen, Monheim, Reisholz, Wesseling	+			1130	27
27. 9. 44	Bottrop, Sterkrade			+	346	–
28. 9. 44	Magdeburg, Merseburg	+			1049	34
30. 9. 44	Bottrop, Sterkrade			+	275	1
3. 10. 44	Wesseling	+			132	4
5. 10. 44	Reisholz	+			1008	8
6. 10. 44	Hamburg, Pölitz	+			1217	19
6. 10. 44	Gelsenkirchen, Sterkrade			+	320	9
7. 10. 44	Böhlen, Brüx, Lützkendorf, Magdeburg, Merseburg, Pölitz, Ruhland	+			1348	42
7. 10. 44	Lobau		+		772	15
11. 10. 44	Wesseling	+			132	4
12. 10. 44	Wanne-Eickel			+	243	1
13. 10. 44	Blechhammer, Brüx, Floridsdorf		+		822	33
14. 10. 44	Blechhammer, Odertal		+		438	3
15. 10. 44	Monheim, Reisholz	+			1151	7
16. 10. 44	Brüx, Linz		+		729	13
17. 10. 44	Leverkusen	+			1296	4
17. 10. 44	Blechhammer		+		353	17
18. 10. 44	Leverkusen	+			491	4
19. 10. 44	Ludwigshafen	+			999	6
20. 10. 44	Brüx		+		586	18

Datum	Angriffsziel	8. Luftfl.	15.	RAF	Gesamt-einsatz	Ver-luste
25. 10. 44	Gelsenkirchen, Reinbeck, Wenzendorf	+			1221	2
25. 10. 44	Homberg			+	1014	4
26. 10. 44	Bottrop, Gelsenkirchen, Misburg	+			1188	–
26. 10. 44	Leverkusen			+	105	–
30. 10. 44	Gelsenkirchen, Scholven	+			1225	2
30. 10. 44	Wesseling			+		
1. 11. 44	Castrop-Rauxel, Merseburg, Sterkrade	+			1133	40
2. 11. 44	Moosbierbaum		+			
2. 11. 44	Homberg			+	184	6
3. 11. 44	Moosbierbaum		+		56	–
4. 11. 44	Bottrop, Gelsenkirchen, Misburg, Neunkirchen	+			1097	5
4./5. 11. 44	Bochum			+		
5. 11. 44	Ludwigshafen	+			1240	12
5. 11. 44	Floridsdorf		+			
6. 11. 44	Bottrop, Gelsenkirchen, Sterkrade	+			1088	5
6. 11. 44	Moosbierbaum		+		728	3
6. 11. 44	Gelsenkirchen			+	738	5
6./7. 11. 44	Gelsenkirchen			+		
8. 11. 44	Merseburg	+			343	3
8. 11. 44	Homberg			+	136	1
9. 11. 44	Wanne-Eickel			+	277	2
11. 11. 44	Bottrop, Castrop-Rauxel, Gelsenkirchen	+			445	1
11. 11. 44	Brüx		+			
11. 11. 44	Bottrop			+	122	–
11./12. 11. 44	Dortmund, Hamburg			+		
13. 11. 44	Blechhammer		+		24	4
15./16. 11. 44	Dortmund			+		
17. 11. 44	Blechhammer, Brüx, Floridsdorf		+		678	10
18. 11. 44	Floridsdorf, Korneuburg		+			
18./19. 11. 44	Wanne-Eickel			+		
19. 11. 44	Linz, Lobau, Vösendorf		+		403	1
19. 11. 44	Bottrop			+		
20. 11. 44	Gelsenkirchen	+			157	–
20. 11. 44	Blechhammer		+		476	16
20. 11. 44	Homberg			+	183	5
21. 11. 44	Hamburg, Merseburg	+			1224	25
21. 11. 44	Homberg			+	160	2
21./22. 11. 44	Castrop-Rauxel, Sterkrade			+		
23. 11. 44	Gelsenkirchen	+			147	–
23. 11. 44	Gelsenkirchen			+	168	1
25. 11. 44	Merseburg	+			952	8
26. 11. 44	Misburg	+			1039	34
29. 11. 44	Dollbergen, Misburg	+			1046	1
30. 11. 44	Böhlen, Homberg, Lützkendorf, Merseburg, Neunkirchen, Zeitz	+			1219	33
30. 11. 44	Bottrop, Duisburg			+	159	2
2. 12. 44	Blechhammer, Floridsdorf, Odertal		+		451	15
6. 12. 44	Lützkendorf, Merseburg	+			775	4
6./7. 12. 44	Merseburg			+		
8. 12. 44	Moosbierbaum		+			

Datum	Angriffsziel	8. Luftfl.	15. Luftfl.	RAF	Gesamteinsatz	Verluste
9. 12. 44	Moosbierbaum		+			
10. 12. 44	Brüx		+			
11. 12. 44	Moosbierbaum		+		435	21
12. 12. 44	Lützkendorf, Merseburg	+			1212	2
12. 12. 44	Blechhammer		+		96	2
15./16. 11. 44	Ludwigshafen			+		
16. 12. 44	Brüx, Linz		+		591	13
17. 12. 44	Auschwitz, Blechhammer Mährisch-Ostrau, Odertal		+		556	21
18. 12. 44	Auschwitz, Blechhammer, Floridsdorf, Mährisch-Ostrau, Odertal		+		614	23
19. 12. 44	Blechhammer, Moosbierbaum		+		429	6
20. 12. 44	Brüx		+		414	13
21./22. 12. 44	Pölitz			+		
25. 12. 44	Brüx		+		398	11
26. 12. 44	Auschwitz, Blechhammer, Odertal		+		478	19
29. 12. 44	Scholven			+		
29./30. 12. 44	Scholven			+		
30. 12. 44	Bochum			+		
31. 12. 44	Hamburg, Misburg, Wenzendorf	+			1268	27
1. 1. 45	Dollbergen, Ehmen, Magdeburg	+			805	9
3. 1. 45	Castrop-Rauxel			+	93	1
5. 1. 45	Ludwigshafen			+	152	2
13./14. 1. 45	Pölitz			+		
14. 1. 45	Hemmingstedt, Magdeburg	+			866	17
14./15. 1. 45	Merseburg			+		
15. 1. 45	Bochum			+		
16. 1. 45	Magdeburg, Ruhland	+			588	3
16./17. 1. 45	Bochum, Wanne-Eickel, Zeitz			+		
17. 1. 45	Hamburg	+			665	9
20. 1. 45	Sterkrade	+			711	5
22. 1. 45	Sterkrade	+			199	5
28. 1. 45	Dortmund	+				
31. 1. 45	Moosbierbaum		+		823	8
1. 2. 45	Moosbierbaum		+		309	2
3./4. 2. 45	Bottrop, Dortmund			+		
4./5. 2. 45	Bottrop			+		
6. 2. 45	Böhlen, Zeitz	+			1358	5
7. 2. 45	Floridsdorf, Korneuburg, Lobau, Moosbierbaum		+		739	8
7. 2. 45	Wanne-Eickel			+	100	1
8./9. 2. 45	Pölitz, Wanne-Eickel			+		
9. 2. 45	Dülmen, Lützkendorf	+			1272	8
9. 2. 45	Moosbierbaum		+		54	1
10. 2. 45	Dülmen	+			165	–
11. 2. 45	Dülmen	+			127	–
13./14. 2. 45	Böhlen, Zeitz			+		
14. 2. 45	Brüx, Dülmen, Magdeburg	+			1355	7
14. 2. 45	Floridsdorf, Lobau, Moosbierbaum		+		635	3
14./15. 2. 45	Rositz			+		
15. 2. 45	Magdeburg, Ruhland	+				
16. 2. 45	Dortmund, Gelsenkirchen	+			1022	8
19. 2. 45	Gelsenkirchen	+			1123	1
19./20. 2. 45	Böhlen, Hemmingstedt			+		

Datum		Angriffsziel	8. Luftfl.	15.	RAF	Gesamt-einsatz	Ver-luste
20.	2. 45	Lobau, Floridsdorf		+		571	3
22.	2. 45	Gelsenkirchen			+	204	
23.	2. 45	Gelsenkirchen			+	475	1
24.	2. 45	Hamburg, Misburg	+			1043	2
27.	2. 45	Gelsenkirchen			+	609	3
28.	2. 45	Gelsenkirchen			+	156	–
1.	3. 45	Moosbierbaum		+		644	3
2.	3. 45	Böhlen, Magdeburg, Rositz, Ruhland	+			1210	14
3.	3. 45	Dollbergen, Magdeburg, Misburg, Ruhland	+			1093	9
4.	3. 45	Wanne-Eickel			+		
5.	3. 45	Hamburg	+				
5.	3. 45	Gelsenkirchen			+	163	1
5./6.	3. 45	Böhlen			+		
6.	3. 45	Salzbergen			+	156	2
7.	3. 45	Castrop-Rauxel	+			926	–
7./8.	3. 45	Hamburg, Hemmingstedt			+		
8.	3. 45	Bottrop, Gelsenkirchen, Scholven	+			1340	–
10.	3. 45	Scholven			+	153	–
12.	3. 45	Floridsdorf		+		799	2
14.	3. 45	Misburg	+			1246	3
14./15.	3. 45	Merseburg, Lützkendorf			+		
15.	3. 45	Floridsdorf, Moosbierbaum, Ruhland		+		729	8
15.	3. 45	Bottrop, Castrop-Rauxel			+	178	1
15./16.	3. 45	Misburg			+		
16.	3. 45	Floridsdorf, Korneuburg, Moosbierbaum		+		792	6
17.	3. 45	Böhlen, Ruhland	+			1312	5
17.	3. 45	Dortmund, Recklinghausen			+	161	–
18.	3. 45	Dortmund	+				
19.	3. 45	Gelsenkirchen			+	110	–
20.	3. 45	Hamburg, Hemmingstedt	+			432	4
20.	3. 45	Kagran, Korneuburg		+		783	4
20./21.	3. 45	Altenburg, Böhlen			+		
21.	3. 45	Kagran, Vösendorf		+		665	3
22.	3. 45	Bottrop, Hattingen	+			1319	2
22.	3. 45	Kagran, Ruhland		+		687	24
22.	3. 45	Dülmen			+	645	4
23.	3. 45	Kagran, Ruhland		+		680	14
24.	3. 45	Bottrop, Dortmund, Sterkrade			+	511	4
25.	3. 45	Ehmen	+			271	4
26.	3. 45	Zeitz	+			336	–
31.	3. 45	Zeitz	+			1333	6
4./5.	4. 45	Hamburg, Lützkendorf, Magdeburg, Merseburg			+		
8./9.	4. 45	Lützkendorf			+		
20.	4. 45	Merseburg			+	98	1

(Zusammenstellung nach: »AAF in World War II«; Historical Air Division; Freeman, Musgrove, Rust, Privataufzeichnungen)

QUELLEN- UND LITERATURHINWEISE

Archivmaterial

Bundesarchiv/Militärarchiv, Freiburg: Unterlagen Gen.Qu.Genst. 6. Abtl. (Personal- und Materialverluste Jagdwaffe)
Deutsche Dienststelle (WASt), Berlin: Truppenverlustmeldungen 1944–1945
Historical Research Center, Maxwell/USA: Datensammlung Einsätze der strategischen US-Luftflotten und Verluste (Mikrofilm)
Militärgeschichtliches Forschungsamt, Freiburg: Grabmann, W.: Einsatz der deutschen Luftwaffe in der Reichsluftverteidigung
National Archives, Washington D.C./USA: Combat Mission Reports, 8th Air Force
Stadtarchiv, Langen/Hessen: Luftlagemeldebuch

Veröffentlichungen

Autorenkollektiv: Haven of Refuge, Temple City/USA, 1976
Birdsall, St.: The B-24 Liberator, N.Y., 1968
Birkenfeld, W.: Der synthetische Treibstoff 1939–1945, Göttingen, 1964
Blakebrough, K.: The Fireball Outfit, Fallbrook/USA, 1968
Blue, A.: The Fortunes of War, Fallbrook/USA, 1967
Bowmann, M.: Fields of Little America, Norwich, 1977
Craven, W./Frank & Kate, L.: The US Army Air Force in World War II, 1951
Freeman, R.: The Mighty Eighth, London 1970
Gaal, J.: The Puma Group, in »Air Combat«, Canoge Park/USA, 1976
Girbig, W.: Start im Morgengrauen, Stuttgart, 1973
Gundelach, K.: Der alliierte Luftkrieg gegen die deutsche Flugtreibstoffversorgung, in Wehrwissenschaftl. Rundschau 12/63, Frankfurt
Hoffmann, K.O.: Geschichte der Luftnachrichtentruppe, Bd. II, Neckargemünd, 1968
Jablonski, E.: Flying Fortress, Garden City/USA, 1965
Kirchner, K.: Flugblattdokumentation, Erlangen, 1977
Koch, H.A.: Flak, Bad Nauheim, 1965

Musgrove, G.: Pathfinder Force, London, 1976
Ring. H./Girbig, W.: Jagdgeschwader 27, Stuttgart, 1971
Rust, K.: The 9th Air Force, Fallbrook/USA, 1970
Rust, K.: Fifteenth Air Force, Temple City/USA, 1976
Schorn, A.: Cambergs Chronik 1918–1945, Camberg
Speer, A.: Erinnerungen, Berlin, 1969
Ulrich, J.: Der Luftkrieg über Österreich 1939–1945, Wien, 1967
The US Strategic Bombing Survey, Washington, 1947
Webster, Ch./Frankland, N.: Strategic Air Offensive against Germany, London, 1961

Zeitschriften, sonstige Unterlagen

Air Combat
Air Pictorial
Der Adler
Öl und Kohle
div. Flugbücher, Gefechtsberichte und Abschlußmeldungen (private Unterlagen)